特別支援学校教育要領・学習指導要領解説

# 自立活動編（幼稚部・小学部・中学部）

平成 30 年 3 月

文部科学省

# まえがき

　文部科学省では，平成29年4月28日に学校教育法施行規則の一部改正と特別支援学校の幼稚部教育要領，小学部・中学部学習指導要領の改訂を行った。新特別支援学校学習指導要領等は，幼稚園，小学校，中学校の新学習指導要領等の実施時期に合わせて，幼稚部については平成30年度から，小学部については平成32年度から，中学部については平成33年度から，全面的に実施することとし，平成30年度から一部を移行措置として先行して実施することとしている。

　今回の改訂は，平成28年12月の中央教育審議会答申を踏まえ，

① 教育基本法，学校教育法などを踏まえ，これまでの我が国の学校教育の実績や蓄積を生かし，子供たちが未来社会を切り拓くための資質・能力を一層確実に育成することを目指すこと。その際，子供たちに求められる資質・能力とは何かを社会と共有し，連携する「社会に開かれた教育課程」を重視すること。

② 知識及び技能の習得と思考力，判断力，表現力等の育成のバランスを重視する平成20年改訂の学習指導要領等の枠組みや教育内容を維持した上で，知識の理解の質を更に高め，確かな学力を育成すること。

③ 先行する特別教科化など道徳教育の充実や体験活動の重視，体育・健康に関する指導の充実により，豊かな心や健やかな体を育成すること。

を基本的なねらいとして行った。

　本書は，大綱的な基準である学習指導要領等の記述の意味や解釈などの詳細について説明するために，文部科学省が作成するものであり，特別支援学校幼稚部教育要領，小学部・中学部学習指導要領の自立活動について，その改善の趣旨や内容を解説している。

　各学校においては，本書を御活用いただき，学習指導要領等についての理解を深め，創意工夫を生かした特色ある教育課程を編成・実施されるようお願いしたい。

　本書は，編集協力者の協力を得て編集した。本書の作成に御協力くださった各位に対し，心から感謝の意を表する次第である。

　平成30年3月

　　　　　　　　　　　　　　　　　　　　文部科学省初等中等教育局長

　　　　　　　　　　　　　　　　　　　　　　　　髙　橋　道　和

● 目次

- ● 第1章　総説 …………………………………………… 1
  - ● 1　改訂の経緯 ………………………………………… 1
  - ● 2　改訂の基本方針 …………………………………… 4

- ● 第2章　今回の改訂の要点 …………………………… 9
  - ● 1　自立活動の変遷 …………………………………… 9
  - ● 2　障害の捉え方と自立活動 ………………………… 12
  - ● 3　今回の改訂の要点 ………………………………… 17

- ● 第3章　自立活動の意義と指導の基本 ……………… 21
  - ● 1　自立活動の意義 …………………………………… 21
  - ● 2　自立活動の指導の基本 …………………………… 23

- ● 第4章　総則における自立活動 ……………………… 43
  - ● 1　教育目標 …………………………………………… 43
  - ● 2　教育課程の編成 …………………………………… 44

- ● 第5章　自立活動の目標（幼稚部教育要領　ねらい） … 48

- ● 第6章　自立活動の内容 ……………………………… 50
  - ● 1　健康の保持 ………………………………………… 51
  - ● 2　心理的な安定 ……………………………………… 60
  - ● 3　人間関係の形成 …………………………………… 67
  - ● 4　環境の把握 ………………………………………… 72
  - ● 5　身体の動き ………………………………………… 83
  - ● 6　コミュニケーション ……………………………… 92

- 第7章　自立活動の個別の指導計画の作成と内容の取扱い ……………………………………………… 103
  - 1　個別の指導計画の作成 ……………………… 103
  - 2　個別の指導計画の作成手順 ………………… 105
  - 3　他領域・教科等との関連 …………………… 119
  - 4　指導方法の創意工夫 ………………………… 120
  - 5　自立活動を主とした指導 …………………… 122
  - 6　教師の協力体制 ……………………………… 123
  - 7　専門の医師等との連携協力 ………………… 124
  - 8　個別の教育支援計画等の活用 ……………… 125
  - 実態把握から具体的な指導内容を設定するまでの例示 ……………………………………………… 129

- 付録 ………………………………………………… 173
  - 付録1：参考法令
    - 教育基本法 …………………………………… 174
    - 学校教育法（抄）…………………………… 177
    - 学校教育法施行規則（抄）………………… 179
    - 学校教育法施行規則の一部を改正する省令 ……………………………………………… 183
    - 学校教育法施行規則の一部を改正する省令の一部を改正する省令 …………………… 186
  - 付録2：特別支援学校幼稚部教育要領
    第1章　総則（抄）…………………………… 188
  - 付録3：特別支援学校小学部・中学部学習指導要領
    第1章　総則 …………………………………… 195
  - 付録4：幼稚園教育要領，小学校学習指導要領，中学校学習指導要領における障害のある幼児児童生徒の指導に関する規定（抜粋）
    - 幼稚園教育要領解説の抜粋 ………………… 207
    - 小学校学習指導要領解説総則編の抜粋 … 210
    - 中学校学習指導要領解説総則編の抜粋 … 216

# 第1章　総説

## 1　改訂の経緯

　今の子供たちやこれから誕生する子供たちが，成人して社会で活躍する頃には，我が国は厳しい挑戦の時代を迎えていると予想される。生産年齢人口の減少，グローバル化の進展や絶え間ない技術革新等により，社会構造や雇用環境は大きく，また急速に変化しており，予測が困難な時代となっている。また，急激な少子高齢化が進む中で成熟社会を迎えた我が国にあっては，一人一人が持続可能な社会の担い手として，その多様性を原動力とし，質的な豊かさを伴った個人と社会の成長につながる新たな価値を生み出していくことが期待される。

　こうした変化の一つとして，人工知能（AI）の飛躍的な進化を挙げることができる。人工知能が自ら知識を概念的に理解し，思考し始めているとも言われ，雇用の在り方や学校において獲得する知識の意味にも大きな変化をもたらすのではないかとの予測も示されている。このことは同時に，人工知能がどれだけ進化し思考できるようになったとしても，その思考の目的を与えたり，目的のよさ・正しさ・美しさを判断したりできるのは人間の最も大きな強みであるということの再認識につながっている。

　このような時代にあって，学校教育には，子供たちが様々な変化に積極的に向き合い，他者と協働して課題を解決していくことや，様々な情報を見極め知識の概念的な理解を実現し情報を再構成するなどして新たな価値につなげていくこと，複雑な状況変化の中で目的を再構築することができるようにすることが求められている。

　このことは，本来，我が国の学校教育が大切にしてきたことであるものの，教師の世代交代が進むと同時に，学校内における教師の世代間のバランスが変化し，教育に関わる様々な経験や知見をどのように継承していくかが課題となり，また，子供たちを取り巻く環境の変化により学校が抱える課題も複雑化・困難化する中で，これまでどおり学校の工夫だけにその実現を委ねることは困難になってきている。

　また，障害のある子供たちをめぐる動向として，近年は特別支援学校だけではなく幼稚園や小学校，中学校及び高等学校等（以下「小・中学校等」という。）において発達障害を含めた障害のある子供が学んでおり，特別支援教育の対象となる子供の数は増加傾向にある。そのような中，我が国は，平成19年に「障害者の権利に関する条約（平成18年国連総会で採択）」に署名し，平成26年にこれを批准した。同条約では，人間の多様性の尊重等を強化し，障害のある者がその能力等を最大限に発達させ，社会に効果的に参加することを可能とするため，

障害のある者と障害のない者とが共に学ぶ仕組みとしての「インクルーシブ教育システム」の理念が提唱された。こうした状況に鑑み，同条約の署名から批准に至る過程においては，平成23年の障害者基本法の改正，平成25年の就学先決定に関する学校教育法施行令の改正，平成28年の障害を理由とする差別の解消の推進に関する法律の施行など，教育分野を含め，同条約の趣旨を踏まえた様々な大きな制度改正がなされたところである。

特に，教育分野では，上述の学校教育法施行令の改正のほか，平成22年7月に中央教育審議会初等中等教育分科会の下に「特別支援教育の在り方に関する特別委員会」を設置し，同条約に示された教育の理念を実現するための特別支援教育の在り方について審議を行った。そして，平成24年7月に「共生社会の形成に向けたインクルーシブ教育システム構築のための特別支援教育の推進（報告）」が取りまとめられた。この報告では，インクルーシブ教育システムを構築するためには，最も本質的な視点として，「それぞれの子どもが，授業内容が分かり学習活動に参加している実感・達成感を持ちながら，充実した時間を過ごしつつ，生きる力を身に付けていけるかどうか」とした上で，障害のある者とない者とが同じ場で共に学ぶことを追求するとともに，個別の教育的ニーズのある子供に対し，自立と社会参加を見据え，その時々で教育的ニーズに最も的確に応える指導を提供できる，多様で柔軟な仕組みを整備することが重要であるとしている。その際，小・中学校等の通常の学級，通級による指導及び特別支援学級や，特別支援学校といった，子供たちの多様な教育的ニーズに対応できる連続性のある「多様な学びの場」において，子供一人一人の十分な学びを確保していくことが重要であると報告は指摘している。

このように，障害者の権利に関する条約に掲げられたインクルーシブ教育システムの構築を目指し，特別支援教育をさらに推進していくために，大きな制度改正がなされたところである。

こうした状況を踏まえ，平成26年11月には，文部科学大臣から新しい時代にふさわしい学習指導要領等の在り方について中央教育審議会に諮問を行った。中央教育審議会においては，2年1か月にわたる審議の末，平成28年12月21日に「幼稚園，小学校，中学校，高等学校及び特別支援学校の学習指導要領等の改善及び必要な方策等について」（以下「中央教育審議会答申」という。）を示した。

中央教育審議会答申においては，"よりよい学校教育を通じてよりよい社会を創る"という目標を学校と社会が共有し，連携・協働しながら，新しい時代に求められる資質・能力を子供たちに育む「社会に開かれた教育課程」の実現を目指し，学習指導要領等が，学校，家庭，地域の関係者が幅広く共有し活用できる「学びの地図」としての役割を果たすことができるよう，次の6点にわたってその枠組みを改善するとともに，各学校において教育課程を軸に学校教育の改善・充実

の好循環を生み出す「カリキュラム・マネジメント」の実現を目指すことなどが求められた。

① 「何ができるようになるか」（育成を目指す資質・能力）
② 「何を学ぶか」（教科等を学ぶ意義と，教科等間・学校段階間のつながりを踏まえた教育課程の編成）
③ 「どのように学ぶか」（各教科等の指導計画の作成と実施，学習・指導の改善・充実）
④ 「子供一人一人の発達をどのように支援するか」（子供の発達を踏まえた指導）
⑤ 「何が身に付いたか」（学習評価の充実）
⑥ 「実施するために何が必要か」（学習指導要領等の理念を実現するために必要な方策）

これらに加えて，特別支援教育に関しては，
① インクルーシブ教育システム構築のための特別支援教育の推進
② 子供の障害の重度・重複化，多様化
③ 社会の急速な変化と卒業後を見据えた教育課程の在り方

などに対応し，障害のある子供一人一人の教育的ニーズに対応した適切な指導や必要な支援を通して，自立と社会参加に向けて育成を目指す資質・能力を身に付けていくことができるようにする観点から，教育課程の基準の改善を図ることが示されている。

この中央教育審議会答申を踏まえ，幼稚園，小学校，中学校に関しては，平成29年3月31日に学校教育法施行規則を改正するとともに，幼稚園教育要領，小学校学習指導要領及び中学校学習指導要領を公示した。

特別支援学校に関しては，平成29年4月28日に学校教育法施行規則を改正するとともに，特別支援学校幼稚部教育要領，特別支援学校小学部・中学部学習指導要領を公示した。

特別支援学校の新しい学習指導要領等は，幼稚園，小学校，中学校の新学習指導要領等の実施時期に合わせて，幼稚部については平成30年4月1日から，小学部については小学校学習指導要領に準じて平成30年4月1日から第3学年及び第4学年において外国語活動を実施する等の円滑に移行するための措置（移行措置）を実施し，平成32年4月1日から，中学部については平成30年4月1日から移行措置を実施し，平成33年4月1日から，それぞれ全面実施することとしている。

## 2 改訂の基本方針

今回の改訂は中央教育審議会答申を踏まえ，次の基本方針に基づき行った。

**(1) 次に示す①から⑤の基本方針に基づき，幼稚園，小学校及び中学校の教育課程の基準の改善に準じた改善を図る。**

① 今回の改訂の基本的な考え方

　ア　教育基本法，学校教育法などを踏まえ，これまでの我が国の学校教育の実践や蓄積を生かし，子供たちが未来社会を切り拓くための資質・能力を一層確実に育成することを目指す。その際，子供たちに求められる資質・能力とは何かを社会と共有し，連携する「社会に開かれた教育課程」を重視すること。

　イ　知識及び技能の習得と思考力，判断力，表現力等の育成のバランスを重視する平成21年改訂の学習指導要領等の枠組みや教育内容を維持した上で，知識の理解の質をさらに高め，確かな学力を育成すること。

　ウ　先行する特別教科化など道徳教育の充実や体験活動の重視，体育・健康に関する指導の充実により，豊かな心や健やかな体を育成すること。

② **育成を目指す資質・能力の明確化**

　中央教育審議会答申においては，予測困難な社会の変化に主体的に関わり，感性を豊かに働かせながら，どのような未来を創っていくのか，どのように社会や人生をよりよいものにしていくのかという目的を自ら考え，自らの可能性を発揮し，よりよい社会と幸福な人生の創り手となる力を身に付けられるようにすることが重要である．こと，こうした力は全く新しい力ということではなく学校教育が長年その育成を目指してきた「生きる力」であることを改めて捉え直し，学校教育がしっかりとその強みを発揮できるようにしていくことが必要とされた。また，汎用的な能力の育成を重視する世界的な潮流を踏まえつつ，知識及び技能と思考力，判断力，表現力等をバランスよく育成してきた我が国の学校教育の蓄積を生かしていくことが重要とされた。

　このため「生きる力」をより具体化し，教育課程全体を通して育成を目指す資質・能力を，ア「何を理解しているか，何ができるか（生きて働く「知識・技能」の習得）」，イ「理解していること・できることをどう使うか（未知の状況にも対応できる「思考力・判断力・表現力等」の育成）」，ウ「どのように社会・世界と関わり，よりよい人生を送るか（学びを人生や社会に生かそうとする「学びに向かう力・人間性等」の涵養）」の三つの柱に整理す

るとともに，各教科等の目標や内容についても，この三つの柱に基づく再整理を図るよう提言がなされた。

今回の改訂では，知・徳・体にわたる「生きる力」を子供たちに育むために「何のために学ぶのか」という各教科等を学ぶ意義を共有しながら，授業の創意工夫や教科書等の教材の改善を引き出していくことができるようにするため，知識及び技能と思考力，判断力，表現力等をバランスよく育成してきた我が国の学校教育の蓄積を生かし，すべての教科等の目標及び内容を「知識及び技能」，「思考力，判断力，表現力等」，「学びに向かう力，人間性等」の三つの柱で再整理した。

### ③ 「主体的・対話的で深い学び」の実現に向けた授業改善の推進

子供たちが，学習内容を人生や社会の在り方と結び付けて深く理解し，これからの時代に求められる資質・能力を身に付け，生涯にわたって能動的に学び続けることができるようにするためには，これまでの学校教育の蓄積を生かし，学習の質を一層高める授業改善の取組を活性化していくことが必要であり，我が国の優れた教育実践に見られる普遍的な視点である「主体的・対話的で深い学び」の実現に向けた授業改善（アクティブ・ラーニングの視点に立った授業改善）を推進することが求められる。

今回の改訂では「主体的・対話的で深い学び」の実現に向けた授業改善を進める際の指導上の配慮事項を総則に記載するとともに，各教科等の「第3 指導計画の作成と内容の取扱い」（知的障害者である児童生徒に対する教育を行う特別支援学校の各教科の「3 指導計画の作成と内容の取扱い」）において，単元や題材など内容や時間のまとまりを見通して，その中で育む資質・能力の育成に向けて，「主体的・対話的で深い学び」の実現に向けた授業改善を進めることを示した。

その際，以下の6点に留意して取り組むことが重要である。

ア　児童生徒に求められる資質・能力を育成することを目指した授業改善の取組は，既に小・中学部並びに小・中学校を中心に多くの実践が積み重ねられており，特に義務教育段階はこれまで地道に取り組まれ蓄積されてきた実践を否定し，全く異なる指導方法を導入しなければならないと捉える必要はないこと。

イ　授業の方法や技術の改善のみを意図するものではなく，児童生徒に目指す資質・能力を育むために「主体的な学び」，「対話的な学び」，「深い学び」の視点で，授業改善を進めるものであること。

ウ　各教科等において通常行われている学習活動（言語活動，観察・実験，問題解決的な学習など）の質を向上させることを主眼とするものであるこ

と。

エ　1回1回の授業で全ての学びが実現されるものではなく，単元や題材のまとまりの中で，学習を見通し振り返る場面をどこに設定するか，グループなどで対話する場面をどこに設定するか，子供が考える場面と教師が教える場面をどのように組み立てるかを考え，実現を図っていくものであること。

オ　深い学びの鍵として「見方・考え方」を働かせることが重要になること。各教科等の「見方・考え方」は，「どのような視点で物事を捉え，どのような考え方で思考していくのか」というその教科等ならではの物事を捉える視点や考え方である。各教科等を学ぶ本質的な意義の中核をなすものであり，教科等の学習と社会をつなぐものであることから，児童生徒が学習や人生において「見方・考え方」を自在に働かせることができるようにすることにこそ，教師の専門性が発揮されることが求められること。

カ　基礎的・基本的な知識・技能の習得に課題がある場合には，知識の確実な習得を図ることを重視すること。

④　**各学校におけるカリキュラム・マネジメントの推進**

　　各学校においては，教科等の目標や内容を見通し，特に学習の基盤となる資質・能力（言語能力，情報活用能力，問題発見・解決能力等）や現代的な諸課題に対応して求められる資質・能力の育成のためには，教科等横断的な学習を充実することや，「主体的・対話的で深い学び」の実現に向けた授業改善を，単元や題材など内容や時間のまとまりを見通して工夫することが求められる。これらの取組の実現のためには，学校全体として，児童生徒や学校，地域の実態を適切に把握し，教育内容や時間の配分，必要な人的・物的体制の確保，教育課程の実施状況に基づく改善などを通して，教育活動の質を向上させ，学習の効果の最大化を図るカリキュラム・マネジメントに努めることが求められる。

　　このため総則において，「児童又は生徒や学校，地域の実態を適切に把握し，教育の目的や目標の実現に必要な教育の内容等を教科等横断的な視点で組み立てていくこと，教育課程の実施状況を評価してその改善を図っていくこと，教育課程の実施に必要な人的又は物的な体制を確保するとともにその改善を図っていくことなどを通して，教育課程に基づき組織的かつ計画的に各学校の教育活動の質の向上を図っていくこと（以下「カリキュラム・マネジメント」という。）に努める」ことについて新たに示した。

⑤ 教育内容の主な改善事項

このほか，言語能力の確実な育成，理数教育の充実，伝統や文化に関する教育の充実，体験活動の充実，外国語教育の充実などについて総則や各教科等において，その特質に応じて内容やその取扱いの充実を図った。

## (2) インクルーシブ教育システムの推進により，障害のある子供たちの学びの場の柔軟な選択を踏まえ，幼稚園，小・中・高等学校の教育課程との連続性を重視

近年，時代の進展とともに特別支援教育は，障害のある子供の教育にとどまらず，障害の有無やその他の個々の違いを認め合いながら，誰もが生き生きと活躍できる社会を形成していく基礎となるものとして，我が国の現在及び将来の社会にとって重要な役割を担っていると言える。そうした特別支援教育の進展に伴い，例えば，近年は小・中・高等学校等において発達障害を含めた障害のある子供たちが学んでいる。また，特別支援学校においては，重複障害者である子供も多く在籍しており，多様な障害の種類や状態等に応じた指導や支援の必要性がより強く求められている。

このような状況の変化に適切に対応し，障害のある子供が自己のもつ能力や可能性を最大限に伸ばし，自立し社会参加するために必要な力を培うためには，一人一人の障害の状態等に応じたきめ細かな指導及び評価を一層充実することが重要である。

このため，以下の①から③の観点から，改善を図っている。

① 学びの連続性を重視した対応

ア 「重複障害者等に関する教育課程の取扱い」について，子供たちの学びの連続性を確保する視点から，基本的な考え方を明確にした。

イ 知的障害者である子供のための各教科等の目標や内容について，育成を目指す資質・能力の三つの柱に基づき整理した。その際，各学部や各段階，幼稚園や小・中学校の各教科等とのつながりに留意し，次の点を充実した。

- 小・中学部の各段階に目標を設定した。
- 中学部に2段階を新設し，段階ごとの内容を充実した。
- 小学部の教育課程に外国語活動を設けることができることを規定した。
- 小学部の子供のうち小学部の3段階に示す各教科又は外国語活動の内容を習得し目標を達成している者，また，中学部の子供のうち中学部の2段階に示す各教科の内容を習得し目標を達成している者については，子供が就学する学部に相当する学校段階までの小学校学習指導要領等における各教科等の目標及び内容の一部を取り入れることができ

るよう規定した。

② **一人一人に応じた指導の充実**
　ア　視覚障害者，聴覚障害者，肢体不自由者及び病弱者である子供に対する教育を行う特別支援学校における各教科の内容の取扱いについて，障害の特性等に応じた指導上の配慮事項を充実した。
　イ　発達障害を含む多様な障害に応じた自立活動の指導を充実するため，その内容として，「障害の特性の理解と生活環境の調整に関すること」を示すなどの改善を図るとともに，個別の指導計画の作成に当たっての配慮事項を充実した。

③ **自立と社会参加に向けた教育の充実**
　ア　卒業までに育成を目指す資質・能力を育む観点からカリキュラム・マネジメントを計画的・組織的に行うことを規定した。
　イ　幼稚部，小学部，中学部段階からのキャリア教育の充実を図ることを規定した。
　ウ　生涯を通して主体的に学んだり，スポーツや文化に親しんだりして，自らの人生をよりよくしていく態度を育成することを規定した。
　エ　日常生活に必要な国語の特徴や使い方〔国語〕，数学の生活や学習への活用〔算数，数学〕，社会参加ときまり，公共施設と制度〔社会〕，働くことの意義，家庭生活における消費と環境〔職業・家庭〕など，知的障害者である子供のための各教科の目標及び内容について，育成を目指す資質・能力の視点から充実した。

# 第2章　今回の改訂の要点

## 1　自立活動の変遷

### (1) 養護・訓練の創設

　障害の状態を改善・克服するための指導は，盲学校や聾学校あるいは養護学校が開設された草創期から，障害のある幼児児童生徒の教育の大切な指導内容として認識され，様々な取組が行われてきている。しかしながら，それらは各教科等の指導の中での部分的な取組であることが多く，系統的・継続的な指導には至らなかった。

　昭和39年3月に告示された「盲学校学習指導要領小学部編」及び「聾学校学習指導要領小学部編」において，障害の状態の改善・克服を図るための指導が一部位置付けられた。これらの学習指導要領において，例えば，盲学校においては，歩行訓練を「体育」に，感覚訓練を「理科」に，聾学校においては，聴能訓練を「国語」と「律唱」に，言語指導を「国語」にそれぞれ位置付けており，これらの教科の中で指導が行われたのである。

　一方，養護学校においては，児童生徒の障害の状態の改善・克服を図るための特別の指導が，昭和38・39年に示された学習指導要領の各教科等において，例えば，肢体不自由養護学校小学部の「体育・機能訓練」（中学部は「保健体育・機能訓練」），病弱養護学校小学部の「養護・体育」（中学部は「養護・保健体育」）等において行うこととされた。

　こうした各学校における実践を踏まえて，昭和45年10月にまとめられた教育課程審議会の答申では「心身に障害を有する児童生徒の教育において，その障害からくる種々の困難を克服して，児童生徒の可能性を最大限に伸ばし，社会によりよく適応していくための資質を養うためには，特別の訓練等の指導がきわめて重要である。これらの訓練等の指導は，一人一人の児童生徒の障害の種類・程度や発達の状態等に応じて，学校の教育活動全体を通して配慮する必要があるが，さらになお，それぞれに必要とする内容を，個別的，計画的かつ継続的に指導すべきものであるから，各教科，道徳科および特別活動とは別に，これを「養護・訓練」とし，時間を特設して指導する必要がある。」と提言された。これを受けて，昭和46年の学習指導要領の改訂において新たに「養護・訓練」という領域が設定されたのである。

### (2) 養護・訓練の内容の変遷

　昭和46年に新たに設定された養護・訓練の内容については，学校種別ごとに特別に必要とされている内容を整理しながら検討が行われたが，同じ学校に在学

する児童生徒であっても，その障害の状態は極めて多様であること，主障害を対象とした対症療法的なものだけでなく，二次的障害を含め，心身の機能を総合的に改善する必要があることなどから，心身の発達の諸側面を分類・整理するという観点を加えて検討が行われた。その結果，「心身の適応」，「感覚機能の向上」，「運動機能の向上」及び「意思の伝達」の四つの柱の下に12の項目にまとめられた。このような経緯をたどって，養護・訓練の内容は，心身の発達に必要な諸側面と，各障害の状態を改善し，又は克服するために必要な固有の指導内容という二つの観点から構成されたのであった。小学部・中学部の学習指導要領は，学校種別ごとに作成されたが，養護・訓練の目標と内容は共通に示され，指導計画の作成と内容の取扱いについては，障害の状態に即応するため，学校種別ごとに独自に示された。

また，昭和54年の改訂においては，盲学校，聾学校及び養護学校共通の学習指導要領となったため，指導計画の作成と内容の取扱いも共通に示された。

その後，平成元年の学習指導要領の改訂においては，それまでの養護・訓練の内容の示し方が抽象的で分かりにくいという指摘があったことや，児童生徒の障害の多様化に対応する観点から，それまでの実施の経緯を踏まえ，具体的な指導事項を設定する際の観点をより明確にするという方針で検討が行われた。その結果，それまでの四つの柱の下に12の項目で示されていた内容は，「身体の健康」，「心理的適応」，「環境の認知」，「運動・動作」及び「意思の伝達」の五つの柱の下に18の項目で示されるようになった。

### (3) 幼稚部の養護・訓練

幼稚部における養護・訓練は，平成元年の幼稚部教育要領の告示に伴い，「幼児の心身の障害の状態を改善し，又は克服するために必要な態度や習慣などを育て，心身の調和的発達の基盤を培う。」という観点から設定された。

幼稚部教育要領における養護・訓練のねらいは，幼稚部の生活全体を通して，幼児の障害の状態を改善し，又は克服するために期待される態度や習慣などを小学部の養護・訓練の内容の趣旨に準じて示されたものであり，ねらいを達成するために教師が指導し，幼児が身に付けることが期待される事項が16の項目に整理されたものであった。

これらのねらいと内容は，いずれも幼児の障害の状態を改善し，又は克服するために必要な指導を念頭に置いて示されたものであり，幼児の多様な実態に対応できるように構成されたものであった。

### (4) 自立活動への改訂

既に述べたように，養護・訓練は，障害の状態を改善し，又は克服するための

特別の領域として，昭和46年の学習指導要領の改訂において盲学校，聾学校及び養護学校共通に設けられたものである。

その後，「国際障害者年」，「国連・障害者の十年」，「アジア太平洋障害者の十年」など，国際的に障害者に対する取組が進められてきたこと，そのような取組の中で障害者の「自立」の概念が従前よりも広く捉えられるようになってきたこと，平成5年に障害者基本法の改正が行われたことなど，障害のある人々を取り巻く社会環境や障害についての考え方に大きな変化が見られるようになってきた。一方この間，特殊教育諸学校（現在の特別支援学校）に在学する幼児児童生徒の障害の重度・重複化，多様化の傾向が顕著になった。このような状況を踏まえ，平成10年7月にまとめられた教育課程審議会の答申では，「養護・訓練については，一人一人の幼児児童生徒の実態に対応した主体的な活動であり，自立を目指した活動であることを一層明確にするため，名称を「自立活動」と改めるとともに，目標・内容についても見直し，幼児児童生徒の障害の状態の多様化に対応し，適切かつ効果的な指導が行われるようにする。」と提言された。これを受けて，養護・訓練の名称，目標，内容等が見直された。

名称については，「養護」も「訓練」も受け身的な意味合いが強いと受け止められることがあること，また，この領域が一人一人の幼児児童生徒の実態に対応した活動であることや，自立を目指した主体的な取組を促す教育活動であることなどを一層明確にする観点から，「養護・訓練」から「自立活動」に改められた。

自立活動の目標（ねらい）については，個々の幼児児童生徒が自立を目指し，障害に基づく種々の困難を主体的に改善・克服しようとする取組を促す教育活動であることがより明確になるよう，「児童又は生徒」が「個々の児童又は生徒」に，「心身の障害の状態を改善し，又は克服する」が「自立を目指し，障害に基づく種々の困難を主体的に改善・克服する」にそれぞれ改められた。

内容については，幼児児童生徒の障害の重度・重複化，多様化に対応し，適切かつ効果的な指導を進めるため，具体的な指導内容を設定する際の観点がより明確になるよう，区分（従前の「柱」）の名称について，「身体の健康」が「健康の保持」に，「心理的適応」が「心理的な安定」に，「環境の認知」が「環境の把握」に，「運動・動作」が「身体の動き」に，「意思の伝達」が「コミュニケーション」にそれぞれ改められた。それまでは五つの区分18項目が示されていたが，同様の趣旨から各項目についても見直しを行い，分かりやすい表現とするとともに，具体的にイメージしやすくなるよう22の項目で示すこととされた。

また，この改訂において，盲学校，聾学校及び養護学校で従前から行われてきた「個別の指導計画の作成」を学習指導要領に明示することにした。さらに，小学部・中学部及び高等部の学習指導要領とは異なった表現を用いてきた幼稚部教育要領における自立活動のねらい及び内容等については，早期から一貫した方針

の下に指導ができるように，小学部・中学部及び高等部の学習指導要領と同じ示し方にすることとされた。

## 2 障害の捉え方と自立活動

### (1) 障害の捉え方の変化

　近年，グローバル化は我々の社会に多様性をもたらし，また，急速な情報化や技術革新は，生活を質的に変化させつつあり，そして，障害のある人々を取り巻く生活や障害についての考え方についても質的に大きな変化をもたらしている。

　国際的な動向として，障害者の社会参加に関する取組の進展を踏まえ，平成18年12月，国際連合総会において「障害者の権利に関する条約」が採択され，障害者の権利や尊厳を大切にしつつ社会のあらゆる分野への参加を促進することが合意された。

　国内においては，平成5年の障害者基本法の改正をはじめとして，障害の有無にかかわらず，国民のだれもが相互に人格と個性を尊重し支え合う共生する社会を目指した施策が推進されてきた。その後，平成15年度を初年度とした「障害者基本計画」により，障害者本人の自己選択と自己決定の下に，社会のあらゆる活動への参加を一層促す施策が積極的に進められているところである。

　この間，「障害」の捉え方についても変化があった。昭和55年にＷＨＯ（世界保健機関）が「国際障害分類（ＩＣＩＤＨ：International Classification of Impairments,Disabilities and Handicaps）」を発表し，その中では疾病等に基づく個人の様々な状態をインペアメント，ディスアビリティ，ハンディキャップの概念を用いて分類した。インペアメントは，身体の機能損傷又は機能不全で，疾病等の結果もたらされたものであり，医療の対象となるものである。ディスアビリティは，インペアメントなどに基づいてもたらされた日常生活や学習上の種々の困難であって，教育によって改善し，又は克服することが期待されるものである。ハンディキャップは，インペアメントやディスアビリティによって，一般の人々との間に生ずる社会生活上の不利益であり，福祉施策等によって補うことが期待されるものである。ＩＣＩＤＨについては，各方面から，疾病等に基づく状態のマイナス面のみを取り上げているとの指摘があった。そこで，ＷＨＯは検討を重ね，平成13年5月の総会において，従来のＩＣＩＤＨの改訂版として「国際生活機能分類（ＩＣＦ：International Classification of Functioning, Disability and Health）」を採択した。

　ＩＣＦでは，人間の生活機能は「心身機能・身体構造」，「活動」，「参加」の三つの要素で構成されており，それらの生活機能に支障がある状態を「障害」と捉えている。そして，生活機能と障害の状態は，健康状態や環境因子等と相互に影

響し合うものと説明され，構成要素間の相互関係については，図1のように示されている。

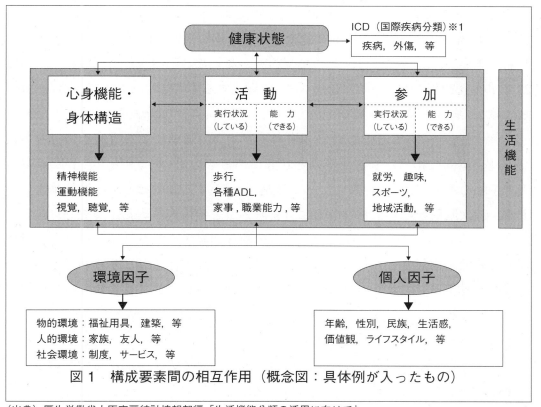

図1　構成要素間の相互作用（概念図：具体例が入ったもの）

（出典）厚生労働省大臣官房統計情報部編「生活機能分類の活用に向けて」

※1　ICD（国際疾病分類）は，疾病や外傷等について国際的に記録や比較を行うためにWHO（世界保健機関）が作成したものである。ICDが病気や外傷を詳しく分類するものであるのに対し，ICFはそうした病気等の状態にある人の精神機能や運動機能，歩行や家事等の活動，就労や趣味等への参加の状態を環境因子等のかかわりにおいて把握するものである。

## (2) 障害の捉え方の変化と自立活動とのかかわり

　従前の解説では，ＩＣＩＤＨの三つの概念を踏まえ，自立活動の指導によって改善し，又は克服することが期待されるのは，主としてディスアビリティ，すなわちインペアメントに基づく日常生活や学習上の困難であると考えてきた。それを，従前の学習指導要領等では「障害に基づく種々の困難」と示した。平成21年3月の改訂においては，学校教育法第72条の改正を踏まえ，「障害に基づく種々の困難」を「障害による学習上又は生活上の困難」と改めた。

　自立活動が指導の対象とする「障害による学習上又は生活上の困難」は，ＷＨＯにおいてＩＣＦが採択されたことにより，それとの関連で捉えることが必要である。つまり，精神機能や視覚・聴覚などの「心身機能・身体構造」，歩行やＡＤＬ（食事や排泄，入浴等の日常生活動作）などの「活動」，趣味や地域活動などの「参加」といった生活機能との関連で「障害」を把握することが大切であるということである。そして，個人因子や環境因子等とのかかわりなども踏まえて，個々の幼児児童生徒の「学習上又は生活上の困難」を把握したり，その改善・克

服を図るための指導の方向性や関係機関等との連携の在り方などを検討したりすることが，これまで以上に求められている。

　その後，我が国は，国連総会において採択された「障害者の権利に関する条約」に平成19年9月に署名後，条約を締結するために必要な国内法の整備等に取り組み，平成26年1月20日，条約の締約国となった。国内法の整備の中で，平成23年7月に改正された「障害者基本法」に規定する障害者については，「身体障害，知的障害，精神障害（発達障害を含む。）その他の心身の機能の障害（以下「障害」と総称する。）がある者であつて，障害及び社会的障壁により継続的に日常生活又は社会生活に相当な制限を受ける状態にあるものをいう。」とし，いわゆる障害者手帳の所持に限られないことや，難病に起因する障害は心身の機能障害に含まれ，高次脳機能障害は精神障害に含まれることが規定された。つまり，障害者が日常・社会生活で受ける制限は，心身の機能の障害のみならず，社会における様々な障壁と相対することによって生ずるものという考え方，すなわち，いわゆる「社会モデル」の考え方を踏まえた障害の捉え方については，WHOにおいてICFが採択されてから，引き続き，大切にされているのである。

　ICFのこのような視点は，実は，自立活動の指導においても考慮されてきた点である。なぜなら，自立活動の内容は，人間としての基本的な行動を遂行するために必要な要素と，障害による学習上又は生活上の困難を改善・克服するために必要な要素を含むものだからである。「人間としての基本的な行動を遂行するために必要な要素」とは，例えば，食べること，視覚や聴覚を活用すること，歩くことなど，生活を営むために基本となる行動に関する要素であり，これらはICFで示している生活機能に当たるものと言える。後者の「障害による学習上又は生活上の困難を改善・克服するために必要な要素」とは，例えば，視覚障害ゆえの見えにくさを改善する方法を身に付けること，あるいは病気の進行を予防するための自己管理の仕方を学ぶことなどであり，ICFでも障害として示している状態を改善・克服するための要素である。したがって，自立活動の内容は，ICFで示されている「生活機能」と「障害」の双方の視点を含むものと言える。

　また，自立活動の内容には，例えば，「障害による学習上又は生活上の困難を改善・克服する意欲に関すること。」，「姿勢保持と運動・動作の補助的手段の活用に関すること。」などがあり，ここには，「意欲」といった個人因子や「補助的手段の活用」といった環境因子に関する項目も示されている。

　さらに，自立活動の内容は，個々の幼児児童生徒に必要な項目を選定し，相互に関連付けて指導されることになっており，具体的な指導内容を設定する際に項目相互の関連性が考慮されることになる。このように，自立活動の指導をする際には，生活機能の側面と障害による困難の側面とともに，それらと個人因子や環境因子等とのかかわりなども踏まえて，個々の幼児児童生徒の実態を把握し，具

体的な指導内容を設定するのである。

　つまり，自立活動の指導の対象としては，障害による学習上又は生活上の困難を挙げてきたが，その困難を改善・克服するための指導を考えるに当たっては，生活機能や環境因子等も既に考慮してきているのである。ＩＣＦの考え方が広く浸透しつつあることを踏まえ，今後の自立活動の指導においては，生活機能や障害，環境因子等をより的確に把握し，相互の関連性についても十分考慮することがこれまで以上に求められていると言えよう。

　さて，ＩＣＦの考え方を念頭に置いて，自立活動の指導を考えるとどのようになるのであろうか。下肢にまひがあり，移動が困難な児童が，地域のある場所に外出ができるようにする指導を例に考えてみる。まず，実態把握においては，本人のまひの状態や移動の困難にだけ目を向けるのでなく，移動手段の活用，周囲の環境の把握，コミュニケーションの状況などについて，実際に行っている状況や可能性を詳細に把握する。そして，このような生活機能と障害に加えて，本人の外出に対する意欲，習慣等や地域のバリアフリー環境，周囲の人の意識等を明らかにし，生活機能と障害に個人因子や環境因子がどのように関連しているのか検討する。このように実態を把握した上で，児童の自立を目指す観点から指導目標を設定する。次に，指導目標を達成するために必要な指導内容を多面的な視点から検討するのであるが，その際，学習指導要領等に示された区分や項目を踏まえることが重要である。すなわち，移動を円滑に行う観点からだけでなく，心理的な安定，環境の把握，コミュニケーションなど様々な観点を踏まえて具体的な指導内容を設定し，実際の指導に当たることが求められるのである。ＩＣＦの考え方を踏まえるということは，障害による学習上又は生活上の困難を的確に捉えるとともに，幼児児童生徒が現在行っていることや，指導をすればできること，環境を整えればできることなどに一層目を向けるようになることを意味していると言えよう。

　なお，自立活動の指導においては，次のような点に留意することが必要である。
　ＩＣＦの特徴の一つは，環境因子等を適切に考慮する点にあるが，成長期にある幼児児童生徒の実態は様々に変化するので，それらを見極めながら環境を構成したり整えたりする必要がある。自立活動の指導においては，幼児児童生徒が障害による学習上又は生活上の困難を改善・克服するために必要な知識・技能等を身に付けることが指導目標（幼稚部は「ねらい」という。以下，「指導目標（ねらい）」とする。）となる。したがって，それにつながるように個々の幼児児童生徒の実態に応じて環境を整えつつ，指導内容・方法の創意工夫に努め，幼児児童生徒の自立と社会参加の質の向上につながる指導を進めることが大切である。

### (3) 合理的配慮と自立活動とのかかわり

平成25年6月に「障害を理由とする差別の解消の推進に関する法律(以下「障害者差別解消法」という。)が制定され,平成28年4月に施行された。この法律は,障害者基本法の第4条に規定されている「差別の禁止」の基本原則を遵守するための具体的な措置を定めたものである。具体的には,国・地方公共団体等や民間事業者が行う事業において,「障害を理由とする不当な差別的取扱いの禁止」と「合理的配慮の提供」を求める法的な枠組みが定められている。

この合理的配慮について,障害者基本法では,「社会的障壁の除去は,それを必要としている障害者が現に存し,かつ,その実施に伴う負担が過重でないときは,それを怠ることによって前項の規定に違反することとならないよう,その実施について必要かつ合理的な配慮がされなければならない。」と規定されている。また,障害者差別解消法では,「行政機関等は,その事務又は事業を行うに当たり,障害者から現に社会的障壁の除去を必要としている旨の意思の表明があった場合において,その実施に伴う負担が過重でないときは,障害者の権利利益を侵害することとならないよう,当該障害者の性別,年齢及び障害の状態に応じて,社会的障壁の除去の実施について必要かつ合理的な配慮をしなければならない。」と規定されている。

学校教育における合理的配慮について,平成24年7月に中央教育審議会初等中等教育分科会が取りまとめた「共生社会の形成に向けたインクルーシブ教育システム構築のための特別支援教育の推進(報告)」では,「障害のある子どもが,他の子どもと平等に「教育を受ける権利」を享有・行使することを確保するために,学校の設置者及び学校が必要かつ適当な変更・調整を行うことであり,障害のある子どもに対し,その状況に応じて,学校教育を受ける場合に個別に必要とされるものであり,学校の設置者及び学校に対して,体制面,財政面において,均衡を失した又は,過度の負担を課さないもの」と定義されている。

これらの法令等に示された合理的配慮の主旨や意義に鑑みれば,学校教育における自立活動と合理的配慮の関係は,次の二つの関連で捉える必要がある。

一つ目は,自立活動としては,障害による学習上又は生活上の困難を改善・克服するために,幼児児童生徒が,困難な状況を認識し,困難を改善・克服するために必要となる知識,技能,態度及び習慣を身に付けるとともに,自己が活動しやすいように主体的に環境や状況を整える態度を養うことが大切であるという視点である。

つまり,障害者基本法に示す「社会的障壁の除去は,それを必要としている」とは,例えば,自分が,活動しにくい環境や状況にあることを認識していることと言える。例えば,自立活動の内容には,「環境の把握」の区分に「感覚を総合的に活用した周囲の状況についての把握と状況に応じた行動に関すること」の項

目が示されている。また,「意思の表明があった場合」とは,自分が求める環境や状況に対する判断や調整のための依頼の仕方を学ぶことと言える。自立活動の内容には,例えば,「コミュニケーション」の区分に「状況に応じたコミュニケーションに関すること」の項目が示されている。それらの項目を相互に関連付け,具体的な指導内容を設定し,指導するという視点である。

二つ目は,学校教育における合理的配慮は,障害のある幼児児童生徒が他の幼児児童生徒と平等に教育を受けられるようにするために,障害のある個々の幼児児童生徒に対して,学校が行う必要かつ適当な変更・調整という配慮であるという視点である。

つまり,小さい文字が見えにくい弱視の児童が,他の児童と平等に授業を受けられるよう,教師が拡大したプリントを用意することは,この児童に対する合理的配慮であると言える。一方,この児童がプリントの文字が見えにくいという学習上の困難を主体的に改善・克服できるよう,弱視レンズ等を活用するために,知識,技能,態度及び習慣を養うことを目的に指導するのが自立活動である。両者は,きめ細かな実態把握が必要であること,個に応じたものなど共通点もあるが,その目的は異なっていることに留意が必要である。

こうしたことから,今後の自立活動の指導においては,指導内容と合理的配慮との関連性についても十分考慮することがこれまで以上に求められていると言えよう。

## 3　今回の改訂の要点

前回の改訂では,障害のある人々を取り巻く社会環境や障害についての考え方等の大きな変化を踏まえ,学校教育法第72条の改正がなされ,自立活動の目標についても,「障害に基づく種々の困難」が「障害による学習上又は生活上の困難」に改められた。

その後,我が国の教育分野においては,平成26年に批准した「障害者の権利に関する条約」において提唱されているインクルーシブ教育システムの理念の実現に向けて,幼児児童生徒一人一人が,障害の有無やその他の個々の違いを認め合いながら,共に学ぶことを追求する,いわゆる,インクルーシブ教育システム構築のための特別支援教育が推進されている。

近年,特別支援学校に在籍する重複障害者の割合は増加傾向にあり,例えば,他の障害に自閉症を併せ有する者や視覚と聴覚の障害を併せ有する者など,多様な障害の種類や状態等に応じた自立活動の指導の充実が求められている。また,発達障害を含めた障害のある児童生徒等が,特別支援学校だけではなく小・中学校等においても学んでいることから,特別支援学級,通級による指導においても,

児童生徒等の多様な障害の種類や状態等に応じたきめ細かな自立活動の指導の充実が求められている。

このような現状の中で，多様な学びの場における自立活動の指導が，幼児児童生徒の自立と社会参加の質の向上につながるような指導となることを踏まえ，中央教育審議会答申に基づいて改訂が行われた。その要点は次のとおりである。

### (1) 特別支援学校幼稚部教育要領及び特別支援学校小学部・中学部学習指導要領

#### ① 総則の教育課程の編成における共通事項

学校の教育活動全体を通じて行う自立活動の指導については，自立活動の時間における指導と各教科等の指導との密接な関連を保つことが必要である。今回の改訂においては，視覚障害者，聴覚障害者，肢体不自由者又は病弱者である児童を教育する特別支援学校の小学部に「外国語科」が新たに位置付けられたが，この指導においても自立活動の指導との関連を図る必要性があることから，各教科には「外国語科」が含まれている。また，知的障害者である児童を教育する特別支援学校の小学部に「外国語活動」を必要に応じて設けることができることとしたが，この指導においても自立活動の時間における指導との関連を図る必要性があることから，「各教科，道徳科，特別活動」を「各教科，道徳科，外国語活動，特別活動」と改めた。

#### ② 自立活動の内容

従前の内容は，六つの区分の下に26項目が示されていた。

今回の改訂では，六つの区分は従前と同様であるが，発達障害や重複障害を含めた障害のある幼児児童生徒の多様な障害の種類や状態等に応じた指導を一層充実するため，「1健康の保持」の区分に「(4)障害の特性の理解と生活環境の調整に関すること。」の項目を新たに設けた。

また，自己の理解を深め，主体的に学ぶ意欲を一層伸長するなど，発達の段階を踏まえた指導を充実するため，「4環境の把握」の区分の下に設けられていた「(2)感覚や認知の特性への対応に関すること」の項目を「(2)感覚や認知の特性についての理解と対応に関すること。」と改めた。さらに，感覚を総合的に活用した周囲の状況の把握にとどまることなく，把握したことを踏まえて，的確な判断や行動ができるようにすることを明確にするため，「(4)感覚を総合的に活用した周囲の状況の把握に関すること。」の項目を「(4)感覚を総合的に活用した周囲の状況についての把握と状況に応じた行動に関すること。」と改めた。

### ③　個別の指導計画の作成と内容の取扱い

　前回の改訂では，自立活動の指導に当たっては，個別の指導計画の作成についてより一層の理解を促すため，幼児児童生徒の実態把握，指導目標（ねらい）の設定，具体的な指導内容の設定，評価等についての配慮事項が示された。

　今回の改訂では，個別の指導計画の作成についてさらに理解を促すため，実態把握から指導目標（ねらい）や具体的な指導内容の設定までの手続きの中に，「指導すべき課題」を明確にすることを加え，手続きの各過程を整理する際の配慮事項をそれぞれ示すこととした。

　また，児童生徒自身が活動しやすいように環境や状況に対する判断や調整をする力を育むことが重要であることから，小学部及び中学部においては，「個々の児童又は生徒に対し，自己選択・自己決定する機会を設けることによって，思考・判断・表現する力を高めることができるような指導内容を取り上げること。」を新たに示した。

　さらに，小学部及び中学部の児童生徒自らが，自立活動の学習の意味を将来の自立と社会参加に必要な資質・能力との関係において理解したり，自立活動を通して，学習上又は生活上の困難をどのように改善・克服できたか自己評価につなげたりしていくことが重要であることから，「個々の児童又は生徒が，自立活動における学習の意味を将来の自立や社会参加に必要な資質・能力との関係において理解し，取り組めるような指導内容を取り上げること。」を新たに示した。

## (2) 小学校学習指導要領及び中学校学習指導要領

### ①　総則における特別な配慮を必要とする児童生徒への指導

　今回の改訂では，特別支援教育に関する教育課程編成の基本的な考え方や個に応じた指導を充実させるための教育課程実施上の留意事項などが一体的に分かるよう，学習指導要領の示し方について充実が図られた。

### ②　特別支援学級における自立活動

　特別支援学級において実施する特別の教育課程の編成に係る基本的な考え方の一つとして，「障害による学習上又は生活上の困難を克服し自立を図るため，特別支援学校小学部・中学部学習指導要領第7章に示す自立活動を取り入れること。」を新たに示した。

### ③　通級による指導における自立活動

　通級による指導を行い，特別の教育課程を編成する場合について，「特別支援学校小学部・中学部学習指導要領第7章に示す自立活動の内容を参考とし，

具体的な目標や内容を定め，指導を行うものとする。その際，効果的な指導が行われるよう，各教科等と通級による指導との関連を図るなど，教師間の連携に努めるものとする。」を新たに示した。

### ④ 個別の指導計画等の作成

特別支援学級に在籍する児童生徒及び通級による指導を受ける児童生徒については，「個々の実態を的確に把握し，個別の教育支援計画や個別の指導計画を作成し，効果的に活用するものとする。」を新たに示した。

# 第3章　自立活動の意義と指導の基本

## ● 1　自立活動の意義

### (1) 自立活動とは

　特別支援学校には，学校教育法施行令第22条の3において規定している程度の障害を有する視覚障害，聴覚障害，知的障害，肢体不自由又は病弱の幼児児童生徒，これらの障害を複数併せ有する重複障害の幼児児童生徒が在学している。そして，それらの障害に言語障害，情緒障害，自閉症，ＬＤ，ＡＤＨＤ等を併せ有する幼児児童生徒が在学している場合もある。特別支援学校の教育においては，こうした障害のある幼児児童生徒を対象として，小・中学校等と同様に，学校の教育活動全体を通じて，幼児児童生徒の人間として調和のとれた育成を目指している。

　小・中学校等の教育は，幼児児童生徒の生活年齢に即して系統的・段階的に進められている。そして，その教育の内容は，幼児児童生徒の発達の段階等に即して選定されたものが配列されており，それらを順に教育することにより人間として調和のとれた育成が期待されている。

　しかし，障害のある幼児児童生徒の場合は，その障害によって，日常生活や学習場面において様々なつまずきや困難が生じることから，小・中学校等の幼児児童生徒と同じように心身の発達の段階等を考慮して教育するだけでは十分とは言えない。そこで，個々の障害による学習上又は生活上の困難を改善・克服するための指導が必要となる。このため，特別支援学校においては，小・中学校等と同様の各教科等に加えて，特に自立活動の領域を設定し，それらを指導することによって，幼児児童生徒の人間として調和のとれた育成を目指しているのである。

　今回の改訂においては，全ての資質・能力に共通する要素となる三つの柱，①知識及び技能，②思考力，判断力，表現力等，③学びに向かう力，人間性等を踏まえて，各教科等の目標や内容が再整理された。よって，各教科等において育まれる資質・能力は，幼児児童生徒の生活年齢や発達の段階に即して系統的に配列されている目標（ねらい）や内容を指導していくことで，知識及び技能の習得のみならず，それぞれの体系に応じた思考力，判断力，表現力等の育成や学びに向かう力，人間性等の涵養について，バランスよく育成することを目指している。

　しかし，障害のある幼児児童生徒は，その障害によって，各教科等において育まれる資質・能力の育成につまずきなどが生じやすい。そのため，個々の実態把握によって導かれる「人間としての基本的な行動を遂行するために必要な要素」及び「障害による学習上又は生活上の困難を改善・克服するために必要な要素」，いわゆる心身の調和的な発達の基盤に着目して指導するものが自立活動であり，

自立活動の指導が各教科等において育まれる資質・能力を支える役割を担っている。

### (2) 自立活動の教育課程上の位置付け

特別支援学校の目的については，学校教育法第72条で，「特別支援学校は，視覚障害者，聴覚障害者，知的障害者，肢体不自由者又は病弱者（身体虚弱者を含む。以下同じ。）に対して，幼稚園，小学校，中学校又は高等学校に準ずる教育を施すとともに，障害による学習上又は生活上の困難を克服し自立を図るために必要な知識技能を授けることを目的とする。」ことが示されている。

この前段に示されている「特別支援学校は，視覚障害者，聴覚障害者，知的障害者，肢体不自由者又は病弱者に対して，幼稚園，小学校，中学校又は高等学校に準ずる教育を施す」とは，特別支援学校においては，幼稚園，小学校，中学校又は高等学校に「準ずる教育」を行うことを示したものである。この「準ずる教育」の部分は，教育課程の観点から考えると，例えば小学校の場合には，各教科，道徳科，外国語活動，総合的な学習の時間及び特別活動の指導に該当するものである。

後段に示されている「障害による学習上又は生活上の困難を克服し自立を図るために必要な知識技能を授ける」とは，個々の幼児児童生徒が自立を目指し，障害による学習上又は生活上の困難を主体的に改善・克服するために必要な知識，技能，態度及び習慣を養う指導のことであり，自立活動の指導を中心として行われるものである。すなわち，自立活動は，特別支援学校の教育課程において特別に設けられた指導領域である。この自立活動は，授業時間を特設して行う自立活動の時間における指導を中心とし，各教科等の指導においても，自立活動の指導と密接な関連を図って行われなければならない。このように，自立活動は，障害のある幼児児童生徒の教育において，教育課程上重要な位置を占めていると言える。

また，小・中学校等の特別支援学級や通級による指導においては，児童生徒の障害の状態等を考慮すると，小学校又は中学校の教育課程をそのまま適用することが必ずしも適当ではなく，特別支援学校小学部・中学部学習指導要領に示されている自立活動等を取り入れた特別の教育課程を編成する必要性が生じる場合がある。このため，学校教育法施行規則には，特別支援学級又は通級による指導において，「特に必要がある場合には，特別の教育課程によることができる」ことを規定している（学校教育法施行規則第138条，同第140条）。

この規定を受けて，小学校学習指導要領又は中学校学習指導要領では，特別支援学級において特別の教育課程を編成する場合に，「障害による学習上又は生活上の困難を克服し自立を図るため，特別支援学校小学部・中学部学習指導要領第

7章に示す自立活動を取り入れること。」と示されている。同様に、通級による指導において特別の教育課程を編成する場合については、「特別支援学校小学部・中学部学習指導要領第7章に示す自立活動の内容を参考とし、具体的な目標や内容を定め、指導を行うものとする。その際、効果的な指導が行われるよう、各教科等と通級による指導との関連を図るなど、教師間の連携に努めるものとする。」ことが示されている。加えて、特別の教育課程について定める告示（平成5年文部省告示第7号）には、小・中学校等における障害に応じた特別の指導は、「障害による学習上又は生活上の困難を改善し、克服することを目的とする指導とし、特に必要があるときは、障害の状態に応じて各教科の内容を取り扱いながら行うことができることとする。」とされ、障害に応じた特別の指導の内容の趣旨を明確に規定している（平成28年12月9日一部改正公布）。その際、「障害による学習上又は生活上の困難を改善又は克服する」という通級による指導の目的を前提としつつ、特に必要があるときは、障害の状態に応じて各教科の内容を取り扱いながら指導を行うことも可能であるが、単に各教科の学習の遅れを取り戻すための指導など、通級による指導とは異なる目的で指導を行うことがないよう留意することが必要である。

　なお、小学校又は中学校等の通常の学級に在籍している児童生徒の中には、通級による指導の対象とはならないが、障害による学習上又は生活上の困難の改善・克服を目的とした指導が必要となる者がいる。小学校学習指導要領又は中学校学習指導要領では、特別な配慮を必要とする児童生徒への指導を行う場合に、「特別支援学校等の助言又は援助を活用しつつ、個々の児童の障害の状況等に応じた指導内容や指導方法の工夫を組織的かつ計画的に行うものとする。」（小学校学習指導要領による。中学校学習指導要領においても同様である。）と示されている。また、同第2章各教科における「指導計画の作成と内容の取扱い」では、障害のある児童生徒などに対し、学習活動を行う場合に生じる困難さに応じた指導内容や指導方法の工夫を計画的、組織的に行うことが示されている。この場合、本書に示した内容を参考にして児童生徒の困難さを明らかにし、個別の教育支援計画や個別の指導計画を作成するなどして、必要な支援を考えていくことが望まれる。

## 2　自立活動の指導の基本

### (1) 自立活動の指導の特色

　自立活動の指導は、個々の幼児児童生徒が自立を目指し、障害による学習上又は生活上の困難を主体的に改善・克服しようとする取組を促す教育活動であり、個々の幼児児童生徒の障害の状態や特性及び心身の発達の段階等に即して指導を

行うことが基本である。そのため，自立活動の指導に当たっては，個々の幼児児童生徒の的確な実態把握に基づき，指導すべき課題を明確にすることによって，個別に指導目標（ねらい）や具体的な指導内容を定めた個別の指導計画が作成されている。

　個別の指導計画に基づく自立活動の指導は，個別指導の形態で行われることが多いが，指導目標（ねらい）を達成する上で効果的である場合には，幼児児童生徒の集団を構成して指導することも考えられる。しかし，自立活動の指導計画は個別に作成されることが基本であり，最初から集団で指導することを前提とするものではない点に十分留意することが重要である。

### (2) 自立活動の内容とその取扱いについて

　ア　学習指導要領等に示す自立活動の内容

　　幼稚園教育要領，小学校学習指導要領及び中学校学習指導要領等に示されている各教科等の「内容」は，すべての幼児児童生徒に対して確実に指導しなければならない内容である。これに対して，特別支援学校の学習指導要領等で示す自立活動の「内容」は，各教科等のようにそのすべてを取り扱うものではなく，個々の幼児児童生徒の実態に応じて必要な項目を選定して取り扱うものである。つまり，自立活動の内容は，個々の幼児児童生徒に，そのすべてを指導すべきものとして示されているものではないことに十分留意する必要がある。

　イ　自立活動の内容の考え方

　　自立活動の「内容」は，人間としての基本的な行動を遂行するために必要な要素と，障害による学習上又は生活上の困難を改善・克服するために必要な要素で構成しており，それらの代表的な要素である27項目を「健康の保持」，「心理的な安定」，「人間関係の形成」，「環境の把握」，「身体の動き」及び「コミュニケーション」の六つの区分に分類・整理したものである。自立活動の内容は，六つの区分の下に，それぞれ3～5の項目を示してある。

　　こうした大きな区分の下に幾つかの項目を設けるという自立活動の内容の示し方については，自立活動の前身である「養護・訓練」が創設された当時から少しも変わっていない。養護・訓練を創設した昭和46年当時，養護・訓練の内容を示すに当たっては，各学校で行われていた特別の訓練等の指導について，その具体的な指導内容となる事項を細かく取り上げ，それらを大きく分類するという作業が繰り返された。この作業の過程において，個々の幼児児童生徒に対する具体的な指導内容は，指導の方法と密接に関連している場合が多いことが明らかにされた。これを受けて養護・訓練の内容の示し方について検討を行った結果，その示し方については，個々の方法までは言及しないという方針

の下に整理が行われ，大綱的な表現となった経緯がある。

　学習指導要領等の自立活動の「内容」には，多くの具体的な指導内容から，人間としての基本的な行動を遂行するために必要な要素と，障害による学習上又は生活上の困難を改善・克服するために必要な要素を抽出し，それらの中から代表的な要素を「項目」として示しているのである。

ウ　具体的な指導内容

　学習指導要領等に示す自立活動の「内容」とは，個々の幼児児童生徒に設定される具体的な「指導内容」の要素となるものである。したがって，個々の幼児児童生徒に設定される具体的な指導内容は，個々の幼児児童生徒の実態把握に基づき，自立を目指して設定される指導目標（ねらい）を達成するために，学習指導要領等に示されている内容から必要な項目を選定し，それらを相互に関連付けて設定されるものである。

　自立活動の内容は大綱的に示してあることから，項目に示されている文言だけでは，具体的な指導内容をイメージしにくい場合がある。例えば，「5 身体の動き」の区分の下に示されている「(4)身体の移動能力に関すること。」という項目については，視覚に障害がある場合の白杖を使った歩行技術の習得に関することを指していることは分かりやすいが，心臓疾患で歩行による移動が制限されている場合，車いす等の補助的手段を活用することにより，移動する際の心臓への負担を軽減する指導はイメージしにくいといった場合などである。障害のある幼児児童生徒の実態は多様であり，前述したような理由から，自立活動の内容の示し方はある程度大綱的にならざるを得ない。そこで，自立活動の指導を担当する教師には，学習指導要領等に示された内容を参考として，個々の幼児児童生徒の実態を踏まえ，具体的な指導内容の設定を工夫することが求められるのである。

　また，個々の幼児児童生徒に指導する具体的な指導内容は，六つの区分の下に示された27項目の中から必要とする項目を選定した上で，それらを相互に関連付けて設定することが重要である。

　例えば，玩具に興味をもち始めた上肢にまひのある幼児に，「玩具に手を伸ばす」という指導のねらいが考えられたとする。このねらいを達成するためには，置いてある玩具までの距離と方向を視覚によって捉えるとともに，玩具を目指して手を伸ばすという上肢を適切に操作するための姿勢保持と運動・動作が必要である。そこで，「4 環境の把握」の区分の下に示されている項目と「5 身体の動き」の区分の下に示されている項目とを組み合わせて，具体的な指導内容を設定することが求められる。その幼児が自分の視覚で捉えやすい色や大きさ，そして，上肢を動かすことができる範囲等を考慮して，具体的な指導内

容を検討しなければならないのである。つまり，具体的な指導内容を考える際には，幼児児童生徒の実態を踏まえて，自立活動の様々な項目を関連付ける必要があることに十分留意することが大切である。なお，第6章には，「③他の項目と関連付けて設定した具体的な指導内容例」を示している。

第3章
自立活動の意義と指導の基本

2
自立活動の指導の基本

| 学部・学年 | |
|---|---|
| 障害の種類・程度や状態等 | |
| 事例の概要 | |

**実態把握**

① 障害の状態，発達や経験の程度，興味・関心，学習や生活の中で見られる長所やよさ，課題等について情報収集

②-1 収集した情報（①）を自立活動の区分に即して整理する段階

| 健康の保持 | 心理的な安定 | 人間関係の形成 | 環境の把握 | 身体の動き | コミュニケーション |
|---|---|---|---|---|---|
| | | | | | |

②-2 収集した情報（①）を学習上又は生活上の困難や，これまでの学習状況の視点から整理する段階

※各項目の末尾に（ ）を付けて②-1における自立活動の区分を示している（以下，図15まで同じ。）。

②-3 収集した情報（①）を○○年後の姿の観点から整理する段階

※各項目の末尾に（ ）を付けて②-1における自立活動の区分を示している（以下，図15まで同じ。）。

**指導すべき課題の整理**

③ ①をもとに②-1，②-2，②-3で整理した情報から課題を抽出する段階

④ ③で整理した課題同士がどのように関連しているかを整理し，中心的な課題を導き出す段階

⑤ ④に基づき設定した指導目標（ねらい）を記す段階

| 課題同士の関係を整理する中で今指導すべき指導目標として | |
|---|---|

⑥ ⑤を達成するために必要な項目を選定する段階

| 指導目標（ねらい）を達成するために必要な項目の選定 | 健康の保持 | 心理的な安定 | 人間関係の形成 | 環境の把握 | 身体の動き | コミュニケーション |
|---|---|---|---|---|---|---|
| | | | | | | |

項目間の関連付け

⑦ 項目と項目を関連付ける際のポイント

⑧ 具体的な指導内容を設定する段階

| 選定した項目を関連付けて具体的な指導内容を設定 | ア | イ | ウ | … |
|---|---|---|---|---|
| | | | | |

図2 実態把握から具体的な指導内容を設定するまでの流れの例（流れ図）

エ　実態把握から具体的な指導内容を設定するまでの流れの例
(ア)　図2（流れ図）について

　図2は，個々の幼児児童生徒の実態把握から具体的な指導内容を設定するまでの流れの例を示したものである。ここでは，実態把握から指導目標（ねらい）を設定したり，具体的な指導内容を設定したりするまでの過程において，どのような観点で整理していくか，その考え方について述べる。

　はじめに，実態把握の段階である。図2の①は，実態把握のために必要な情報を収集する段階を示している。必要な情報を収集するに当たっては，本解説第7章の2の「(1)幼児児童生徒の実態把握」に示す，実態把握の観点，実態把握の具体的な内容，実態把握の方法を踏まえることが大切である。また，幼児児童生徒のできないことばかりに注目するのではなく，できることにも着目することが望ましい。

　②は，①で収集した情報を整理する段階である。収集した情報をどのような観点で整理するかを例示している。②－1の「自立活動の区分に即して整理」とは，障害名のみに頼って特定の指導内容に偏ることがないよう，対象となる幼児児童生徒の全体像を捉えて整理することを意図している。その際，本解説第6章に示す6区分27項目の解説を踏まえて整理することが大切である。②－2は，「学習上又は生活上の困難の視点で整理」する段階である。その際，これまでの学習状況を踏まえ，学習上又は生活上の難しさだけでなく，既にできていること，支援があればできることなども記載することが望ましい。②－3は，幼児児童生徒の生活年齢や学校で学ぶことのできる残りの年数を視野に入れた整理である。例えば，幼児児童生徒の「○○年後の姿」をイメージしたり，卒業までにどのような力を，どこまで育むとよいのかを想定したりして整理することである。

　次に，指導すべき課題を整理する段階である。③は，②で整理した情報の中から，指導開始時点で課題となることを抽出するものである。そして，④は，③で抽出した課題同士がどのように関連しているのかを整理し，中心的な課題を導き出す段階である。課題同士の関連とは，例えば，「原因と結果」や「相互に関連し合っている」などの観点や，発達や指導の順序等が考えられる。その際，本解説第7章の2の(2)「ア指導すべき課題相互の関連の検討」を踏まえて検討することが必要である。

　そして，⑤は，④に基づき指導目標（ねらい）を設定する段階である。指導目標（ねらい）は，学年等の長期的な目標とともに，当面の短期的な目標を定めることが自立活動の指導の効果を高めるために必要である。指導目標（ねらい）を設定するに当たっては，本解説第7章の2の(2)「イ指導目標（ねらい）の設定と目標設定に必要な項目の選定」を踏まえて検討することが大切である。

さらに，⑥は，⑤の指導目標（ねらい）を達成するために必要な項目を選定する段階である。ここでは，自立活動の内容6区分27項目から必要な項目を選定するが，その際は，本解説第7章の2の(2)「イ指導目標（ねらい）の設定と目標設定に必要な項目の選定」を踏まえて選定することが大切である。

そして，⑧は，⑥で選定した項目同士を関連付けて具体的な指導内容を設定する段階である。その際，根拠をもって項目同士を関連付けることが大切である。このため⑦に項目同士を関連付けるポイントを示すこととした。選定した項目同士を関連付ける場合，「⑤の指導目標を達成するためには，こんな力を育てる必要がある。したがって，区分○○○の項目○○と区分□□□の項目□□とを関連付けて指導する。」など，④で行った課題同士の関連や整理を振り返りながら検討することが大切である。

最後に⑧の具体的な指導内容を設定するに当たっては，本解説第7章の2の「(3)具体的な指導内容の設定」を踏まえて検討することが大切である。なお，⑥と⑧を結ぶ線は，⑥の各項目と関連する⑧の具体的な指導内容とを結んだものである。

(イ) 図2を踏まえた例示（図3から図15まで）と解説について

個々の幼児児童生徒の「実態把握」から「具体的な指導内容の設定」に至るまでの流れについて，はじめに2事例を挙げて解説する。残りの11事例については巻末に掲載している。なお，図3から図15までの「事例の概要」は，あくまで⑤の指導目標（ねらい）を明らかにした上で記されたものであり，最初に「事例の概要」を定めた上で指導目標（ねらい）を定めたものではない。また，自立活動の指導を行う上での実態把握は，本解説第7章の2の「(1)幼児児童生徒の実態把握」を参照しながら，実態把握に必要な内容や範囲を明確に整理した上で的確に行う必要がある。よって，「事例の概要」の内容を前提に行われるものではないことにも留意する必要がある。

なお，図3から図15までの①については，⑤の指導目標（ねらい）に関連した実態について掲載している。

自立活動の指導においては，個々の幼児児童生徒の実態に即して，指導の道筋そのものを組み立てていくことが求められる指導であることに留意することが大切である。よって，収集された多様な情報の整理の方法はいろいろ考えられるが，まずは，例示を踏まえ，「実態把握」から「具体的な指導内容の設定」に至るまでの流れについてのイメージをもってほしい。特に，指導目標（ねらい）を達成するために必要な具体的な指導内容を考える際には，幼児児童生徒の実態を踏まえて，幾つかの項目を組み合わせる必要があることに十分留意することが大切である。言い換えれば，自立活動の6区分27項目の内容は，具

体的な指導内容を検討する際の視点を提供しているものと言える。
　最終的には，自立活動の指導は教師が責任をもって計画し実施するものである。

| | | |
|---|---|---|
| 図3 | 肢体不自由（脳性まひ）と重度の知的障害 | P　32 |
| 図4 | 聴覚障害 | P　36 |
| 図5 | 視覚障害 | P　128 |
| 図6 | 聴覚障害 | P　132 |
| 図7 | 知的障害 | P　136 |
| 図8 | 肢体不自由 | P　140 |
| 図9 | 病弱 | P　144 |
| 図10 | 言語障害 | P　148 |
| 図11 | 自閉症 | P　152 |
| 図12 | 学習障害 | P　156 |
| 図13 | 注意欠陥多動性障害 | P　160 |
| 図14 | 高機能自閉症（アスペルガー症候群を含む） | P　164 |
| 図15 | 盲ろう | P　168 |

| 学部・学年 | 小学部・第2学年 |
|---|---|
| 障害の種類・程度や状態等 | 肢体不自由（脳性まひ）と重度の知的障害 |
| 事例の概要 | 他者との関わりの基礎を高めることを中心とした指導事例 |

① 障害の状態，発達や経験の程度，興味・関心，学習や生活の中で見られる長所やよさ，課題等について情報収集

- 特別支援学校（知的障害）の各教科の小学部1段階の内容を学習している。
- 体調が安定せず，覚醒のリズムが不規則である。
- 定頸しつつあるが，座位保持椅子での座位では，頭部が前方に倒れることが多い。
- 静かなところで音や声が聞こえると，表情や身体各部位の力の入れ方を変化させて，気付いていることを他者に伝える。
- 提示された物や働きかける他者を数秒の間見続けることが難しい。

②－1 収集した情報（①）を自立活動の区分に即して整理する段階

| 健康の保持 | 心理的な安定 | 人間関係の形成 | 環境の把握 | 身体の動き | コミュニケーション |
|---|---|---|---|---|---|
| ・覚醒のリズムが不規則で十分な睡眠がとれず，眠った状態で登校することが多い。 | ・快，不快の表出が曖昧なときがあり，不快なときに笑顔になることがある。 | ・他者からの関わりに対して，注意を向けることが難しい。<br>・自分の名前を呼ばれても，表情や身体の動きなどで応えることがあまり見られない。 | ・対象を数秒間見続けたり，注意を向け続けたりすることが難しい。<br>・静かなところで鳴った音に気付き，表情を変える。 | ・腰や肩への教師の援助がないとあぐら座位の保持が難しい。<br>・定頸しつつあるが，座位保持椅子での座位では，頭部が前傾することが多い。<br>・首，肩周りの筋緊張が強い。 | ・話しかけられたり，笑いかけたりしても，相手に応じることが少ない。<br>・機嫌の良いときには小さな声を出す。 |

②－2 収集した情報（①）を学習上又は生活上の困難や，これまでの学習状況の視点から整理する段階

- 他者からの働きかけや提示された物に気付き，頭部を安定させて視線を向けることが難しい。（人，環，身）
- 学習の中で興味がある遊びや教材等は明らかになっていない。（人，環，コ）
- 教師の援助を受けてあぐら座位や立位を保持することと，他者からの働きかけに気付くことを目標に学習に取り組んできた。（人，身）
- 腰と肩を支える程度の援助があれば，教師の促しに応じて頭部及び体幹に適度な力を入れてあぐら座位を保持することが上達している。（人，身，コ）

※各項目の末尾の（　）は，②－1における自立活動の区分を示している（以下，図15まで同じ。）。

②－3 収集した情報（①）を○○年後の姿の観点から整理する段階

- 他者とのやりとりの中で，視線や表情，身体の動きで感じたことを表出できるようになってもらいたい。（人，環，コ）
- 体が大きくなってきていて，全ての体重を教師や家族が支えるのは負担が大きくなってくると思われる。（身）

③ ①をもとに②－1，②－2，②－3で整理した情報から課題を抽出する段階

- 他者からの関わりに対して，注意を向けることが難しい。（人）
- 自分の名前を呼ばれても，表情や身体の動きなどで応えることがあまり見られない。（人）
- 対象を数秒間見続けたり，注意を数秒向け続けたりするのが難しい。（環）
- 首，肩周りの筋緊張が強い。（身）
- 腰や肩への教師の援助がないとあぐら座位を保持することが難しい。（身）
- 話しかけられたり笑いかけたりしても，相手に応じることが少ない。（コ）

図3　肢体不自由（脳性まひ）と重度の知的障害

図3は，重度の知的障害と身体障害者手帳1種1級の肢体不自由がある小学部第2学年の児童に対して，他者との関わりの基礎を高めるための具体的な指導内容を設定するまでの例である。

まず，①に示すように，実態把握を行い必要な情報を収集した。その際，本児童にとっての困難さだけに着目するのではなく，環境を整えたり，適切に援助をしたりすることで可能となることを踏まえて情報を収集するようにした。対象児童は，体調が安定せずに覚醒のリズムも不規則である。また，特別支援学校（知的障害）の各教科の小学部1段階の内容を学習しているが，提示された物や働きかける他者を数秒間見続けることが難しい。しかし，静かなところで音や声が聞こえると，表情を変化させたり，身体各部位の力の入れ方を変化させたりして，外界からの刺激に気付いていることを他者に伝えることができる。

次に，①で示している収集した情報を，②－1から②－3までに示す三つの観点から整理した。

対象児童の場合は，②－1の観点から，「心理的な安定」では，快，不快の表出が曖昧なときがあり，不快なときに笑顔になることがある。また，「環境の把握」では，静かなところで鳴った音に気付き，表情を変えることがある。「コミュニケーション」では，話しかけられたり笑いかけたりしても，相手に応じることが少ないことや，機嫌のよいときには小さな声を出すなどの様子がみられる。

②－2の観点から，学習上又は生活上の困難の視点や過去の学習の状況を踏まえて整理をした。対象児童は，興味のある遊びや教材等が明確になっていないという学習上の困難さがある一方で，教師の援助を受けながら，あぐら座位や立位を保持したり，他者からの働きかけに気付いたりすることを目標に学習に取り組んできて，頭部の動きが高まってきたという変容がみられる。

2－③の観点から，3年後の姿を想定して整理した。対象児童は小学部第2学年であるので，小学部第5学年になるときには，他者とのやりとりの中で，視線や表情，身体の動きで感じたことを表出できるようになることや，姿勢保持や移乗の中で少しでも自分の体重を支えられるようになる姿を想定した。

上記で把握できた実態をもとに，③に示すように，指導すべき課題を抽出した。対象児童の場合は，他者からの関わりに対して，注意を向けることが難しい（人間関係の形成)」，自分の名前を呼ばれても，表情や身体の動きなどで応えることがあまり見られない（人間関係の形成），対象を数秒間見続けたり，注意を数秒向け続けたりするのが難しい（環境の把握），首，肩周りの筋緊張が強い（身体の動き），腰や肩への教師の援助がないとあぐら座位を保持することが難しい（身体の動き），話しかけられたり，笑いかけたりしても，相手に応じることが少ない（コミュニケーション）を抽出した。

| | ④ ③で整理した課題同士がどのように関連しているかを整理し，中心的な課題を導き出す段階 |
|---|---|
| | 他者からの関わりに対して，視線を向けたり身体を動かしたりして応える力を身に付けていくためには，まず頭部と体幹に適度な力を入れて姿勢を保持する力を高めていくことで，他者との二項関係を確かなものにする必要がある。そのためには，教師の言葉かけや働きかけに応じて力を入れたり，身体各部位を動かしたりしたときに，すぐに称賛し，教師に注意を向けられるようにしていくことが大切である。また，反応的に一瞬注意を向けることから，少しずつ持続的に注意を向けることができるように，働きかけや教材提示の工夫をしていくようにする。 |

| 課題同士の関係を整理する中で今指導すべき目標として | ⑤ ④に基づき設定した指導目標を記す段階 |
|---|---|
| | 肩と腰への教師の援助を受けてあぐら座位を保持する中で，肩への援助を外されたことに気付き，背中に3秒間力を入れる。 |

| 指導目標を達成するために必要な項目の選定 | ⑥ ⑤を達成するために必要な項目を選定する段階 | | | | | |
|---|---|---|---|---|---|---|
| | 健康の保持 | 心理的な安定 | 人間関係の形成 | 環境の把握 | 身体の動き | コミュニケーション |
| | | | (1)他者とのかかわりの基礎に関すること。 | (1)保有する感覚の活用に関すること。 | (1)姿勢と運動・動作の基本的技能に関すること。 | (1)コミュニケーションの基礎的能力に関すること。 |

| | ⑦ 項目と項目を関連付ける際のポイント |
|---|---|
| | ・＜得意な聞く力を生かして注意を向けるために＞（人）(1)と（環）(1)と（コ）(1)とを関連付けて設定した具体的な指導内容が，⑧アである。
・＜頭部の動きを確かなものにするために＞（人）(1)と（身）(1)とを関連付けて設定した具体的な指導内容が，⑧イである。
・＜教師と一緒に動く感覚を体験するために＞（人）(1)と（環）(1)と（身）(1)とを関連付けて設定した具体的な指導内容が，⑧ウである。
・＜援助を受けて安定して座るために＞（人）(1)と（身）(1)とを関連付けて設定した具体的な指導内容が，⑧エである。
・＜援助の変化に気付き，教師へ注意を向けるために＞（人）(1)と（環）(1)と（身）(1)とを関連付けて設定した具体的な指導内容が，⑧オである。 |

| 選定した項目を関連付けて具体的な指導内容を設定 | ⑧ 具体的な指導内容を設定する段階 | | | | |
|---|---|---|---|---|---|
| | ア 教師と一緒に手遊びをして，歌に合わせた働きかけに気付く。 | イ 肘立て伏臥位で教師と向き合い，教師の言葉かけに応えて頭部を起こす。 | ウ 教師の体に寄りかかって座り，体を傾けたり重心を移したりする。 | エ 肩と腰への教師の援助を受けてあぐら座位を保持する。 | オ 肩への援助を外そうとする教師に気付き，背中に力を入れる。 |

図3　肢体不自由（脳性まひ）と重度の知的障害

さらに，③で示している抽出した指導すべき課題同士の関連を整理し，④に示すように，中心的な課題を導き出した。対象児童の場合，頭部と体幹に適度な力を入れて姿勢を保持する力を高めていくことで，他者との二項関係を確かなものにするとともに，反応的に一瞬注意を向けることから，少しずつ持続的に教師に注意を向けることができるようにすることを中心的な課題とした。

　これまでの手続きを経て，⑤に示すように，「肩と腰への教師の援助を受けてあぐら座位を保持する中で，肩への援助を外されたことに気付き，背中に3秒間力を入れる。」という目標を設定した。

　この指導目標を達成するためには，他者との関わりやコミュニケーションに関する基礎的なことや，感覚の活用や基本的な運動・動作などが必要であることから，⑥に示すように，自立活動の内容から「人間関係の形成」の(1)，「環境の把握」の(1)，「身体の動き」の(1)，「コミュニケーション」の(1)を選定した。

　⑥で示している選定した項目を相互に関連付けて，具体的な指導内容を設定した。対象児童の場合，⑦に示すように，頭部の動きを確かなものにするために，「人間関係の形成」の(1)と「身体の動き」の(1)とを関連付けて，⑧のイに示すように，「肘立て伏臥位で教師と向き合い，教師の言葉かけに応えて頭部を起こす」という具体的な指導内容を設定した。また，教師と一緒に動く感覚を体験するために，「人間関係の形成」の(1)と「環境の把握」の(1)，「身体の動き」の(1)とを関連付けて，⑧のウに示すように，「教師の体に寄りかかって座り，体を傾けたり重心を移したりする」という具体的な指導内容を設定した。

2 自立活動の指導の基本

| 学部・学年 | 高等部・第3学年 |
|---|---|
| 障害の種類・程度や状態等 | 聴覚障害（重度で補聴器を装用） |
| 事例の概要 | 卒業後，職場で的確に意思疎通を図る方法を身に付け，会話への意欲を喚起するための指導 |

① 障害の状態，発達や経験の程度，興味・関心，学習や生活の中で見られる長所やよさ，課題等について情報収集

- 両耳とも重度難聴（95dB）の診断を受け，補聴器を装用している。
- 生後8か月で聴覚障害と診断され，その後まもなく補聴器の装用を開始した。同時に特別支援学校（聴覚障害）の教育相談を定期的に受け，幼稚部に入学した。小学部への入学以降は，寄宿舎に入舎している。
- 口話でコミュニケーションができるが，サ行音が曖昧になってきている。また，早口になると発話が不明瞭になることがある。
- 教師には手話と口話を併用したり，友達と手話でやりとりしたりするなど，相手に応じて使い分けることができる。
- 卒業後は，一般企業への就職を希望する一方，職場で聞こえる人たちとコミュニケーションをすることができるのか，不安を担任に訴えるようになった。
- 積極的に周囲との関わりをもつことができ，学習した言葉や言い回しを日常会話でも使おうとしている。

②-1 収集した情報（①）を自立活動の区分に即して整理する段階

| 健康の保持 | 心理的な安定 | 人間関係の形成 | 環境の把握 | 身体の動き | コミュニケーション |
|---|---|---|---|---|---|
| ・話し方や場の状況により伝わりやすさが異なることへの意識が十分でない。 | ・職場の聞こえる人たちとコミュニケーションができるか不安である。 | ・職場の人たちと良好な人間関係を築きたいと考えている | ・補聴器を日常的に装用している。<br>・聴覚を活用し，声の大きさやイントネーションを調節することができる。 |  | ・慣れた相手だと口話や手話などを使い分けることができる。<br>・学習した言葉を会話でも使おうとしている。<br>・慣れた相手や早口になると発話が不明瞭になることがある。<br>・初対面の人に話が伝わらない場合は言い直そうとするが，他の言い方や方法が思いつかないことがある。 |

②-2 収集した情報（①）を学習上又は生活上の困難や，これまでの学習状況の視点から整理する段階

（できていること）
- 友達や教師など，相手に応じてコミュニケーションの仕方や言葉遣いを考えようとする態度が身に付いている。（コ）
- 聴覚を活用し，自分の発話を聞きながら声の大きさやイントネーションを調節することができる。（環・コ）

（困難さに関すること）
- 一つ一つの発音要領を学習してきているが，サ行音が曖昧になってきている。また，伝えたいことが多い場合や慣れた相手だと早口になり，発話が不明瞭になることがあるが，本人の自覚はあまり見られない。（健・コ）
- 初対面の人に話が伝わらない場合，言い直そうとするが，他の言い方や方法が思いつかず戸惑うことがある。（コ）
- 卒業後，職場での聞こえる人たちとのコミュニケーションに対する不安を抱いている。（心・コ）

②-3 収集した情報（①）を○○年後の姿の観点から整理する段階

- 卒業後，職場の人たちとも良好な人間関係を築いていきたいという願いをもっている。（人）
- 卒業までに，コミュニケーションの仕方や社会人に必要な言葉遣いなどを身に付けておきたいと考えている。（コ・心）

③ ①をもとに②-1，②-2，②-3で整理した情報から課題を抽出する段階

- サ行音の発音が曖昧になったり，早口になり発話が不明瞭になったりする。（コ・環）
- 話が伝わらないこともあることを意識し，コミュニケーション手段を適切に選択する態度を身に付ける必要がある。（健・コ）
- 職場や社会生活で必要な言葉遣いや表現を身に付ける必要がある。（コ・人）
- 聞こえる人とのコミュニケーションに対する不安を抱いている。（健・心・人・コ）

図4　聴覚障害

図4は，特別支援学校（聴覚障害）高等部第3学年の生徒に対して，卒業後，職場で的確に意思疎通を図る方法を身に付け，会話への意欲を喚起するための具体的な指導内容を設定するまでの例である。

　まず，実態把握に必要な情報を収集した。聴覚障害のある生徒の場合，就職や進学など卒業後の進路を意識するようになると，自分が職場等で聞こえる人たちとコミュニケーションができるだろうかと悩み始める者も見受けられる。対象生徒は，不安を抱きながらも職場の人たちと人間関係を築いていきたいという願いをもっており，必要な学習をしたいと考えている。このため，①に示すように，生徒の発話の実態や補聴器の活用状況，手話等を用いたコミュニケーションの方法等に関する情報を収集した。この生徒は，早期に聴覚障害が発見された後，特別支援学校（聴覚障害）で教育を受けており，教師や友達などに対しては，相手に応じて手話や口話などを使い分けたり組み合わせたりしてコミュニケーションをすることができる。その一方で，小学部以降は寄宿舎での生活をしており，聞こえる人とコミュニケーションをする機会が少ないので不安も抱えている。

　次に，収集した情報を②のように整理した。対象生徒の場合，障害の特性や障害による困難に対する自覚も育ってきていることから，まず，②－2の「できていること」と「学習上又は生活上の困難」の視点から整理した。その結果，できていることとして，学校の友達や教師など慣れた相手であれば，その人に応じてコミュニケーションの仕方や言葉遣いを考えようとする態度が身に付いていることや保有する聴覚を活用して声量やイントネーションを調節することが挙げられた。学習上又は生活上の困難としては，慣れた相手だと早口になり発話が不明瞭になるがあまり自覚がないこと，慣れない相手とのコミュニケーションの仕方に不安があることなどが挙げられた。

　また，就職を控えた時期であることから，②－3に示す「卒業後の姿」の視点でも収集した情報を整理した。生徒は，職場の人たちとも良好な人間関係を築きたいという願いをもち，コミュニケーションの仕方や必要な言葉遣いを身に付けておきたいと考えている。

　そして，これらの困難や願いなどと自立活動の内容との関連を把握するため，②－1の自立活動の区分に沿った整理を行った。「健康の保持」では，話し方や場の状況による伝わりやすさの違いに対する意識，「心理的な安定」では，聞こえる人とのコミュニケーションに対する不安，「人間関係の形成」では，聞こえる人との人間関係を築きたいという願いが挙げられた。「環境の把握」では，生徒が保有する聴覚の活用，「コミュニケーション」では，相手に応じたコミュニケーションの仕方，社会生活に必要な言葉遣いの習得などが挙げられた。

| | |
|---|---|
| | ④ ③で整理した課題同士がどのように関連しているかを整理し，中心的な課題を導き出す段階 |
| | ・③の課題同士の関連を，「卒業後に必要な力」と「本人が実現したい願い」の視点で整理した。<br>・卒業後に必要な場面や相手に応じたコミュニケーションをする力を身に付けることで，本人の願いである職場の人との人間関係作りが実現される。また，場面や相手に応じたコミュニケーションを支える力として，対象生徒の場合は，「発音や発話に関すること」と「職場で用いられる表現に関すること」が考えられた。したがって，中心的な課題を「場面や相手に応じたコミュニケーションに関すること」とし，他と関連付けながら指導を行うことが必要である。 |

**発音や発話に関すること**
　▲サ行音が曖昧になってきている
　▲早口になると発話が不明瞭になる場合がある

**職場で用いられる表現に関すること**
　▲必要な言葉や言い回しを覚えたい

**場面や相手に応じたコミュニケーションに関すること**
　▲コミュニケーションができるか不安
　▲慣れない相手に伝わらないときに戸惑ってしまう
　●積極的に周囲に働きかける

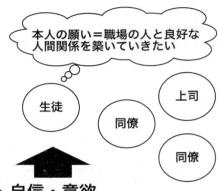

自信・意欲

| | |
|---|---|
| 課題同士の関係を整理する中で今指導すべき目標として | ⑤ ④に基づき設定した指導目標を記す段階 |
| | 職場で想定される場面に応じた言葉遣いを知り，使うとともに，聞こえる人とコミュニケーションをする場合の方法や工夫を身に付け，自信と新たな意欲をもつ。 |

第3章 自立活動の意義と指導の基本

| 指導目標を達成するために必要な項目の選定 | ⑥ ⑤を達成するために必要な項目を選定する段階 | | | | | |
|---|---|---|---|---|---|---|
| | 健康の保持 | 心理的な安定 | 人間関係の形成 | 環境の把握 | 身体の動き | コミュニケーション |
| | (4)障害の特性の理解と生活環境の調整に関すること。 | (2)状況の理解と変化への対応に関すること。 | (4)集団への参加の基礎に関すること。 | (1)保有する感覚の活用に関すること。 | | (2)言語の受容と表出に関すること。<br>(4)コミュニケーション手段の選択と活用に関すること。 |

| | |
|---|---|
| | ⑦ 項目と項目を関連付ける際のポイント |
| | 〈場面や相手に応じたコミュニケーションの工夫を身に付けるため〉（健）(4)と（心）(2)と（人）(4)と（コ）(2)(4)を関連付けて設定した具体的な指導内容が，⑧アである。また，この目標を達成するためには，支える力となる発音や発話，職場で用いられる表現を身に付ける指導が必要である。このため，指導内容⑧イを設定し，（心）(2)と（人）(4)と（コ）(2)を関連付けて指導するとともに，指導内容⑧ウでは（環）(1)と（コ）(2)とを関連付けて指導することとした。 |

| 選定した項目を関連付けて具体的な指導内容を設定 | ⑧ 具体的な指導内容を設定する段階 | | |
|---|---|---|---|
| | ア 職場で的確にコミュニケーションをするための工夫を考えながらやりとりをする。 | イ 職場の様々な場面で用いられる表現（挨拶，慣用句，敬語）などの適切な使い方を考え，使う。 | ウ 職場で想定される話す場面（報告，相談など）で伝わりやすい発音や発話の仕方を身に付ける。 |

図4　聴覚障害

このような整理に基づき，③の四つの課題を抽出した。

そして，④のように，四つの課題同士の関連を「卒業後に必要な力」と「本人が実現したい願い」の視点で整理した。卒業後，職場で人間関係を築いていくために必要な力を身に付けることで，本人の願いが実現されていくことから，中心的な課題を「場面や相手に応じたコミュニケーションに関すること」と捉えた。それを支える力として，「発音や発話に関すること」と「職場で用いられる表現に関すること」とを関連付けながら指導することが必要だと考えた。

これを踏まえ，⑤を「職場で想定される場面に応じた言葉遣いを知り，使うとともに，聞こえる人とコミュニケーションをする場合の方法や工夫を身に付け，自信と新たな意欲をもつ。」と設定した。

この指導目標を達成するために，具体的な指導内容を考える必要がある。そこで，自立活動の内容の「健康の保持」，「心理的な安定」，「人間関係の形成」，「環境の把握」，「コミュニケーション」の区分の下に示されている項目の中から必要な項目を⑥のように選定した。

そして，選定した項目同士を関連付けて具体的な指導内容を設定した。本事例では，⑦に示すように場面や相手に応じたコミュニケーションの工夫を身に付けるため，「健康の保持」の(4)と「心理的な安定」の(2)と「人間関係の形成」の(4)と「環境の把握」の(1)と「コミュニケーション」の(2)及び(4)とを関連付け，⑧ア「職場で的確にコミュニケーションをするための工夫を考えながらやりとりをする。」を設定した。

また，この指導目標を達成するためには，支える力となる発音や発話，職場で用いられる表現を身に付ける指導が必要である。このため，⑧イ「職場の様々な場面で用いられる表現（挨拶，慣用句，敬語）などの適切な使い方を考え，使う。」及び⑧ウ「職場で想定される話す場面（報告，相談など）で伝わりやすい発音や発話の仕方を身に付ける。」という具体的な指導内容を設定し，該当する項目同士を関連させながら指導することとした。なお，職場では，口頭だけでなく電子メールや文書による指示も多用されている。この生徒は，手話や口話のいずれにおいても会話が好きである。コミュニケーションをする相手や場面が多様になると，必ずしも正しく伝わるとは限らないことも学習を通して経験し，他の言い方や方法を考えたり，自分なりの工夫をしたりする態度を育てることも重要である。

これらの指導内容は，指導目標を達成するために，設定した⑧ア〜ウの具体的な指導内容を年間の学校生活の流れに沿って段階的に取り上げ，生徒のコミュニケーションに対する不安を軽減するとともに，職場で意欲的に行動ができるようになることを意図したものである。

### (3) 自立活動の指導の進め方

　自立活動は，個々の幼児児童生徒が自立を目指し，障害による学習上又は生活上の困難を主体的に改善・克服しようとする取組を促す教育活動であり，個々の幼児児童生徒の障害の状態や発達の段階等に即して指導を行うことが必要である。

　そのため，自立活動の指導に当たっては，幼児児童生徒一人一人の実態を的確に把握して個別の指導計画を作成し，それに基づいて指導を展開しなければならない。

　個別の指導計画に基づく指導は，計画（Plan）－実践（Do）－評価（Check）－改善（Action）のサイクルで進められる。それぞれの過程における配慮事項は本解説第7章で述べるが，次の点については，十分留意する必要がある。

　第一に，個別の指導計画の作成に当たっては，個々の幼児児童生徒に関する様々な実態の中から必要な情報を把握して的確に課題を抽出し，それに基づいて得られた指導すべき課題相互の関連を検討し，指導目標（ねらい）や具体的な指導内容を設定することが大切である。このように個別の指導計画を作成するためには，障害による学習上又は生活上の困難を改善・克服する指導について，一定の専門的な知識や技能が必要である。そのため，自立活動の指導における個別の指導計画の作成には，校内で専門的な知識や技能のある教師が関与することが求められ，各学校に専門的な知識や技能のある教師が適切に配置されていることや，各学校においてこうした教師を計画的に養成していくことが必要である。また，必要に応じて，外部の専門家と連携を図ることも有効である。

　特に，特別支援学校の特別支援教育コーディネーターは，校内における取組だけではなく，地域の小・中学校等の特別支援学級や通級による指導における自立活動の指導の充実を支援するために，特別支援学校の専門性を活用し，教育相談や研修等を実施するなど，域内の教育資源の組合せ（スクールクラスター）の中で，特別支援教育コーディネーターとしての機能を発揮していくことが求められる。

　第二に，個別の指導計画に基づいて行われた指導については，適切な評価の下に改善を図ることが大切である。どのような指導においても，学習の評価に基づいて指導の改善を図っていかなければならないことに変わりはない。自立活動の場合には，指導目標（ねらい）や指導内容についても個別に設定されていることから，計画の妥当性について検討する際には，指導の効果をどのように評価するのかについても明らかにしておく必要がある。その際，指導の効果を適切かつ多面的に判断するため，自立活動の指導の担当者だけでなく，各教科等の指導にかかわっている教師間の協力の下に評価を行うとともに，必要に応じて，外部の専門家や保護者等との連携を図っていくことも大切である。

　第三に，特別支援学校に在学する幼児児童生徒や特別支援学級に在籍する児童

生徒，通級による指導を受ける児童生徒について作成することとされている個別の指導計画は，障害のある幼児児童生徒一人一人に対する自立活動のきめ細やかな指導を組織的・継続的に行うために重要な役割を担っている。また，幼稚部から小学部，小学校等から特別支援学校，特別支援学校から中学校等への進学や転学が行われた場合に，各学校において，前籍校等から引き継いだ個別の指導計画を基に，幼児児童生徒の障害の状態や特性及び心身の発達の段階等や自立活動の学習状況等を踏まえた継続的な指導が行われるよう，個別の指導計画の引継ぎ，活用についての考え方や留意点を明確にしておくことが必要である。

## (4) 知的障害者である幼児児童生徒に対する教育を行う特別支援学校の自立活動

　知的障害者である幼児児童生徒に対する教育を行う特別支援学校に在学する幼児児童生徒には，全般的な知的発達の程度や適応行動の状態に比較して，言語，運動，動作，情緒，行動等の特定の分野に，顕著な発達の遅れや特に配慮を必要とする様々な状態が知的障害に随伴して見られる。そのような障害の状態による困難の改善等を図るためには，自立活動の指導を効果的に行う必要がある。

　ここでいう顕著な発達の遅れや特に配慮を必要とする様々な知的障害に随伴する状態とは，例えば，言語面では，発音が明瞭でなかったり，言葉と言葉を組み立てて話すことが難しかったりすることなどである。運動や動作面では，走り方がぎこちなく，安定した姿勢を維持できないことや衣服のボタンを掛け合わせることが思うようにできないことなどである。情緒や行動面では，失敗経験が積み重なったことにより，何事に対しても自信がもてないことから，新しいことに対して不安を示したり，参加できない状態であったりすることなどである。

　また，知的障害者である児童生徒に対する教育を行う特別支援学校の小学部，中学部及び高等部においては，知的障害のある児童生徒のための各教科等が設けられており，知的障害のある児童生徒はこれを履修することになっている。

　これらの各教科等の内容には，例えば，小学部の国語科1段階には「教師の話や読み聞かせに応じ，音声を模倣したり，表情や身振り，簡単な話し言葉などで表現したりすること。」が示されている。教師の音声を模倣して言葉で表現しようとするが，発音がはっきりしない場合には，呼気と吸気の調整がうまくできなかったり，母音や子音を発音する口の形を作ることが難しかったりすることなどが考えられる。このような場合には，コミュニケーションの区分における「(2)言語の受容と表出に関すること。」などの自立活動の指導が必要になる。

　また，算数科1段階には「形が同じものを選ぶこと。」，2段階には「色や形，大きさに着目して分類すること。」などが示されている。形や色を弁別したり，分類したりする際に，教師が提示した教材に注目が難しい場合には，他に気にな

ることがあり，学習への意欲や集中が持続しにくいことなどが考えられる。このような場合には，環境の把握の区分における「(2)感覚や認知の特性についての理解と対応に関すること。」や心理的な安定の区分における「(2)状況の理解と変化への対応に関すること。」などの自立活動の指導が必要になる。

　さらに，生活科の内容「基本的生活習慣」の１段階には，「簡単な身辺処理に気付き，教師と一緒に行おうとすること。」が示されている。ここでの身辺処理には，身なりを整えるための衣服の着脱などが含まれている。衣服の着脱の際の前後の理解やボタンの掛け合わせなどに気付き，教師と一緒に行おうとすることが示されている。知的障害のある児童生徒は，知的発達の程度等に比較して，自分の身体への意識が低く，いろいろな動きがぎこちなく，簡単な動きをまねしたり，著しく手指の動作が困難であったりなどして，楽しく表現活動をすることや衣服のボタンの掛け合わせに支障をきたしている場合がある。このような場合には，例えば，自分の身体各部位の位置関係や大きさ，名称を知り，自分の身体を基点として上下，前後，左右などの位置感覚を把握する力を引きだしたり，目と手の協応動作を高めたりするような自立活動の指導が必要になる。

　なお，学校教育法施行規則第130条第２項に基づいて，各教科，特別の教科道徳（以下「道徳科」という。），特別活動及び自立活動の一部又は全部について，合わせた指導を行う場合においても，自立活動について個別の指導計画を作成し，指導目標や指導内容を明記する必要がある。

# 第4章　総則における自立活動

## ● 1　教育目標

### (1) 幼稚部教育要領（第1章第2）

> 第2　幼稚部における教育の目標
>   幼稚部では，家庭との連携を図りながら，幼児の障害の状態や特性及び発達の程度等を考慮し，この章の第1に示す幼稚部における教育の基本に基づいて展開される学校生活を通して，生きる力の基礎を育成するよう次の目標の達成に努めなければならない。
>   1　学校教育法第23条に規定する幼稚園教育の目標
>   2　障害による学習上又は生活上の困難を改善・克服し自立を図るために必要な態度や習慣などを育て，心身の調和的発達の基盤を培うようにすること

　第2項に示した目標は，特別支援学校の幼稚部独自の目標である。つまり，学校教育法第72条の後段の「障害による学習上又は生活上の困難を克服し自立を図るために必要な知識技能を授けることを目的とする。」を受けて設定されている目標である。

　幼稚部は，幼稚園に準じた教育を行うとともに，障害による学習上又は生活上の困難を改善・克服し自立を図るために必要な態度や習慣などを育てることを目的とすることから，幼稚部における教育においては，幼稚園教育の目標と併せて，独自の目標が必要であり，それが特に重要な意義をもつものと言える。

　この目標の「障害による学習上又は生活上の困難」とは，例えば，目の病気や目が見えないことなどによってもたらされる日常生活や遊び等の諸活動における様々な困難や不自由な状態を意味している。そこで，幼稚部における教育を通して，このような状態を「改善・克服し自立を図るために必要な態度や習慣などを育て」ることが求められているのである。

　また，後段では「心身の調和的発達の基盤を培う」ことが目標の第二として求められている。幼稚部に在籍する幼児の場合は，発達の個人差が大きい。そこで，一人一人の幼児の発達の遅れや不均衡を改善したり，発達の進んでいる側面を更に伸ばすことによって遅れている側面の発達を促すようにしたりする指導を行うなどして「調和的発達の基盤を培うようにすること」が大切である。

### (2) 小学部・中学部学習指導要領（第1章第1節）

> 第1節　教育目標
> 　小学部及び中学部における教育については，学校教育法第72条に定める目的を実現するために，児童及び生徒の障害の状態や特性及び心身の発達の段階等を十分考慮して，次に掲げる目標の達成に努めなければならない。
> 　1　小学部においては，学校教育法第30条第1項に規定する小学校教育の目標
> 　2　中学部においては，学校教育法第46条に規定する中学校教育の目標
> 　3　小学部及び中学部を通じ，児童及び生徒の障害による学習上又は生活上の困難を改善・克服し自立を図るために必要な知識，技能，態度及び習慣を養うこと。

　小学部・中学部の教育目標の第3項の規定は，学校教育法第72条の後段「障害による学習上又は生活上の困難を克服し自立を図るために必要な知識技能を授けることを目的とする。」を受けて設定されている。

　すなわち，特別支援学校の小学部及び中学部は，小学校教育及び中学校教育と同一の目標を掲げていることに加え，障害による学習上又は生活上の困難を改善・克服し自立を図るために必要な知識，技能を授けることを目的としているのである。

　したがって，特別支援学校における教育については，小学校又は中学校における教育には設けられていない特別の指導領域が必要であると同時に，それが特に重要な意義をもつものと言える。第3項の教育目標は，このような観点から定められたものであって，人間形成を図る上で障害による学習上又は生活上の困難を改善・克服し自立を図るために必要な知識，技能，態度を養うことから，その習慣形成に至るまでを目指している。

## ● 2　教育課程の編成

### (1) 自立活動の指導
小学部・中学部学習指導要領（第1章第2節の2の(4)）

> (4)　学校における自立活動の指導は，障害による学習上又は生活上の困難を改善・克服し，自立し社会参加する資質を養うため，自立活動の時間はもとより，学校の教育活動全体を通じて適切に行うものとする。特に，自立活動の時間における指導は，各教科，道徳科，外国語活動，総合的な学

> 習の時間及び特別活動と密接な関連を保ち，個々の児童又は生徒の障害の状態や特性及び心身の発達の段階等を的確に把握して，適切な指導計画の下に行うよう配慮すること。

　この規定の前段において，学校における自立活動の指導は，「自立し社会参加する資質を養うため」に行うことを明確にしている。「自立し社会参加する資質」とは，児童生徒がそれぞれの障害の状態や発達の段階等に応じて，主体的に自己の力を可能な限り発揮し，よりよく生きていこうとすること，また，社会，経済，スポーツ文化の分野の活動に参加することができるようにする資質を意味している。

　そして，「学校における自立活動の指導は，……学校の教育活動全体を通じて適切に行うものとする。」と示しているのは，自立活動の指導の重要性に鑑み，学校の教育活動全体を通じて指導することの必要性を強調したものである。

　つまり，自立活動の指導は，特設された自立活動の時間はもちろん，各教科，道徳科，外国語活動，総合的な学習の時間及び特別活動の指導を通じても適切に行わなければならない。自立活動の指導は，学校の教育活動全体を通じて行うものであり，自立活動の時間における指導は，その一部であることを理解する必要がある。

　自立活動の指導は，学校の教育活動全体を通じて行うものであることから，自立活動の時間における指導と各教科等における指導とが密接な関連を保つことが必要である。このためこの規定の後段においては，「……特に，自立活動の時間における指導は，各教科，道徳科，外国語活動，総合的な学習の時間及び特別活動と密接な関連を保ち……」と示し，このことを強調しているのである。

　また，「……個々の児童又は生徒の障害の状態や特性及び心身の発達の段階等を的確に把握して，適切な指導計画の下に行う……」と示し，特に，個々の児童生徒の実態に即して作成された個別の指導計画に基づき，適切な指導実践が行われることが期待されている。

## (2) 自立活動の時間に充てる授業時数
**小学部・中学部学習指導要領（第1章第3節の3の(2)のオ）**

> オ　小学部又は中学部の各学年の自立活動の時間に充てる授業時数は，児童又は生徒の障害の状態や特性及び心身の発達の段階等に応じて，適切に定めるものとする。

　自立活動の指導は，個々の児童生徒が自立を目指し，障害による学習上又は生

活上の困難を主体的に改善・克服しようとする取組を促す教育活動であり，個々の児童生徒の障害の状態や特性及び心身の発達等に即して指導を行うものである。したがって，自立活動の時間に充てる授業時数も，個々の児童生徒の障害の状態等に応じて適切に設定される必要がある。このため，各学年における自立活動に充てる授業時数については，一律に授業時数の標準としては示さず，各学校が実態に応じた適切な指導を行うことができるようにしている。

ただし，授業時数を標準として示さないからといって，自立活動の時間を確保しなくてもよいということではなく，個々の児童生徒の実態に応じて，適切な授業時数を確保する必要があるということである。

また，自立活動の時間に充てる授業時数は，各学年の総授業時数の枠内に含まれることとなっているが，児童生徒の実態に即して適切に設けた自立活動の時間に充てる授業時数を学校教育法施行規則第51条別表第1又は同規則第73条別表第2に加えると，総授業時数は，小学校又は中学校の総授業時数を上回ることもある。こうした場合には，児童生徒の実態及びその負担過重について十分考慮し，各教科等の授業時数を適切に定めることが大切である。

## (3) 重複障害者等に関する教育課程の取扱い
### 小学部・中学部学習指導要領（第1章第8節の4）

> 4　重複障害者のうち，障害の状態により特に必要がある場合には，各教科，道徳科，外国語活動若しくは特別活動の目標及び内容に関する事項の一部又は各教科，外国語活動若しくは総合的な学習の時間に替えて，自立活動を主として指導を行うことができるものとする。

この規定は，重複障害者のうち，障害の状態により特に必要がある場合についての教育課程の取扱いを示している。

今回の改訂では，視覚障害者，聴覚障害者，肢体不自由者又は病弱者である児童に対する教育を行う特別支援学校において，小学部第5学年及び第6学年で外国語科，小学部第3学年及び第4学年で外国語活動が導入されたことに伴い，自立活動を主として指導を行う場合には，外国語科及び外国活動についても一部又は全部を替えることができることを明記した。

また，知的障害者である児童に対する教育を行う特別支援学校において，実態等を考慮の上，必要に応じて小学部に設けることができることとなった外国語活動についても同様に明記した。

重複障害者のうち，障害の状態により特に必要がある場合には，各教科，道徳科，外国語活動若しくは特別活動の目標及び内容に関する事項の一部又は各教科，

外国語活動若しくは総合的な学習の時間に替えて，自立活動を主として指導を行うことができる。

　重複障害者については，一人一人の障害の状態が極めて多様であり，発達の諸側面にも不均衡が大きいことから，心身の調和的発達の基盤を培うことをねらいとした指導が特に必要となる。こうしたねらいに即した指導は，主として自立活動において行われ，それがこのような児童生徒にとって重要な意義を有することから，自立活動の指導を中心に行うことについて規定しているのである。

　今回の改訂では，特別支援学校学習指導要領解説総則編（幼稚部・小学部・中学部）において，「第8節重複障害者等に関する教育課程の取扱い」を適用する際の基本的な考え方を示した。本規定を適用する場合，障害が重複している，あるいはそれらの障害が重度であるという理由だけで，各教科等の目標や内容を取り扱うことを全く検討しないまま，安易に自立活動を主として指導を行うことのないように留意しなければならない。

　なお，道徳科及び特別活動については，その目標及び内容の全部を替えることができないことに留意する必要がある。

　ここで規定する「重複障害者」とは，当該学校に就学することになった障害以外に他の障害を併せ有する児童生徒であり，視覚障害，聴覚障害，知的障害，肢体不自由及び病弱について，原則的には学校教育法施行令第22条の3において規定している程度の障害を複数併せ有する者を指している。しかし，教育課程を編成する上で，この規定を適用するに当たっては，指導上の必要性から，必ずしもこれに限定される必要はなく，言語障害，自閉症，情緒障害等を併せ有する場合も含めて考えてよい。

# 第5章　自立活動の目標（幼稚部教育要領　ねらい）

**幼稚部教育要領（第2章の1）**

> 自立活動
> 1　ねらい
> 　　個々の幼児が自立を目指し，障害による学習上又は生活上の困難を主体的に改善・克服するために必要な知識，技能，態度及び習慣を養い，もって心身の調和的発達の基盤を培う。

　自立活動のねらいは，幼稚部における生活の全体を通して，幼児が障害による学習上又は生活上の困難を主体的に改善・克服するために期待される態度や習慣などを養い，心身の調和的発達の基盤を培うことによって，自立を目指すことを示したものである。ここでいう「自立」とは，幼児がそれぞれの障害の状態や発達の段階等に応じて，主体的に自己の力を可能な限り発揮し，よりよく生きていこうとすることを意味している。

　そして，「障害による学習上又は生活上の困難を主体的に改善・克服する」とは，幼児の実態に応じ，日常生活や遊び等の諸活動において，その障害によって生ずるつまずきや困難を軽減しようとしたり，また，障害があることを受容したり，つまずきや困難の解消のために努めたりすることを明記したものである。なお，「改善・克服」については，改善から克服へといった順序性を示しているものではないことに留意する必要がある。

　また，「調和的発達の基盤を培う」とは，一人一人の幼児の発達の遅れや不均衡を改善したり，発達の進んでいる側面を更に伸ばすことによって遅れている側面の発達を促すようにしたりして，全人的な発達を促進することを意味している。

　このようなねらいを達成するために，教師が指導し，幼児が身に付けることが期待される事項を整理してまとめたものを，自立活動の内容として示している。

　これらのねらいと内容は，いずれも幼児の障害の状態等を前提として必要とされる指導を念頭に置いて示したものである。そのため，0歳から3歳未満の発達を含め，幼児の多様な実態に対応できるように構成されている。

**小学部・中学部学習指導要領（第7章第1）**

> 第1　目　標
> 　　個々の児童又は生徒が自立を目指し，障害による学習上又は生活上の困難を主体的に改善・克服するために必要な知識，技能，態度及び習慣を養

> い,もって心身の調和的発達の基盤を培う。

　自立活動の目標は,学校の教育活動全体を通して,児童生徒が障害による学習上又は生活上の困難を主体的に改善・克服するために必要とされる知識,技能,態度及び習慣を養い,心身の調和的発達の基盤を培うことによって,自立を目指すことを示したものである。ここでいう「自立」とは,児童生徒がそれぞれの障害の状態や発達の段階等に応じて,主体的に自己の力を可能な限り発揮し,よりよく生きていこうとすることを意味している。

　そして,「障害による学習上又は生活上の困難を主体的に改善・克服する」とは,児童生徒の実態に応じ,日常生活や学習場面等の諸活動において,その障害によって生ずるつまずきや困難を軽減しようとしたり,また,障害があることを受容したり,つまずきや困難の解消のために努めたりすることを明記したものである。なお,「改善・克服」については,改善から克服へといった順序性を示しているものではないことに留意する必要がある。

　また,「調和的発達の基盤を培う」とは,一人一人の児童生徒の発達の遅れや不均衡を改善したり,発達の進んでいる側面を更に伸ばすことによって遅れている側面の発達を促すようにしたりして,全人的な発達を促進することを意味している。

# 第6章　自立活動の内容

　自立活動の内容は，人間としての基本的な行動を遂行するために必要な要素と，障害による学習上又は生活上の困難を改善・克服するために必要な要素を検討して，その中の代表的なものを項目として六つの区分の下に分類・整理したものである。

　今回の改訂では，連続した多様な学びの場において，障害の重度・重複化や発達障害を含む多様な障害に応じた指導や，自己の理解を深め主体的に学ぶ意欲を一層伸長するなどの発達の段階を踏まえた指導を充実するため，項目の見直しを行った。

　この結果，「1健康の保持」の区分に「(4)障害の特性の理解と生活環境の調整に関すること。」の項目を追加することとした。また，「4環境の把握」の区分の下に設けられていた「(2)感覚や認知の特性への対応に関すること。」の項目を「(2)感覚や認知の特性についての理解と対応に関すること。」と改めるとともに，「(4)感覚を総合的に活用した周囲の状況の把握に関すること。」の項目を「(4)感覚を総合的に活用した周囲の状況についての把握と状況に応じた行動に関すること。」と改めた。

　本章においては，自立活動の内容を六つの区分ごとに3～5項目ずつ順に27の項目について解説するが，第2章で示した通り，区分ごと又は項目ごとに別々に指導することを意図しているわけではないことに十分留意する必要がある。指導に当たっては，本解説第7章の「2個別の指導計画の作成手順」で解説するように，幼児児童生徒の実態把握を基に，六つの区分の下に示してある項目の中から，個々の幼児児童生徒に必要とされる項目を選定し，それらを相互に関連付けて具体的な指導内容を設定することになる。

　なお，以下の27項目の解説に示す具体的な指導内容例は，それぞれの項目の内容をイメージしやすくすることを意図して例示したものであって，特に示された障害の種類についてのみが指導の対象となるものではない。

　本章の各項目の説明は，以下のように構成した。

　「①この項目について」では，各項目で意味していることを解説した。

　「②この項目を中心として設定した具体的な指導内容例と留意点」では，当該の項目を中心として考えられる具体的な指導内容例を，幼児児童生徒の障害の状態を踏まえて示した。

　もとより，具体的な指導内容は，個々の幼児児童生徒の指導目標（ねらい）を達成するために，自立活動の内容の中から必要な項目を選定し，それらを相互に関連付けて設定するものである。

　したがって，具体的な指導内容例として取り上げているものは，すべて他の項

目と関連したものであり、あくまでも当該の項目を中心として設定された指導内容例として捉えなければならない。

また、具体的にイメージすることができるよう特定の障害のある幼児児童生徒又は幼児児童生徒の障害の状態を踏まえて例示しているが、他の障害であっても、学習上又は生活上の困難が共通する場合には、ここで取り上げた指導内容例を参考にすることができる。

「③他の項目と関連付けて設定した具体的な指導内容例」では、当該の項目を中心としながら他の項目と関連付けて設定する指導内容例を示した。

これは、自立活動の個別の指導計画の作成において、「必要とする項目を選定し、それらを相互に関連付け、具体的に指導内容を設定する」とはどういうことかを、特定の障害のある幼児児童生徒の学習上又は生活上の困難を取り上げて例示したものである。

したがって、当該の項目に関連付けられる他の項目が、例示したものに限らないことに留意しなければならない。

## 1 健康の保持（幼稚部教育要領第2章の2の(1)，小学部・中学部学習指導要領第7章の第2の1）

> 1　健康の保持
> (1)　生活のリズムや生活習慣の形成に関すること。
> (2)　病気の状態の理解と生活管理に関すること。
> (3)　身体各部の状態の理解と養護に関すること。
> (4)　障害の特性の理解と生活環境の調整に関すること。
> (5)　健康状態の維持・改善に関すること。

「1健康の保持」では、生命を維持し、日常生活を行うために必要な健康状態の維持・改善を身体的な側面を中心として図る観点から内容を示している。

### (1) 生活のリズムや生活習慣の形成に関すること

① この項目について

「(1)生活のリズムや生活習慣の形成に関すること。」は、体温の調節、覚醒と睡眠など健康状態の維持・改善に必要な生活のリズムを身に付けること、食事や排泄などの生活習慣の形成、衣服の調節、室温の調節や換気、感染予防のための清潔の保持など健康な生活環境の形成を図ることを意味している。

② 具体的指導内容例と留意点

障害が重度で重複している幼児児童生徒であって、発達の遅れが著しいほど、

このような観点からの指導を行う必要がある。このような幼児児童生徒には，覚醒と睡眠のリズムが不規則なことが多く，しかも，体力が弱かったり，食事の量や時間，排泄の時刻が不規則になったりする傾向が見られる。

こうした幼児児童生徒の場合には，睡眠，食事，排泄というような基礎的な生活のリズムが身に付くようにすることなど，健康維持の基盤の確立を図るための具体的な指導内容の設定が必要である。

また，障害に伴う様々な要因から生活のリズムや生活習慣の形成が難しいことがある。

例えば，視覚障害のある幼児児童生徒の場合，昼夜の区別がつきにくいことから覚醒と睡眠のリズムが不規則になり，昼夜逆転した生活になることがある。

自閉症のある幼児児童生徒の場合，特定の食物や衣服に強いこだわりを示す場合があり，極端な偏食になったり，季節の変化にかかわらず同じ衣服を着続けたりすることがある。また，相手からどのように見られているのかを推測することが苦手な場合がある。そのため，整髪や着衣の乱れなど身だしなみを整えることに関心が向かないことがある。

ＡＤＨＤのある幼児児童生徒の場合，周囲のことに気が散りやすいことから一つ一つの行動に時間がかかり，整理・整頓などの習慣が十分身に付いていないことがある。

このような場合には，個々の幼児児童生徒の困難の要因を明らかにした上で，無理のない程度の課題から取り組むことが大切である。生活のリズムや生活習慣の形成は，日課に即した日常生活の中で指導をすることによって養うことができる場合が多い。また，清潔や衛生を保つことの必要性を理解できるようにし，家庭等との密接な連携の下に不衛生にならないように日常的に心がけられるようにすることが大切である。

なお，生活のリズムや生活習慣の形成に関する指導を行う際には，対象の幼児児童生徒の１日の生活状況を把握する必要がある。特に，覚醒と睡眠のリズム，食事及び水分摂取の時間や回数・量，食物の調理形態，摂取時の姿勢や援助の方法，口腔機能の状態，排泄の時間帯・回数，方法，排泄のサインの有無などに加えて，呼吸機能，体温調節機能，服薬の種類や時間，発熱，てんかん発作の有無とその状態，嘔吐，下痢，便秘など体調に関する情報も入手しておくことが大切である。

③　他の項目との関連例

障害が重度で重複している幼児児童生徒は，覚醒と睡眠のリズムが不規則になりがちである。例えば，日中に身体を動かす活動が十分にできないことから，夜になっても眠くならず，その結果，朝起きられなくなり，昼近くになってやっと

目覚めるといった状態が続くことがある。

このような場合には，家庭と連携を図って，朝決まった時刻に起きることができるようにし，日中は，身体を動かす活動や遊びを十分に行って目覚めた状態を維持したり，規則正しく食事をとったりするなど生活のリズムを形成するための指導を行う必要がある。日中の活動を計画する際には，幼児児童生徒が視覚や聴覚等の保有する感覚を活用するよう活動内容を工夫することが大切である。また，自分では身体を動かすことができなくても，教師が補助をして身体を動かすような活動を取り入れることによって覚醒を促すことなども効果的である。

そこで，障害が重度で重複している幼児児童生徒に生活のリズムを形成する指導を行うためには，単に「1健康の保持」の区分に示されている「生活のリズムや生活習慣の形成に関すること。」のみならず，「4環境の把握」や「5身体の動き」等の区分に示されている項目の中から必要な項目を選定し，それらを相互に関連付けて具体的な指導内容を設定することが大切である。

自閉症のある幼児児童生徒の場合，自分の体調がよくない，悪くなりつつある，疲れているなどの変調がわからずに，無理をしてしまうことがある。その結果，体調を崩したり，回復に非常に時間がかかったりすることがある。

この原因としては，興味のある活動に過度に集中してしまい，自分のことを顧みることが難しくなってしまうことや，自己を客観的に把握することや体内の感覚を自覚することなどが苦手だということが考えられる。

このような場合には，健康を維持するために，気になることがあっても就寝時刻を守るなど，規則正しい生活をすることの大切さについて理解したり，必要に応じて衣服を重ねるなどして温度に適した衣服の調節をすることを身に付けたりすることが必要である。また，体調を自己管理するために，客観的な指標となる体温を測ることを習慣化し，体調がよくないと判断したら，その後の対応を保護者や教師と相談することを学ぶなどの指導も考えられる。

こうした健康に関する習慣について指導する場合には，自己を客観視するため，例えば，毎朝その日の体調を記述したり，起床・就寝時刻などを記録したりして，スケジュール管理をすること，自らの体内の感覚に注目することなどの指導をすることが大切である。

したがって体調の管理に関する指導については，この項目と「3人間関係の形成」，「4環境の把握」，「6コミュニケーション」等の区分に示されている項目の中から必要な項目を選定し，それらを相互に関連付けて指導内容を設定することが大切である。

### (2) 病気の状態の理解と生活管理に関すること
① この項目について

「(2) 病気の状態の理解と生活管理に関すること。」は，自分の病気の状態を理解し，その改善を図り，病気の進行の防止に必要な生活様式についての理解を深め，それに基づく生活の自己管理ができるようにすることを意味している。

② 具体的指導内容例と留意点

　糖尿病の幼児児童生徒の場合，従来から多い1型とともに，近年は食生活や運動不足等の生活習慣と関連する2型が増加している。そのため，自己の病気を理解し血糖値を毎日測定して，病状に応じた対応ができるようにするとともに，適切な食生活や適度の運動を行うなどの生活管理についても主体的に行い，病気の進行を防止することが重要である。

　二分脊椎の幼児児童生徒の場合，尿路感染の予防のために排泄指導，清潔の保持，水分の補給及び定期的に検尿を行うことに関する指導をするとともに，長時間同じ座位をとることにより褥瘡ができることがあるので，定期的に姿勢変換を行うよう指導する必要がある。

　進行性疾患のある幼児児童生徒の場合，病気を正しく理解し，日々の体調や病気の状態の変化に留意しながら，過度の運動及び適度な運動に対する理解や，身体機能の低下を予防するよう生活の自己管理に留意した指導を行う必要がある。

　うつ病などの精神性の疾患の幼児児童生徒の場合，食欲の減退などの身体症状，興味や関心の低下や意欲の減退などの症状が見られるが，それらの症状が病気によるものであることを理解できないことが多い。このような場合には，医師の了解を得た上で，幼児児童生徒が病気の仕組みと治療方法を理解するとともに，ストレスがそれらの症状に影響を与えることが多いので，自らその軽減を図ることができるように指導することが大切である。例えば，日記を書くことでストレスとなった要因に気付いたり，小集団での話合いの中で，ストレスを避ける方法や発散する方法を考えたりすることも有効である。

　口蓋裂の既往歴がある幼児児童生徒の場合，滲出性中耳炎やむし歯などになりやすいことがあるため，日ごろから幼児児童生徒の聞こえの状態に留意したり，丁寧な歯磨きの習慣形成に努めたりするなどして，病気の予防や健康管理を自らできるようにすることが大切である。

　てんかんのある幼児児童生徒の場合，一般的に，生活のリズムの安定を図ること，過度に疲労しないようにすること，忘れずに服薬することなどが重要である。また，定期的な服薬により発作はコントロール出来ることが多いが，短時間意識を失う小発作の場合には，発作が起きているのを本人が自覚しにくいことから，自己判断して服薬を止めてしまうことがある。定期的な服薬の必要性について理解させるとともに，確実に自己管理ができるよう指導する必要がある。

　小児がんの経験がある幼児児童生徒の場合，治療後に起きる成長障害や内分泌

障害等の晩期合併症のリスクがあることを理解して，体調の変化や感染症予防等に留意するなど，病気の予防や適当な運動や睡眠等の健康管理を自らできるようにする必要がある。

　このように，幼児児童生徒が自分の病気を理解し，病気の状態を維持・改善していくために，自分の生活を自ら管理することのできる力を養っていくことは極めて重要である。こうした力の育成には，幼児児童生徒の発達や健康の状態等を考慮して，その時期にふさわしい指導を段階的に行う必要がある。その際，専門の医師の助言を受けるとともに，保護者の協力を得るようにすることも忘れてはならない。

③　他の項目との関連例
　てんかんの発作は，全身がけいれんするもの，短時間意識を失うもの，急に歩き回ったり同じ行動を意味もなく繰り返したりするものなど多様であるため，身体症状だけでは分かりにくいことがある。そのため，発作が疑われるような行動が見られた場合には，専門の医師に相談する必要がある。

　てんかんのある幼児児童生徒の場合，定期的な服薬の必要性について理解するとともに，服薬により多くの場合は発作をコントロールできるという安心感をもたせることも重要である。

　てんかんのある幼児児童生徒の中には他の障害を伴っていることがある。障害のため生活上の留意事項を理解し守ることや定期的な服薬が難しい場合には，個々の幼児児童生徒のコミュニケーション手段や理解の状況，生活の状況等を踏まえて，例えば，疲労を蓄積しないことや，定期的に服薬をすることを具体的に指導したり，てんかんについて分かりやすく示した絵本や映像資料などを用いて理解を図ったりすることも大切である。また，ストレスをためることがてんかん発作の誘因となることがあるので，情緒の安定を図るように指導することも大切である。

　注意事項を守り服薬を忘れないようにするためには，周囲の人の理解や協力を得ることが有効な場合がある。そこで，幼児児童生徒の発達の段階等に応じて，自分の病状を他の人に適切に伝えることができるようにすることも大切である。

　このようなことから，てんかんのある幼児児童生徒が知的障害や発達障害を伴う場合には，病気の状態の理解を図り，自発的に生活管理を行うことができるようにすることが必要であるため，この項目についての実際的な指導方法を工夫するとともに，「2　心理的な安定」や「6　コミュニケーション」等の区分に示されている項目の中から必要な項目を選定し，それらを相互に関連付けて指導内容を設定することが大切である。

### (3) 身体各部の状態の理解と養護に関すること

① この項目について

「(3) 身体各部の状態の理解と養護に関すること。」は，病気や事故等による神経，筋，骨，皮膚等の身体各部の状態を理解し，その部位を適切に保護したり，症状の進行を防止したりできるようにすることを意味している。

② 具体的指導内容例と留意点

　視覚障害のある幼児児童生徒の場合，発達の段階に応じて，眼の構造や働き，自己の視力や視野などの状態について十分な理解を図ることが必要である。その上で，保有する視機能を維持するため，学習中の姿勢に留意したり，危険な場面での対処方法を学んだりして，視覚管理を適切に行うことができるように指導することが大切である。

　聴覚障害のある幼児児童生徒の場合，発達の段階に応じて，耳の構造や自己の障害についての十分な理解を図ることが必要である。その上で，補聴器等を用いる際の留意点についても理解を促すなどして，自ら適切な聞こえの状態を維持できるよう耳の保護にかかわる指導を行うことが大切である。

　下肢切断によって義肢を装着している場合，義肢を装着している部分を清潔に保ったり，義肢を適切に管理したりすることができるようにする必要がある。

　床ずれ等がある場合，患部への圧迫が続かないように，定期的に体位を変換することの必要性を理解し，自分で行う方法を工夫したり，自分でできない場合には他の人に依頼したりできるようにすることが大切である。

　このように病気や事故等による身体各部の状態を理解し，自分の生活を自己管理できるようにするなどして，自分の身体を養護する力を育てていくことは極めて大切なことである。

　また，これらの指導は，医療との関連がある場合が多いので，必要に応じて専門の医師等の助言を得るようにしなければならない。

③ 他の項目との関連例

　筋萎縮等により筋力が低下し，運動機能などの各機能が低下する筋ジストロフィーの幼児児童生徒の場合，身体の状態に応じて運動の自己管理ができるように指導することが大切である。特に，心臓機能や呼吸機能の低下は命に関わることであるため，筋肉に過度の負担をかけないように留意しつつ機能低下を予防することが重要である。

　そのためには，幼児児童生徒が病気の原因や経過，進行の予防，運動の必要性，適切な運動方法や運動量などについて学習することが必要である。その際，治療方法や病気の進行，将来に関する不安等をもつことがあるので，情緒の安定に配

慮した指導を行うことが求められる。また，病気の進行に伴い，姿勢変換や移動，排泄などの際に周囲の人に支援を依頼することが必要になってくるので，場や状況に応じたコミュニケーション方法について学ぶことも大切である。

　こうしたことから，筋ジストロフィーの幼児児童生徒が身体の状態に応じて運動の自己管理ができるように指導するためには，この項目と「2 心理的な安定」の区分に示されている項目との関連を十分に図るとともに，「6 コミュニケーション」等の区分に示されている項目の中から必要な項目を選定し，それらを相互に関連付けて指導内容を設定することが大切である。

### (4) 障害の特性の理解と生活環境の調整に関すること

① この項目について

　「(4)障害の特性の理解と生活環境の調整に関すること。」は，自己の障害にどのような特性があるのか理解し，それらが及ぼす学習上又は生活上の困難についての理解を深め，その状況に応じて，自己の行動や感情を調整したり，他者に対して主体的に働きかけたりして，より学習や生活をしやすい環境にしていくことを意味している。

　今回の改訂では，自己の障害の特性の理解を深め，自ら生活環境に主体的に働きかけ，より過ごしやすい生活環境を整える力を身に付けるために必要な「障害の特性の理解と生活環境の調整に関すること。」を新たに示すこととした。

② 具体的指導内容例と留意点

　吃音のある幼児児童生徒の場合，吃音に関する知識を得る機会がないと，吃症状が生じることへの不安感や恐怖感をもち，内面の葛藤を一人で抱えることがある。そこで，自立活動担当教師との安心した場の中で，吃音について学び，吃音についてより客観的に捉えられるようにしたり，発達の段階に合わせて，吃症状の変化等の，いわゆる吃音の波に応じて，例えば，在籍学級担任に「どうして欲しいのか」等を伝える，その内容と伝え方を話し合っていったりすることが大切である。

　自閉症のある幼児児童生徒で，感覚の過敏さやこだわりがある場合，大きな音がしたり，予定通りに物事が進まなかったりすると，情緒が不安定になることがある。こうした場合，自分から別の場所に移動したり，音量の調整や予定を説明してもらうことを他者に依頼したりするなど，自ら刺激の調整を行い，気持ちを落ち着かせることができるようにすることが大切である。

　ＬＤ・ＡＤＨＤ等のある幼児児童生徒の場合，学習や対人関係が上手くいかないことを感じている一方で，自分の長所や短所，得手不得手を客観的に認識することが難しかったり，他者との違いから自分を否定的に捉えてしまったりするこ

とがある。そこで，個別指導や小集団などの指導形態を工夫しながら，対人関係に関する技能を習得するなかで，自分の特性に気付き，自分を認め，生活する上で必要な支援を求められるようにすることが大切である。

③ 他の項目との関連例

視野の障害がある幼児児童生徒の場合，慣れている学校内であっても環境の把握が十分ではないことがある。それは，見える範囲が限られることにより周囲の状況把握に困難が生じるためである。

このような場合には，自分の見え方の特徴を理解した上で，部屋に置かれた様々なものの位置などを自ら触ったり，他者から教えてもらったりしながら確認することが必要である。その際，ものの位置関係が把握しやすいように，順序よくていねいに確認できるようにすることが大切である。また，自分にわかりやすいように整理したり，置く場所を決めたりしておくこともよい。さらに，こうした視野の障害を踏まえた指導を工夫するほか，必要以上に行動が消極的にならないように情緒の安定を図ることも大切である。

したがって，視野の障害のある幼児児童生徒が，自分の見え方に適切に応じて，自分が生活しやすいように環境を調整できるようにするためには，この項目と「2心理的な安定」，「3人間関係の形成」，「4環境の把握」等の区分に示されている項目の中から必要な項目を選定し，それらを相互に関連付けて具体的な指導内容を設定することが大切である。

聴覚障害のある幼児児童生徒の場合，補聴器や人工内耳を装用していても，聴覚活用の状況は個々によって異なる。そのため，補聴器や人工内耳を装用して，音がどの程度聞こえ，他者の話がどの程度理解できるのかについては，聴力レベルや補聴器装用閾値(いき)のような客観的な値だけで決定されるものではない。そのため，聴覚障害のある幼児児童生徒が，それぞれの発達段階に合わせて，どのような音や声が聞こえて，どのような音や声が聞き取れないのかを自分でしっかりと理解し，時と場合によって聞こえたり聞こえなかったりすることに気付かせることが重要である。また，卒業後，自分の聞こえの状況や最も理解しやすいコミュニケーションの方法を自ら他者に伝えていくことが，聞こえる人との円滑なコミュニケーションにつながると考えられる。聴覚活用に加え，手話や筆談など，他者とコミュニケーションを図るための様々な方法があることを理解し，その中で自分が分かりやすいコミュニケーションの方法を選択できるようになることが大切である。そのため，聞こえの状況や聴覚障害の特性を自ら理解し，それを他者に伝えられるようにしていくことが不可欠になる。指導にあたっては，「2心理的な安定」や「6コミュニケーション」の区分に示されている項目の中から必要な項目を選定し，それらを相互に関連付けながら自己肯定感を下げることなく

自己理解を促していけるような具体的な指導内容を設定することが大切である。

### (5) 健康状態の維持・改善に関すること
① この項目について
　「(5)健康状態の維持・改善に関すること。」は，障害のため，運動量が少なくなったり，体力が低下したりすることを防ぐために，日常生活における適切な健康の自己管理ができるようにすることを意味している。

② 具体的指導内容例と留意点
　障害が重度で重複している幼児児童生徒の場合，健康の状態を明確に訴えることが困難なため，様々な場面で健康観察を行うことにより，変化しやすい健康状態を的確に把握することが必要である。その上で，例えば，乾布摩擦や軽い運動を行ったり，空気，水，太陽光線を利用して皮膚や粘膜を鍛えたりして，血行の促進や呼吸機能の向上などを図り，健康状態の維持・改善に努めることが大切である。
　たんの吸引等の医療的ケアを必要とする幼児児童生徒の場合，この項目の指導が特に大切である。その際，健康状態の詳細な観察が必要であること，指導の前後にたんの吸引等の医療的ケアが必要なこともあることから，養護教諭や看護師等と十分連携を図って指導を進めることが大切である。
　知的障害や自閉症のある幼児児童生徒の中には，運動量が少なく，結果として肥満になったり，体力低下を招いたりする者も見られる。また，心理的な要因により不登校の状態が続き，運動量が極端に少なくなったり，食欲不振の状態になったりする場合もある。このように，障害のある幼児児童生徒の中には，障害そのものによるのではなく，二次的な要因により体力が低下する者も見られる。
　このような幼児児童生徒の体力低下を防ぐためには，運動することへの意欲を高めながら適度な運動を取り入れたり，食生活と健康について実際の生活に即して学習したりするなど，日常生活において自己の健康管理ができるようにするための指導が必要である。
　健康状態の維持・改善を図る指導を進めるに当たっては，主治医等から個々の幼児児童生徒の健康状態に関する情報を得るとともに，日ごろの体調を十分に把握する必要があることから，医療機関や家庭と密接な連携を図ることが大切である。

③ 他の項目との関連例
　心臓疾患の幼児児童生徒の場合，運動が制限されていても，その範囲を超えて身体を動かしてしまい病気の状態を悪化させることがあるため，病気の状態や体

調に応じて生活を自己管理できるようにすることが重要である。大きな手術を必要とする場合には，就学前に手術を受けていることが多いため，就学後も生活管理を必要とすることがあるので，既往症や手術歴を把握した上で指導に当たることが重要である。

そのためには，心臓疾患の特徴，治療方法，病気の状態，生活管理などについて，個々の発達の段階等に応じて理解ができるようにするとともに，自覚症状や体温，脈拍等から自分の健康の状態を把握し，その状態に応じて日常生活や学習活動の状態をコントロールしたり，自ら進んで医師に相談したりできるようにすることが大切である。なお，これらの指導を行う際には，生活管理や入院生活から生じるストレスなどの心理的な側面にも配慮するとともに，実施可能な運動等については学校生活管理指導表等を参考にしながら可能な限り取り組めるようにするなどの配慮が重要である。

こうしたことから，心臓疾患等の病気のある幼児児童生徒が，健康の自己管理ができるようにするためには，この項目に加えて，「1健康の保持」の区分に示されている他の項目や「2心理的な安定」等の区分に示されている項目の中から必要な項目を選定し，それらを相互に関連付けて具体的な指導内容を設定することが大切である。

## 2 心理的な安定（幼稚部教育要領第2章の2の(2)，小学部・中学部学習指導要領第7章の第2の2）

> 2　心理的な安定
> (1)　情緒の安定に関すること。
> (2)　状況の理解と変化への対応に関すること。
> (3)　障害による学習上又は生活上の困難を改善・克服する意欲に関すること。

「2心理的な安定」では，自分の気持ちや情緒をコントロールして変化する状況に適切に対応するとともに，障害による学習上又は生活上の困難を主体的に改善・克服する意欲の向上を図り，自己のよさに気付く観点から内容を示している。

### (1) 情緒の安定に関すること

① この項目について

「(1)情緒の安定に関すること。」は，情緒の安定を図ることが困難な幼児児童生徒が，安定した情緒の下で生活できるようにすることを意味している。

② 具体的指導内容例と留意点

障害のある幼児児童生徒は，生活環境など様々な要因から，心理的に緊張したり不安になったりする状態が継続し，集団に参加することが難しくなることがある。このような場合は，環境的な要因が心理面に大きく関与していることも考えられることから，睡眠，生活のリズム，体調，天気，家庭生活，人間関係など，その要因を明らかにし，情緒の安定を図る指導をするとともに，必要に応じて環境の改善を図ることが大切である。

白血病の幼児児童生徒の場合，入院中は治療の副作用による貧血や嘔吐などが長期間続くことにより，情緒が不安定な状態になることがある。そのようなときは，悩みを打ち明けたり，自分の不安な気持ちを表現できるようにしたり，心理的な不安を表現できるような活動をしたりするなどして，情緒の安定を図ることが大切である。治療計画によっては，入院と退院を繰り返すことがあり，感染予防のため退院中も学校に登校できないことがある。このような場合には，テレビ会議システム等を活用して学習に対する不安を軽減するような指導を工夫することが大切である。

自閉症のある幼児児童生徒で，他者に自分の気持ちを適切な方法で伝えることが難しい場合，自ら自分をたたいてしまうことや，他者に対して不適切な関わり方をしてしまうことがある。こうした場合，自分を落ち着かせることができる場所に移動して，慣れた別の活動に取り組むなどの経験を積み重ねていきながら，その興奮を静める方法を知ることや，様々な感情を表した絵カードやメモなどを用いて自分の気持ちを伝えるなどの手段を身に付けられるように指導することが大切である。

ＡＤＨＤのある幼児児童生徒の場合，自分の行動を注意されたときに，反発して興奮を静められなくなることがある。このような場合には，自分を落ち着かせることができる場所に移動してその興奮を静めることや，いったんその場を離れて深呼吸するなどの方法があることを教え，それらを実際に行うことができるように指導することが大切である。また，注意や集中を持続し，安定して学習に取り組むことが難しいことがある。そこで，刺激を統制した落ち着いた環境で，必要なことに意識を向ける経験を重ねながら，自分に合った集中の仕方や課題への取り組み方を身に付け，学習に落ち着いて参加する態度を育てていくことが大切である。

ＬＤのある児童生徒の場合，例えば，読み書きの練習を繰り返し行っても，期待したほどの成果が得られなかった経験などから，生活全般において自信を失っている場合がある。そのため自分の思う結果が得られず感情的になり，情緒が不安定になることがある。このような場合には，本人が得意なことを生かして課題をやり遂げるように指導し，成功したことを褒めることで自信をもたせたり，自分のよさに気付くことができるようにしたりすることが必要である。

また，チックの症状のある幼児児童生徒の場合，不安や緊張が高まった状態になると，身体が動いてしまったり，言葉を発してしまったりすることがある。このような場合，不安や緊張が高まる原因を知り，自ら不安や緊張を和らげるようにするなどの指導をすることが大切である。

障害が重度で重複している幼児児童生徒は，情緒が安定しているかどうかを把握することが困難な場合がある。そのような場合には，その判断の手掛かりとして「快」，「不快」の表出の状態を読み取ることが重要である。そして，安定した健康状態を基盤にして「快」の感情を呼び起こし，その状態を継続できるようにするための適切な関わり方を工夫することが大切である。

なお，障害があることや過去の失敗経験等により，自信をなくしたり，情緒が不安定になりやすかったりする場合には，機会を見つけて自分のよさに気付くようにしたり，自信がもてるように励ましたりして，活動への意欲を促すように指導することが重要である。

③　他の項目との関連例

心身症の幼児児童生徒の場合，心理的に緊張しやすく，不安になりやすい傾向がある。また，身体面では，嘔吐，下痢，拒食等様々な症状があり，日々それらが繰り返されるため強いストレスを感じることがある。それらの結果として，集団に参加することが困難な場合がある。

こうした幼児児童生徒が，自ら情緒的な安定を図り，日常生活や学習に意欲的に取り組むことができるようにするためには，教師が病気の原因を把握した上で，本人の気持ちを理解しようとする態度でかかわることが大切である。その上で，良好な人間関係作りを目指して，集団構成を工夫した小集団で，様々な活動を行ったり，十分にコミュニケーションができるようにしたりすることが重要である。

そこで，心身症のある幼児児童生徒が情緒を安定させ，様々な活動に参加できるようにするためには，この項目に加え，「3人間関係の形成」や「6コミュニケーション」等の区分に示されている項目の中から必要な項目を選定し，それらを相互に関連付けて具体的な指導内容を設定することが大切である。

## (2) 状況の理解と変化への対応に関すること

① この項目について

「(2)状況の理解と変化への対応に関すること。」は，場所や場面の状況を理解して心理的抵抗を軽減したり，変化する状況を理解して適切に対応したりするなど，行動の仕方を身に付けることを意味している。

② 具体的指導内容例と留意点

場所や場面が変化することにより，心理的に圧迫を受けて適切な行動ができなくなる幼児児童生徒の場合，教師と一緒に活動しながら徐々に慣れるよう指導することが必要である。

　視覚障害のある幼児児童生徒の場合，見えなかったり，見えにくかったりして周囲の状況を即座に把握することが難しいため，初めての環境や周囲の変化に対して，不安になることがある。そこで，教師が周囲の状況を説明するとともに，幼児児童生徒が状況を把握するための時間を確保したり，急激な変化を避けて徐々に環境に慣れたりすることが大切である。また，日ごろから一定の場所に置かれている遊具など，移動する可能性の少ないものを目印にして行動したり，自ら必要な情報を得るために身近な人に対して的確な援助を依頼したりする力などを身に付けることが大切である。

　選択性かん黙のある幼児児童生徒の場合，特定の場所や状況等において緊張が高まることなどにより，家庭などではほとんど支障なく会話ができるものの，特定の場所や状況では会話ができないことがある。こうした場合，本人は話したくても話せない状態であることを理解し，本人が安心して参加できる集団構成や活動内容等の工夫をしたり，対話的な学習を進める際には，選択肢の提示や筆談など様々な学習方法を認めたりするなどして，情緒の安定を図りながら，他者とのやりとりができる場面を増やしていくことが大切である。

　自閉症のある幼児児童生徒の場合，日々の日課と異なる学校行事や，急な予定の変更などに対応することができず，混乱したり，不安になったりして，どのように行動したらよいか分からなくなることがある。このような場合には，予定されているスケジュールや予想される事態や状況等を伝えたり，事前に体験できる機会を設定したりするなど，状況を理解して適切に対応したり，行動の仕方を身に付けたりするための指導をすることが大切である。また，周囲の状況に意識を向けることや経験したことを他の場面にも結び付けて対応することが苦手なため，人前で年齢相応に行動する力が育ちにくいことがある。そこで，行動の仕方を短い文章にして読むようにしたり，適切な例を示したりしながら，場に応じた行動の仕方を身に付けさせていくことが大切である。

③　他の項目との関連例

　視覚障害のある幼児児童生徒の場合，見えにくさから周囲の状況を把握することが難しいため，初めての場所や周囲の変化に対して，不安になる場合がある。このような場合には，一人一人の見え方やそれに起因する困難を踏まえた上で，周囲がどのような状況かを教師が言葉で説明したり，あらかじめ幼児児童生徒とその場に移動して一緒に確かめたりすることによって情緒的な安定を図るようにする。その上で，幼児児童生徒が周囲を見回したり，聴覚などの保有する感覚を

活用したりして状況を把握することや，周囲の状況やその変化について教師や友達に尋ねて情報を得るようにすることなどを指導することが大切である。

したがって，視覚障害のある幼児児童生徒が，周囲の状況を理解し，状況の変化に適切に対応していくためには，この項目の内容と「2心理的な安定」，「3人間関係の形成」，「4環境の把握」等の区分に示されている項目の中から必要な項目を選定し，それらを相互に関連付けて具体的な指導内容を設定することが大切である。

自閉症のある幼児児童生徒の場合，特定の動作や行動に固執したり，同じ話を繰り返したりするなど，次の活動や場面を切り換えることが難しいことがある。このようなこだわりの要因としては，自分にとって快適な刺激を得ていたり，不安な気持ちを和らげるために自分を落ち着かせようと行動していたりしていることが考えられる。そこで，特定の動作や行動等を無理にやめさせるのではなく，本人が納得して次の活動に移ることができるように段階的に指導することが大切である。その際，特定の動作や行動を行ってもよい時間帯や回数をあらかじめ決めたり，自分で予定表を書いて確かめたりして，見通しをもって落ち着いて取り組めるように指導することが有効である。

したがって，本人が納得して次の活動に移ることができるような指導については，この項目に加えて，「3人間関係の形成」「4環境の把握」等の区分に示されている項目の中から必要な項目を選定し，それらを相互に関連付けて具体的な指導内容を設定することが大切である。

### (3) 障害による学習上又は生活上の困難を改善・克服する意欲に関すること

① この項目について

「(3)障害による学習上又は生活上の困難を改善・克服する意欲に関すること。」は，自分の障害の状態を理解したり，受容したりして，主体的に障害による学習上又は生活上の困難を改善・克服しようとする意欲の向上を図ることを意味している。

② 具体的指導内容例と留意点

障害による学習上又は生活上の困難を理解し，それを改善・克服する意欲の向上を図る方法は，障害の状態により様々であるが，指導を行うに当たっては，幼児児童生徒の心理状態を把握した上で指導内容・方法を工夫することが必要である。

筋ジストロフィーの幼児児童生徒の場合，小学部低学年のころは歩行が可能であるが，年齢が上がるにつれて歩行が困難になり，その後，車いす又は電動車い

すの利用や酸素吸入などが必要となることが多い。また，同じ病棟内の友達の病気の進行を見ていることから将来の自分の病状についても認識している場合がある。

　こうした状況にある幼児児童生徒に対しては，卒業後も視野に入れながら学習や運動において打ち込むことができることを見つけ，それに取り組むことにより，生きがいを感じることができるよう工夫し，少しでも困難を改善・克服しようとする意欲の向上を図る指導が大切である。

　肢体不自由があるために移動が困難な幼児児童生徒の場合，手段を工夫し実際に自分の力で移動ができるようになるなど，障害に伴う困難を自ら改善し得たという成就感がもてるような指導を行うことが大切である。特に，障害の状態が重度のため，心理的な安定を図ることが困難な幼児児童生徒の場合，寝返りや腕の上げ下げなど，運動・動作をできるだけ自分で制御するような指導を行うことが，自己を確立し，障害による学習上又は生活上の困難を改善・克服する意欲を育てることにつながる。

　LDのある児童生徒の場合，数字の概念や規則性の理解や，計算することに時間がかかったり，文章題の理解や推論することが難しかったりすることで，自分の思う結果が得られず，学習への意欲や関心が低いことがある。そこで，自己の特性に応じた方法で学習に取り組むためには，周囲の励ましや期待，賞賛を受けながら，何が必要かを理解し，できる，できたという成功体験を積み重ねていくことが大切である。

　障害に起因して心理的な安定を図ることが困難な状態にある幼児児童生徒の場合，同じ障害のある者同士の自然なかかわりを大切にしたり，社会で活躍している先輩の生き方や考え方を参考にできるようにして，心理的な安定を図り，障害による困難な状態を改善・克服して積極的に行動しようとする態度を育てることが大切である。

③　他の項目との関連例

　聴覚障害のある幼児児童生徒の場合，人とのコミュニケーションを円滑に行うことができなかったり，音声のみの指示や発話を理解することができなかったりするため，学習場面や生活場面において，人とかかわることや新しい体験をすることに対して，消極的になってしまうことがある。このため，自分自身の聞こえにくさによって，人とかかわる際にどのような困難さが生じるのかや，新しい体験をする際にどのように行動したり，周囲に働きかけたりするとよいのかを考えたり，体験したりすることを通して，積極的に問題解決に向かう意欲を育てることが重要である。

　そこで，障害による学習上又は生活上の困難を改善・克服する意欲の向上を図

るためには，この項目と併せて，「1健康の保持」や「4環境の把握」，「6コミュニケーション」等の関連する区分に示されている項目の中から必要な項目を選定し，それらを相互に関連付けて具体的な指導内容を設定することが大切である。

吃音のある幼児児童生徒の場合，学校生活等においてできるだけ言葉少なくすまそうとするなど消極的になることがある。このような要因として，人とのコミュニケーションに不安感や恐怖感を抱えていることが考えられる。このような場合には，自立活動担当教師との安心できる関係の中で，楽しく話す体験を多くもつこと，様々な話し方や読み方を体験したり，自分の得意なことに気付かせて自信をもたせたりすること等を通して，吃音を自分なりに受け止め，積極的に学習等に取り組むようにすることが大切である。

その際，好きなことや得意なことを話題にして自ら話せるようにするとともに，達成感や成功感を味わえるようにすることも必要である。

したがって，吃音のある幼児児童生徒が学習上又は生活上の困難を改善・克服する意欲が向上するためには，この項目に加えて，「1健康の保持」や「3人間関係の形成」，「6コミュニケーション」等の区分に示されている項目の中から必要な項目を選定し，それらを相互に関連付けて具体的な指導内容を設定することが大切である。

知的障害のある幼児児童生徒の場合，コミュニケーションが苦手で，人と関わることに消極的になったり，受け身的な態度になったりすることがある。このような要因としては，音声言語が不明瞭だったり，相手の言葉が理解できなかったりすることに加えて，失敗経験から人と関わることに自信がもてなかったり，周囲の人への依存心が強かったりすることなどが考えられる。こうした場合には，まずは，自分の考えや要求が伝わったり，相手の意図を受け止めたりする双方向のコミュニケーションが成立する成功体験を積み重ね，自ら積極的に人と関わろうとする意欲を育てることが大切である。その上で，言語の表出に関することやコミュニケーション手段の選択と活用に関することなどの指導をすることが大切である。

したがって，知的障害のある幼児児童生徒が主体的に学習上又は生活上の困難を改善・克服しようとする意欲の向上を図る上では，この項目の内容と「4環境の把握」，「6コミュニケーション」等の区分に示されている項目の中から必要な項目を選定し，それらを相互に関連付けて具体的な指導内容を設定することが大切である。

LDのある児童生徒の場合，文章を読んで学習する時間が増えるにつれ，理解が難しくなり，学習に対する意欲を失い，やがては生活全体に対しても消極的になってしまうことがある。

このようなことになる原因としては，漢字の読みが覚えられない，覚えてもす

ぐに思い出すことができないなどにより，長文の読解が著しく困難になること，また，読書を嫌うために理解できる語彙が増えていかないことも考えられる。

こうした場合には，振り仮名を振る，拡大コピーをするなどによって自分が読み易くなることを知ることや，コンピュータによる読み上げや電子書籍を利用するなどの代替手段を使うことなどによって読み取りやすくなることを知ることについて学習することが大切である。また，書くことの困難さを改善・克服するためには，口述筆記のアプリケーションやワープロを使ったキーボード入力，タブレット型端末のフリック入力などが使用できることを知り，自分に合った方法を習熟するまで練習することなども大切である。これらの使用により，学習上の困難を乗り越え，自分の力で学習するとともに，意欲的に活動することができるようにすることが大切である。

こうした代替手段等の使用について指導するほか，代替手段等を利用することが周囲に認められるように，周囲の人に依頼することができるようになる指導も必要である。

したがって障害による学習上の困難を改善・克服する意欲に関する指導については，この項目と「4環境の把握」，「6コミュニケーション」等の区分に示されている項目の中から必要な項目を選定し，それらを相互に関連付けて具体的な指導内容を設定することが大切である。

## 3 人間関係の形成(幼稚部教育要領第2章の2の(3)，小学部・中学部学習指導要領第7章の第2の3)

> 3　人間関係の形成
> (1)　他者とのかかわりの基礎に関すること。
> (2)　他者の意図や感情の理解に関すること。
> (3)　自己の理解と行動の調整に関すること。
> (4)　集団への参加の基礎に関すること。

「3人間関係の形成」では，自他の理解を深め，対人関係を円滑にし，集団参加の基盤を培う観点から内容を示している。

### (1) 他者とのかかわりの基礎に関すること
① この項目について

「(1)他者とのかかわりの基礎に関すること。」は，人に対する基本的な信頼感をもち，他者からの働き掛けを受け止め，それに応ずることができるようにすることを意味している。

② 具体的指導内容例と留意点

　人に対する基本的な信頼感は，乳幼児期の親子の愛着関係の形成を通してはぐくまれ，成長に伴い様々な人との相互作用を通して対象を広げていく。障害のある幼児児童生徒は，障害による様々な要因から，基本的な信頼感の形成が難しい場合がある。

　人に対する認識がまだ十分に育っておらず，他者からの働き掛けに反応が乏しい重度の障害がある幼児児童生徒の場合には，抱いて揺さぶるなど幼児児童生徒が好むかかわりを繰り返し行って，かかわる者の存在に気付くことができるようにすることが必要である。このように身近な人と親密な関係を築き，その人との信頼関係を基盤としながら，周囲の人とのやりとりを広げていくようにすることが大切である。

　また，他者とのかかわりをもとうとするが，その方法が十分に身に付いていない自閉症のある幼児児童生徒の場合，身近な教師とのかかわりから，少しずつ，教師との安定した関係を形成することが大切である。そして，やりとりの方法を大きく変えずに繰り返し指導するなどして，そのやりとりの方法が定着するようにし，相互にかかわり合う素地を作ることが重要である。その後，やりとりの方法を少しずつ増やしていくが，その際，言葉だけでなく，具体物や視覚的な情報も用いて分かりやすくすることも大切である。さらに，嬉しい気持ちや悲しい気持ちを伝えにくい場合などには，本人の好きな活動などにおいて，感情を表した絵やシンボルマーク等を用いながら，自分や，他者の気持ちを視覚的に理解したり，他者と気持ちの共有を図ったりするような指導を通して，信頼関係を築くことができるようにすることが大切である。

③ 他の項目との関連例

　視覚障害のある幼児児童生徒の場合，相手の顔が見えない，あるいは見えにくいために，他者とのかかわりが消極的，受動的になってしまう傾向が見られる。

　このような場合，だれかが話し掛けてきた場面では，自分の顔を相手の声が聞こえてくる方向に向けるようにしたり，相手との距離を意識して声の大きさを調整したりするなどのコミュニケーションを図るための基本的な指導を行うことが大切である。また，その場の状況の変化が分からない場合は，必要に応じて，友達や周りにいる人に問いかけるなど，積極的に他者とかかわろうとする態度や習慣を養うように指導することが大切である。

　したがって，視覚障害のある幼児児童生徒に対して他者との積極的なやりとりを促すには，この項目に加えて，「２心理的な安定」や「６コミュニケーション」等の区分に示されている項目の中から必要な項目を選定し，それらを相互に関連付けて具体的な指導内容を設定することが大切である。

## (2) 他者の意図や感情の理解に関すること

① この項目について

「(2)他者の意図や感情の理解に関すること。」は，他者の意図や感情を理解し，場に応じた適切な行動をとることができるようにすることを意味している。

② 具体的指導内容例と留意点

他者の意図や感情を理解する力は，多くの人々とのかかわりや様々な経験を通して次第に形成されるものである。しかし，障害のある幼児児童生徒の中には，単に経験を積むだけでは，相手の意図や感情を捉えることが難しい者も見られる。

自閉症のある幼児児童生徒の場合，言葉や表情，身振りなどを総合的に判断して相手の思いや感情を読み取り，それに応じて行動することが困難な場合がある。また，言葉を字義通りに受け止めてしまう場合もあるため，行動や表情に表れている相手の真意の読み取りを間違うこともある。そこで，生活上の様々な場面を想定し，そこでの相手の言葉や表情などから，相手の立場や相手が考えていることなどを推測するような指導を通して，他者と関わる際の具体的な方法を身に付けることが大切である。

視覚障害のある幼児児童生徒の場合，相手の表情を視覚的にとらえることが困難であるために，相手の意図や感情の変化を読み取ることが難しい。この場合，聴覚的な手掛かりである相手の声の抑揚や調子の変化などを聞き分けて，話し相手の意図や感情を的確に把握するとともに，その場に応じて適切に行動することができる態度や習慣を養うように指導することが大切である。

③ 他の項目との関連例

聴覚障害のある幼児児童生徒の場合，聴覚的な情報を入手しにくいことから，視覚的な手掛かりだけで判断したり，会話による情報把握が円滑でないため自己中心的にとらえたりしやすいことがある。

例えば，本当は嫌な気持ちを抱いていても，場面によっては，笑い顔になってしまうこともある。そのようなときに，聴覚障害のある幼児児童生徒が，笑っているという表情だけから相手が喜んでいると受け止めてしまうと，相手の感情に応じて適切に行動できないことがある。また，会話による補完が十分にできないため目の前の状況だけで判断しがちなことがあるが，そこに至るまでの状況の推移についても振り返りながら，順序立てて考えるなど，出来事の流れに基づいて総合的に判断する経験を積ませることも必要である。その際には，聴覚活用や読話等の多様なコミュニケーション手段を場面や相手に応じて適切に選択し，的確に会話の内容を把握することも必要になる。

したがって，聴覚障害のある幼児児童生徒が相手の感情や真意を理解できるようにするためには，この項目に加えて，「2心理的な安定」，「4環境の把握」，「6

コミュニケーション」等の区分に示されている項目の中から必要な項目を選定し，それらを相互に関連付けて具体的な指導内容を設定することが大切である。

白血病などで入院している児童生徒の場合，乳幼児期の入院と異なり，学齢期では一人で入院することが多いため，病気や治療の不安を一人で抱え込んだり，家族から離れて過ごすことに孤独を感じたり，逆に親に心配させないように強がったりすることがある。このような自己矛盾を抱える中で，周囲の人へ攻撃的な行動や言葉が表出されることがある。このような場合，例えば，小集団での話し合い活動や遊び等の取り組みを通して，不安に気付かせたり，他者に感謝したり意見を聞いたりして協調性を養うような指導を行うことが有効な方法である。

したがって，学齢期に入院している児童生徒に対しては，この項目に加えて，「２心理的な安定」「６コミュニケーション」に示されている項目を選定し，それらを相互に関連付けて具体的な指導内容を設定することが大切である。

### (3) 自己の理解と行動の調整に関すること

① この項目について

「(3)自己の理解と行動の調整に関すること。」は，自分の得意なことや不得意なこと，自分の行動の特徴などを理解し，集団の中で状況に応じた行動ができるようになることを意味している。

② 具体的指導内容例と留意点

自己に対する知識やイメージは，様々な経験や他者との比較を通じて形成されていく。障害のある幼児児童生徒は，障害による認知上の困難や経験の不足等から自己の理解が十分でない場合がある。

知的障害のある幼児児童生徒の場合，過去の失敗経験等の積み重ねにより，自分に対する自信がもてず，行動することをためらいがちになることがある。このような場合は，まず，本人が容易にできる活動を設定し，成就感を味わうことができるようにして，徐々に自信を回復しながら，自己に肯定的な感情を高めていくことが大切である。

肢体不自由のある幼児児童生徒の場合，経験が乏しいことから自分の能力を十分理解できていないことがある。自分でできること，補助的な手段を活用すればできること，他の人に依頼して援助を受けることなどについて，実際の体験を通して理解を促すことが必要である。

ＡＤＨＤのある幼児児童生徒の場合，衝動の抑制が難しかったり，自己の状態の分析や理解が難しかったりするため，同じ失敗を繰り返したり，目的に沿って行動を調整することが苦手だったりすることがある。そこで，自分の行動とできごととの因果関係を図示して理解させたり，実現可能な目当ての立て方や点検表

を活用した振り返りの仕方を学んだりして,自ら適切な行動を選択し調整する力を育てていくことが大切である。

また,障害のある幼児児童生徒は,経験が少ないことや課題に取り組んでもできなかった経験などから,自己に肯定的な感情をもつことができない状態に陥っている場合がある。その結果,活動が消極的になったり,活動から逃避したりすることがあるので,早期から成就感を味わうことができるような活動を設定するとともに,自己を肯定的に捉えられるように指導することが重要である。

③ 他の項目との関連例

自閉症のある幼児児童生徒の場合,自分の長所や短所に関心が向きにくいなど,自己の理解が困難な場合がある。また,「他者が自分をどう見ているか」,「どうしてそのような見方をするのか」など,他者の意図や感情の理解が十分でないことから,友達の行動に対して適切に応じることができないことがある。

このような場合には,体験的な活動を通して自分の得意なことや不得意なことの理解を促したり,他者の意図や感情を考え,それへの対応方法を身に付けたりする指導を関連付けて行うことが必要である。

また,自閉症のある幼児児童生徒の場合,特定の光や音などにより混乱し,行動の調整が難しくなることがある。そうした場合,光や音などの刺激の量を調整したり,避けたりするなど,感覚や認知の特性への対応に関する内容も関連付けて具体的な指導内容を設定することが求められる。

このように,自閉症のある幼児児童生徒が,自己を理解し,状況に応じて行動できるようになるためには,この項目と「(2)他者の意図や感情の理解に関すること。」の項目などを関連付けるとともに,「4 環境の把握」等の区分に示されている項目などとも相互に関連付けて具体的な指導内容を設定することが大切である。

### (4) 集団への参加の基礎に関すること

① この項目について

「(4)集団への参加の基礎に関すること。」は,集団の雰囲気に合わせたり,集団に参加するための手順やきまりを理解したりして,遊びや集団活動などに積極的に参加できるようになることを意味している。

② 具体的指導内容例と留意点

障害のある幼児児童生徒は,見たり聞いたりして情報を得ることや,集団に参加するための手順やきまりを理解することなどが難しいことから,集団生活に適応できないことがある。

例えば，視覚障害のある幼児児童生徒の場合，目で見ればすぐに分かるようなゲームのルールなどがとらえにくく，集団の中に入っていけないことがある。そこで，あらかじめ集団に参加するための手順やきまり，必要な情報を得るための質問の仕方などを指導して，積極的に参加できるようにする必要がある。

聴覚障害のある幼児児童生徒の場合，場面や相手によっては，行われている会話等の情報を的確に把握できにくいことがある。そのため，日常生活で必要とされる様々なルールや常識等の理解，あるいはそれに基づいた行動が困難な場合がある。

そこで，会話の背景を想像したり，実際の場面を活用したりして，どのように行動すべきか，また，相手はどのように受け止めるかなどについて，具体的なやりとりを通して指導することが大切である。

ＬＤのある児童生徒の場合，言葉の意味理解の不足や間違いなどから，友達との会話の背景や経過を類推することが難しく，そのために集団に積極的に参加できないことがある。そこで，日常的によく使われる友達同士の言い回しや，その意味することが分からないときの尋ね方などを，あらかじめ少人数の集団の中で学習しておくことなどが必要である。

③ 他の項目との関連例

ＡＤＨＤのある幼児児童生徒の場合，遊びの説明を聞き漏らしたり，最後まで聞かずに遊び始めたりするためにルールを十分に理解しないで遊ぶ場合がある。また，ルールを十分に理解していても，勝ちたいという気持ちから，ルールを守ることができない場合がある。その結果，うまく遊びに参加することができなくなってしまうこともある。

このような場合には，ルールを少しずつ段階的に理解できるように指導したり，ロールプレイによって適切な行動を具体的に指導したりすることが必要である。また，遊びへの参加方法が分からないときの不安を静める方法を指導するなど，「２心理的な安定」の区分に示されている項目や，友達への尋ね方を練習するなど「６コミュニケーション」等の区分に示されている項目などと相互に関連付けて具体的な指導内容を設定することが大切である。

## 4　環境の把握（幼稚部教育要領第2章の2の(4), 小学部・中学部学習指導要領第7章の第2の4）

4　環境の把握
(1)　保有する感覚の活用に関すること。
(2)　感覚や認知の特性についての理解と対応に関すること。
(3)　感覚の補助及び代行手段の活用に関すること。

> (4) 感覚を総合的に活用した周囲の状況についての把握と状況に応じた行動に関すること。
> (5) 認知や行動の手掛かりとなる概念の形成に関すること。

「4環境の把握」では，感覚を有効に活用し，空間や時間などの概念を手掛かりとして，周囲の状況を把握したり，環境と自己との関係を理解したりして，的確に判断し，行動できるようにする観点から内容を示している。

今回の改訂では，幼児児童生徒の具体的な指導内容を明らかにする観点から，「(2)感覚や認知の特性への対応に関すること。」の項目を「(2)感覚や認知の特性についての理解と対応に関すること。」と改めることとした。また，「(4)感覚を総合的に活用した周囲の状況の把握に関すること。」の項目を「(4)感覚を総合的に活用した周囲の状況についての把握と状況に応じた行動に関すること。」と改めることとした。

## (1) 保有する感覚の活用に関すること

① この項目について

「(1)保有する感覚の活用に関すること。」は，保有する視覚，聴覚，触覚，嗅覚，固有覚，前庭覚などの感覚を十分に活用できるようにすることを意味している。

なお，固有覚とは，筋肉や関節の動きなどによって生じる自分自身の身体の情報を受け取る感覚であり，主に力の加減や動作等に関係している感覚である。固有覚のはたらきにより，運動は絶えず軌道修正され，目を閉じていてもある程度正しく運動することができる。

また，前庭覚とは，重力や動きの加速度を感知する感覚であり，主に姿勢のコントロール等に関係している感覚である。前庭覚のはたらきにより，重力に対してどのような姿勢にあり，身体が動いているのか止まっているのか，どのくらいの速さでどの方向に動かしているのかを知ることができる。

② 具体的指導内容例と留意点

視覚障害のある幼児児童生徒の場合，聴覚や触覚を活用し，弱視であれば，保有する視覚を最大限に活用するとともに，その他の感覚も十分に活用して，学習や日常生活に必要な情報を収集するための指導を行うことが重要である。例えば，ある目的地に行くための歩行指導において，目的地の途中にあるパン屋のにおいが自分の位置を判断する手掛かりになったり，理科の実験において，化学変化の様子がにおいの変化でわかったりすることもある。においも学習や日常生活に必要な情報となるので，様々なにおいを体験したり，知っているにおいを言葉で表現したりできるように，様々な機会に指導することが大切である。

聴覚障害のある幼児児童生徒の場合，補聴器等の装用により，保有する聴力を十分に活用していくための指導が必要である。さらに，場所や場面に応じて，磁気ループを用いた集団補聴システム，ＦＭ電波や赤外線を用いた集団補聴システム又はＦＭ補聴器等の機器の特徴に応じた活用ができるようにすることが大切である。

肢体不自由のある幼児児童生徒の場合，運動・動作に伴う筋の収縮・伸張，関節の屈曲・伸展などに制限や偏りがあり，自分自身の体位や動きを把握し，調整することに困難さが見られる。そこで，自分自身の体位や動きについて，視覚的なイメージを提示したり，分かりやすい言葉で伝えたりして，自分の身体を正しく調整することができる力を身に付けることが大切である。

障害が重度で重複している幼児児童生徒の場合，視覚，聴覚，触覚と併せて，姿勢の変化や筋，関節の動きなどを感じ取る固有覚や前庭覚を活用できるようにすることも考慮する必要がある。その際，それらを個々の感覚ごとにとらえるだけでなく，相互に関連付けてとらえることが重要である。例えば，玩具を手に持って目の前で振っている状態は，玩具の色や形を視覚で，かたさやなめらかさを触覚で感じているほか，よく見ようとして姿勢を変化させ，玩具を握ったり振ったりするために，筋や関節を絶えず調整しているととらえることができる。つまり，様々な感覚を関連させながら運動・動作を行っているのである。したがって，個々の感覚の状態とその活用の仕方を的確に把握した上で，保有する感覚で受け止めやすいように情報の提示の仕方を工夫することが大切である。

③　他の項目との関連例

障害が重度で重複している幼児児童生徒の場合，視覚や聴覚への働き掛けに対して明確な応答が見られないことがある。しかし，このような場合であっても，教師が抱きかかえて揺らしてみると笑顔が見られることがある。これは，スキンシップによる触覚や揺れの感覚が，快の感情をもたらしているものと考えられる。

そして，そうした働き掛けに加えて，玩具を見せたり言葉掛けをしたりするなど視覚や聴覚の活用を促すことも大切である。適度な揺さぶりの中で視覚や聴覚に対する働き掛けも心地よく受け止められるようになったら，目の前に音の出る玩具などを示し，音を聞きながら目で玩具を追ったり，音の方に顔を向けて玩具を見つめたりできるように働き掛けを発展させていく。また，次のステップでは，その玩具に手を触れさせて，自分の手を動かして音を出したり，音の出る玩具を目で見つめて手を伸ばして取ったりという動作を誘発させていく。このように，細かなステップを追って，視覚と聴覚を協調させたり，視覚と手の運動を協調させたりする指導が求められる。

そこで，障害が重度で重複している幼児児童生徒に，保有する感覚の活用を促

す指導を行うためには，この項目に加えて，幼児児童生徒一人一人の実態に応じて「5身体の動き」や「6コミュニケーション」等の区分に示されている項目の中から必要な項目を選定し，それらを相互に関連付けて具体的な指導内容を設定することが大切である。

## (2) 感覚や認知の特性についての理解と対応に関すること

① この項目について

「(2)感覚や認知の特性についての理解と対応に関すること。」は，障害のある幼児児童生徒一人一人の感覚や認知の特性を踏まえ，自分に入ってくる情報を適切に処理できるようにするとともに，特に自己の感覚の過敏さや認知の偏りなどの特性について理解し，適切に対応できるようにすることを意味している。

感覚とは，「身体の内外からの刺激を目，耳，皮膚，鼻などの感覚器官を通してとらえる働き」である。認知とは，「感覚を通して得られる情報を基にして行われる情報処理の過程であり，記憶する，思考する，判断する，決定する，推理する，イメージを形成するなどの心理的な活動」である。

② 具体的指導内容例と留意点

障害のある幼児児童生徒の場合，視覚，聴覚，触覚，嗅覚，固有覚，前庭覚等を通してとらえた情報を適切に理解することが困難であったり，特定の音や光に過敏に反応したりする場合がある。

視覚障害のある幼児児童生徒の場合，障害の特性により屋外だけでなく屋内においても蛍光灯などにまぶしさを強く感じることがある。そこで，遮光眼鏡を装用するよう指導するとともに，その習慣化を図ることが大切である。また，室内における見えやすい明るさを必要に応じて他者に伝えたり，カーテンで明るさを調整したりできるように指導することが大切である。

自閉症のある幼児児童生徒の場合，聴覚の過敏さのため特定の音に，また，触覚の過敏さのため身体接触や衣服の材質に強く不快感を抱くことがある。それらの刺激が強すぎたり，突然であったりすると，感情が急激に変化したり，思考が混乱したりすることがある。そこで，不快である音や感触などを自ら避けたり，幼児児童生徒の状態に応じて，音が発生する理由や身体接触の意図を知らせるなどして，それらに少しずつ慣れていったりするように指導することが大切である。なお，ある幼児児童生徒にとって不快な刺激も，別の幼児児童生徒にとっては快い刺激である場合もある。したがって，個々の幼児児童生徒にとって，快い刺激は何か，不快な刺激は何かをきめ細かく観察して把握しておく必要がある。また，不足する感覚を補うため，身体を前後に動かしたり，身体の一部分をたたき続けたりして，自己刺激を過剰に得ようとすることもある。そこで，例えば，身体を

前後に動かしている場合には，ブランコ遊びを用意するなど，自己刺激のための活動と同じような感覚が得られる他の適切な活動に置き換えるなどして，幼児児童生徒の興味がより外に向かい，広がるような指導をすることが大切である。

　ＡＤＨＤのある幼児児童生徒の場合，注意機能の特性により，注目すべき箇所がわからない，注意持続時間が短い，注目する対象が変動しやすいなどから，学習等に支障をきたすことがある。そこで，注目すべき箇所を色分けしたり，手で触れるなど他の感覚も使ったりすることで注目しやすくしながら，注意を持続させることができることを実感し，自分に合った注意集中の方法を積極的に使用できるようにすることが大切である。

　障害のある幼児児童生徒が言葉や数の学習で示す困難は，個々の認知の特性による場合が少なくない。例えば，ＬＤのある児童生徒の場合，視知覚の特性により，文字の判別が困難になり，「め」と「ぬ」を読み間違えたり，文節を把握することができなかったりすることがある。そこで，本人にとって読み取り易い書体を確認したり，文字間や行間を広げたりして負担を軽減しながら新たな文字を習得していく方法を身につけることが大切である。

　こうした認知の特性は，特に，脳性疾患のある幼児児童生徒に見られることが多い。これらの幼児児童生徒は，認知面において不得意なことがある一方で得意な方法をもっていることも多い。例えば，聴覚からの情報は理解しにくくても，視覚からの情報の理解は優れている場合がある。例えば，ＬＤのある児童生徒の場合，書かれた文章を理解したり，文字を書いて表現したりすることは苦手だが，聞けば理解できたり，図や絵等を使えば効率的に表現することができたりする。そこで，本人が理解しやすい学習方法を様々な場面にどのように用いればよいのかを学んで，積極的に取り入れていくように指導することが大切である。また，見やすい書体や文字の大きさ，文字間や行間，文節を区切る，アンダーラインを引き強調するなどの工夫があれば，困難さを改善できる幼児児童生徒もいる。したがって，幼児児童生徒一人一人の認知の特性に応じた指導方法を工夫し，不得意なことを少しずつ改善できるよう指導するとともに，得意な方法を積極的に活用するよう指導することも大切である。

③　他の項目との関連例
　脳性まひの幼児児童生徒の場合，文字や図形を正しくとらえることが困難な場合がある。原因としては，数多く書かれてある文字や図形の中から一つの文字や図形に注目することや，文字や図形を構成する線や角度の関係を理解することが難しいことなどが考えられる。
　このような場合には，一つの文字や図形だけを取り出して輪郭を強調して見やすくしたり，文字の部首や図形の特徴を話し言葉で説明したりすることが効果的

なことがある。
　こうした幼児児童生徒一人一人の感覚や認知の特性を踏まえて指導を工夫するほか，上肢にまひがあり，文字や図形を書くことが難しい場合には，コンピュータ等を活用して書くことを補助することによって，学習を効果的に進めることができる。また，学習活動を通じて，例えば文字の部首や図形の特徴については，話し言葉で聞いた方が理解しやすいというような自分の得意な学習のスタイルを知り，自ら使えるように指導することも大切である。
　体の動かし方にぎこちなさのある幼児児童生徒の場合，リコーダーを吹くなどの指先を細かく動かす活動や，水泳などの全身を協調して動かす運動を苦手とすることがある。これらの要因としては，固有覚や前庭覚の発達の段階等によるものが考えられる。
　こうした場合には，個々の幼児児童生徒の発達の段階を把握した上で，現在できている動作がより確実にできるよう取り組むとともに，指や身体を，一つ一つ確かめながらゆっくり動かすようにするなど，発達の段階に見合った運動から行うようにすることが大切である。また，こうした固有覚や前庭覚の発達を促す指導においては，幼児児童生徒に「できた」という経験と自信をもてるようにし，自己を肯定的にとらえることができるようにすることも大切である。
　したがって，これらの指導においては，この項目に加えて，「５身体の動き」，「２心理的な安定」及び「３人間関係の形成」等の区分に示されている項目の中から必要な項目を選定し，それらを相互に関連付けて具体的な指導内容を設定することが大切である。

### (3) 感覚の補助及び代行手段の活用に関すること

① この項目について

　「(3)感覚の補助及び代行手段の活用に関すること。」は，保有する感覚を用いて状況を把握しやすくするよう各種の補助機器を活用できるようにしたり，他の感覚や機器での代行が的確にできるようにしたりすることを意味している。

② 具体的指導内容例と留意点

　視覚障害のある幼児児童生徒の場合，小さな文字など細かなものや遠くのものを読み取ることが難しいことがある。そこで，遠用・近用などの各種の弱視レンズや拡大読書器などの視覚補助具，タブレット型端末などを効果的に活用できるように指導することが大切である。また，明るさの変化を音の変化に変える感光器のように視覚以外の感覚で確認できる機器を必要に応じて活用できるように指導することも大切である。
　また，聴覚障害のある幼児児童生徒の場合，補聴器や人工内耳を装用していて

も，音や他者の話を完全に聞き取れるわけではない。その際，聴覚活用に加えて，視覚を通した情報の収集が考えられる。視覚を活用した情報収集の方法としては，手話や指文字，キュード・スピーチ（話し言葉の音韻を五つの母音口形と子音を手指で表す記号（キュー）との組み合わせで表現する方法又はキューサインなど），口形，読話（相手の口形や表情を基にして理解する方法）などがあり，それぞれの特徴や機能を理解していくことが重要である。その上で，幼児児童生徒が個々の障害の状態に応じて，聴覚以外の感覚を適切に活用できる力を養うことが大切になる。

　自閉症のある幼児児童生徒の場合，聴覚に過敏さが見られ，特定の音を嫌がることがある。そこで，自分で苦手な音などを知り，音源を遠ざけたり，イヤーマフやノイズキャンセルヘッドホン等の音量を調節する器具を利用したりするなどして，自分で対処できる方法を身に付けるように指導することが必要である。また，その特定の音が発生する理由や仕組みなどを理解し，徐々に受け入れられるように指導していくことも大切である。他にも，聴覚過敏のため，必要な音を聞き分けようとしても，周囲の音が重なり聞き分けづらい場合がある。こうした場合は，音量を調節する器具の利用等により，聞き取りやすさが向上し，物事に集中しやすくなることを学べるようにし，必要に応じて使い分けられるようにすることが大切である。加えて，状況に応じてこれらの器具を使用することを周囲に伝えることができるように指導することも大切である。

　以上のように，個々の幼児児童生徒の障害の状態や発達の段階，興味・関心等に応じて，将来の社会生活等に結び付くように補助及び代行手段の適切な活用に努めることが大切である。

③　他の項目との関連例

　弱視の幼児児童生徒で，遠くの文字が見えにくかったり，本などを読むのに時間がかかったりする場合，遠用・近用などの各種の弱視レンズなどを使いこなすための指導を行うことが大切である。

　例えば，動いているバスの行き先表示や時刻表，街頭の標識などの方向に素早くレンズを向け，細かなピント合わせをするよう発達の段階に応じて指導したり，表やグラフの読み取りのため，ルーペを速く正確に動かして数値などを把握する指導をしたりする必要がある。これらの指導は，緻密な作業を円滑に遂行する能力を高める指導と関連付けて行うことが大切である。

　さらに，思春期になると周囲の人から見られることを気にして弱視レンズの使用をためらうことがある。そこで，低学年から各種の弱視レンズなどを使ってよく見える体験を繰り返すとともに，障害への理解を図り，障害による困難な状態を改善・克服する意欲を喚起する指導を行うことが大切である。

したがって，弱視のある幼児児童生徒が，保有する視覚を用いて各種の弱視レンズなどを活用したり，他の感覚や機器で代行したりするためには，この項目に加えて，「5 身体の動き」や「2 心理的な安定」等の区分に示されている項目の中から必要な項目を選定し，それらを相互に関連付けて具体的な指導内容を設定することが大切である。

## (4) 感覚を総合的に活用した周囲の状況についての把握と状況に応じた行動に関すること

① この項目について

「(4)感覚を総合的に活用した周囲の状況についての把握と状況に応じた行動に関すること。」は，いろいろな感覚器官やその補助及び代行手段を総合的に活用して，情報を収集したり，環境の状況を把握したりして，的確な判断や行動ができるようにすることを意味している。

② 具体的指導内容例と留意点

視覚障害のある児童生徒の場合，白杖を用いて一人で市街を歩くときには，その前に，出発点から目的地までの道順を頭の中に描くことが重要である。歩き始めてからは，白杖や足下からの情報，周囲の音，太陽の位置，においなど様々な感覚を通して得られる情報を総合的に活用して，それらの情報と頭の中に描いた道順とを照らし合わせ，確かめながら歩くことが求められる。したがって，周囲の状況を把握し，それに基づいて自分のいる場所や進むべき方向などを的確に判断し行動できるよう指導することが極めて重要である。また，中学部・高等部の生徒の場合は，必要に応じて，携帯電話のナビゲーション機能などを利用して自分の位置と周囲の状況を把握させることも考えられる。

聴覚障害のある幼児児童生徒の場合，補聴器等を通して得られた情報だけでは，周囲の状況やその変化を十分に把握することが困難な場合がある。例えば，補聴器の活用の仕方によって，音の方向のとらえ方に違いが生じることもある。そこで，身の回りの音を聞き取り，様子や言葉を理解する場合には，視覚や嗅覚などの感覚も総合的に活用する指導が必要である。その際には，情報を的確に収集するとともに，様々な感覚をいかに活用するかについても考えさせることが大切である。

知的障害のある幼児児童生徒の場合，自分の身体に対する意識や概念が十分に育っていないため，ものや人にぶつかったり，簡単な動作をまねすることが難しかったりすることがある。そこで，粗大運動や微細運動を通して，全身及び身体の各部位を意識して動かしたり，身体の各部位の名称やその位置などを言葉で理解したりするなど，自分の身体に対する意識を高めながら，自分の身体が基点と

なって位置，方向，遠近の概念の形成につなげられるように指導することが大切である。

　ＬＤのある児童生徒の場合，視知覚のみによって文字を認識してから書こうとすると，目と手の協応動作が難しく，意図している文字がうまく書けないことがある。そのような場合には，例えば，腕を大きく動かして文字の形をなぞるなど，様々な感覚を使って多面的に文字を認識し，自らの動きを具体的に想像してから文字を書くことができるような指導をすることが大切である。

　このように，視覚，聴覚，触覚などの保有するいろいろな感覚やその補助及び代行手段を総合的に活用して，周囲の状況を的確に把握できるようにすることが大切である。

③　他の項目との関連例

　聴覚障害のある幼児児童生徒の場合，聴覚に障害があることにより，背後や外の様子等，周囲の状況を的確に把握できにくいことがある。また，周囲の人とのコミュニケーションの不十分さなどの影響で，物事がどのように推移してきたか，相手がどう思っているか，これから何が始まるかなどについて，予想できにくい場合もある。

　こうした場合には，視覚や嗅覚等の様々な感覚を活用して情報を収集したり，多様な手段を活用した積極的なコミュニケーションを通して相手を理解したりするとともに，それまでに得ている情報等と照らし合わせたりしながら，周囲の状況や人の気持ち，今後の展開等を推察することが必要である。

　したがって，感覚を総合的に活用して周囲の状況等を理解し，自己の生活に生かす指導については，この項目に加えて，「３人間関係の形成」，「４環境の把握」，「６コミュニケーション」等の区分に示されている項目の中から必要な項目を選定し，それらを相互に関連付けて具体的な指導内容を設定することが大切である。

　また，肢体不自由のある幼児児童生徒の場合，動く対象物に手を伸ばしてそれをつかむなどといった目と手を協応させた活動が難しいことがある。このような要因としては，興味をもって見る対象が限られていることや，頭部が安定せずに対象を一定時間見続けることができないことが考えられる。

　このような場合には，頭部を安定させるための補助具を活用したり，前腕で上体を支えやすくする姿勢の保持を工夫したりするなどして，目の前に置かれた興味のある玩具を注視したり，ゆっくり動く教材などを追視したりする力を高めていくことが大切である。また，見ていた対象物に手を伸ばして，倒したり転がしたりするなかで，物を操作する経験を重ね，目で手の動きを追うような力を付けていくことも必要である。

　したがって，肢体不自由のある幼児児童生徒が保有している感覚を活用して周

囲の状況を把握していくためには、この項目の内容と「4 環境の把握」の他の項目や、「5 身体の動き」の区分に示されている項目の中から必要な項目を選定し、それらを相互に関連付けて具体的な指導内容を設定することが大切である。

## (5) 認知や行動の手掛かりとなる概念の形成に関すること

① この項目について

「(5)認知や行動の手掛かりとなる概念の形成に関すること。」は、ものの機能や属性、形、色、音が変化する様子、空間・時間等の概念の形成を図ることによって、それを認知や行動の手掛かりとして活用できるようにすることを意味している。

認知とは、前述したように「感覚を通して得られる情報を基にして行われる情報処理の過程であり、記憶する、思考する、判断する、決定する、推理する、イメージを形成するなどの心理的な活動」を指す。こうした活動を適切に進めていくことによって幼児児童生徒は発達の段階に即した行動をすることが可能となる。

一方、概念は、個々の事物・事象に共通する性質を抽象し、まとめ上げることによって作られるものであり、認知の過程においても重要な役割を果たすものである。

「認知や行動の手掛かりとなる概念」とは、これまでの自分の経験によって作り上げてきた概念を、自分が新たに認知や行動を進めていくために活用することを意味している。したがって、極めて基礎的な概念を指しているが、常時行われる認知活動によって更にそれが変化し、発達に即した適切な行動を遂行する手掛かりとして、次第により高次な概念に形成されていくと考えられる。

② 具体的指導内容例と留意点

視覚障害のある幼児児童生徒の場合、事物・事象の全体像を捉え、必要な情報を抽出して、的確な概念を形成することが難しい。そこで、幼児児童生徒が触覚や保有する視覚などを用い、対象物の形や大きさ、手触り、構造、機能等を観察することで、的確な概念を形成できるようにするとともに、それらの概念を日常の学習や生活における認知や行動の手掛りとして活用できるように指導することが大切である。例えば、校舎模型を使って諸室をていねいに確認する学習に取り組み、その位置関係をしっかりと理解することで、様々な教室間の移動を容易にすることや、駅の発車案内板の位置や表示の仕組みを十分に理解しておくことで、駅で単眼鏡を使っての読み取りが容易になり、見通しを持って行動できるようになるなどである。

肢体不自由のある幼児児童生徒の場合、身体の動きの制限により、上下、前後、左右、遠近等の概念の形成が十分に図られず、空間における自分と対象の位置関

係を理解することが困難になることがある。そこで，自分の身体の各部位を確認するような活動を通して，自分の身体に対する意識を明確にするとともに，行動の基準を言葉で確認しながら，空間概念の形成を図ることが必要である。

　知的障害のある幼児児童生徒の場合，概念を形成する過程で，必要な視覚情報に注目することが難しかったり，読み取りや理解に時間がかかったりすることがある。そこで，興味・関心のあることや生活上の場面を取り上げ，実物や写真などを使って見たり読んだり，理解したりすることで，確実に概念の形成につなげていくよう指導することが大切である。

　自閉症のある幼児児童生徒の場合，「もう少し」，「そのくらい」，「大丈夫」など，意味内容に幅のある抽象的な表現を理解することが困難な場合があるため，指示の内容を具体的に理解することが難しいことがある。そこで，指示の内容や作業手順，時間の経過等を視覚的に把握できるように教材・教具等の工夫を行うとともに，手順表などを活用しながら，順序や時間，量の概念等を形成できるようにすることが大切である。また，自閉症のある幼児児童生徒の場合，興味のある事柄に注意が集中する傾向があるため，結果的に活動等の全体像が把握できないことがある。そこで，一部分だけでなく，全体を把握することが可能となるように，順序に従って全体を把握する方法を練習することが大切である。

　ＡＤＨＤや自閉症のある幼児児童生徒の場合，活動に過度に集中してしまい，終了時刻になっても活動を終えることができないことがある。このような場合，活動の流れや時間を視覚的に捉えられるようなスケジュールや時計などを示し，時間によって活動時間が区切られていることを理解できるようにしたり，残り時間を確認しながら，活動の一覧表に優先順位をつけたりするなどして，適切に段取りを整えられるようにすることが大切である。

　ＬＤのある児童生徒の場合，左右の概念を理解することが困難な場合があるため，左右の概念を含んだ指示や説明を理解することがうまくできず，学習を進めていくことが難しい場合がある。このような場合には，様々な場面で，見たり触ったりする体験的な活動と「左」や「右」という位置や方向を示す言葉と関連付けながら指導して，基礎的な概念の形成を図ることが重要である。

　弱視の幼児児童生徒は，見ようとするものに極端に目を近づけたり，見える範囲が限られる場合があったりするために，全体像が捉えにくく，地図やグラフなどに示されている情報の中から必要な情報を抽出することが困難なことが多い。そこで，不必要な情報を削除したり，コントラストを高めたりして認知しやすい教材を提供するとともに，これまで学習してきた知識やイメージを視覚認知に生かすなどの指導を行うことが大切である。

③　他の項目との関連例

聴覚障害のある幼児児童生徒の場合，視覚的な情報を適切に活用して作業等を行うことが大切である。例えば，幼児が折り紙をする場合で，教師や友達の折り方を見て，同じように紙を折るような活動の際には，それぞれの作業過程を的確な言葉に結び付けていくことが大切である。

折り紙の例では，「端をぴったり重ねる」，「角が重なるように折る」，「左手で押さえて，右手で折り目を付ける」，「片方を開く」などの言葉を知り，実際に作業できるようにする必要がある。このような言葉と行動の対応関係を，生活の様々な機会を通じて繰り返していくことで，その概念を的確に身に付けることができるのであり，さらに，習得したこれらの概念を用いて，幼児はより複雑な事柄の認知や作業に取り組むことが可能になる。

そこで，この項目を中心としつつ，「4 環境の把握」や「6 コミュニケーション」等の区分に示されている項目の中から必要な項目を選定し，それらを相互に関連付けて，幼児児童生徒が興味・関心をもちながら取り組めるような具体的な指導内容を設定することが大切である。

肢体不自由のある幼児児童生徒の場合，ものの機能や属性，形，色，音を分類する基礎的な概念の形成を図ることが難しいことがある。このような要因としては，上肢操作や手指動作のぎこちなさの他に，見えにくさや聞こえにくさなどを有していることが少なくないことが考えられる。このような場合には，幼児児童生徒が手掛かりとしやすい情報の提示方法を明らかにして，多くのものに関わらせ，それぞれのものの特徴を把握させることが大切である。はじめて関わるものについては，教師がその特徴を言語化して伝えることで予測する力を育てることができる。例えば，言葉の理解が難しいものの，特定の色を分類できる幼児児童生徒の場合には，教室から体育館までの経路の要所に特定の色を提示して，それを手掛かりに体育館まで一人で移動をすることが考えられる。

したがって，肢体不自由の幼児児童生徒が基礎的な概念を形成していくためには，この項目の内容と「4 環境の把握」の他の項目や，「5 身体の動き」，「6 コミュニケーション」の区分に示されている項目の中から必要な項目を選定し，それらを相互に関連付けて具体的な指導内容を設定することが大切である。

## ● 5　身体の動き（幼稚部教育要領第2章の2の(5)，小学部・中学部学習指導要領第7章の第2の5）

5　身体の動き
(1)　姿勢と運動・動作の基本的技能に関すること。
(2)　姿勢保持と運動・動作の補助的手段の活用に関すること。
(3)　日常生活に必要な基本動作に関すること。
(4)　身体の移動能力に関すること。

(5) 作業に必要な動作と円滑な遂行に関すること。

「5身体の動き」では，日常生活や作業に必要な基本動作を習得し，生活の中で適切な身体の動きができるようにする観点から内容を示している。

## (1) 姿勢と運動・動作の基本的技能に関すること

① この項目について

「(1)姿勢と運動・動作の基本的技能に関すること。」は，日常生活に必要な動作の基本となる姿勢保持や上肢・下肢の運動・動作の改善及び習得，関節の拘縮や変形の予防，筋力の維持・強化を図ることなどの基本的技能に関することを意味している。

姿勢には，臥位，座位，立位などがあり，あらゆる運動・動作の基礎になっている。姿勢を保持することは，広い意味では動作の一つである。これらの姿勢保持と上肢・下肢の運動・動作を含めて基本動作というが，この基本動作は，姿勢保持，姿勢変換，移動，四肢の粗大運動と微細運動に分けることができる。

② 具体的指導内容例と留意点

肢体不自由のある幼児児童生徒の場合，基本動作が未習得であったり，間違って身に付けてしまったりしているために，生活動作や作業動作を十分に行うことができない場合がある。そこで，個々の幼児児童生徒の運動・動作の状態に即した指導を行うことが大切である。

例えば，全身又は身体各部位の筋緊張が強すぎる場合，その緊張を弛めたり，弱すぎる場合には，適度な緊張状態をつくりだしたりすることができるような指導が必要である。

一方，筋ジストロフィーの幼児児童生徒の場合，関節拘縮や変形予防のための筋力の維持を図る適度な運動が必要である。

知的障害のある幼児児童生徒の中には，知的発達の程度等に比較して，身体の部位を適切に動かしたり，指示を聞いて姿勢を変えたりすることが困難な者がいる。このような幼児児童生徒に対しては，より基本的な動きの指導から始め，徐々に複雑な動きを指導することが考えられる。そして，次第に，目的の動きに近付けていくことにより，必要な運動・動作が幼児児童生徒に確実に身に付くよう指導することが重要である。

また，視覚障害のある幼児児童生徒の場合，身体の動き等を模倣することを通して基本的な運動・動作を習得することが困難であることが多い。そこで，姿勢や身体の動きについて，教師の身体や模型などに直接触らせて確認させた後，幼児児童生徒が自分の身体を実際に使って，その姿勢や動きを繰り返し学習すると

ともに，その都度教師が，口頭で説明したり，手を添えたりするなどして，正しい姿勢の保持や運動・動作を習得することが大切である。

なお，このような指導を行う場合には，必要に応じて医師等の専門家と十分な連携を図ることが大切である。

③ 他の項目との関連例

ＡＤＨＤのある幼児児童生徒の場合，身体を常に動かしている傾向があり，自分でも気付かない間に座位や立位が大きく崩れ，活動を継続できなくなってしまうことがある。

このような幼児児童生徒に対しては，身体を動かすことに関する指導だけでなく，姿勢を整えやすいような机やいすを使用することや，姿勢保持のチェックポイントを自分で確認できるような指導を行うことが有効な場合がある。

そこで，姿勢を保持することが困難なＡＤＨＤのある幼児児童生徒に対しては，この項目に加え，例えば，「２心理的な安定」や「４環境の把握」等の区分に示されている項目の中から必要な項目を選定し，それらを相互に関連付けて具体的な指導内容を設定することが大切である。

## (2) 姿勢保持と運動・動作の補助的手段の活用に関すること

① この項目について

「(2)姿勢保持と運動・動作の補助的手段の活用に関すること。」は，姿勢の保持や各種の運動・動作が困難な場合，様々な補助用具等の補助的手段を活用してこれらができるようにすることを意味している。

② 具体的指導内容例と留意点

「(1)姿勢と運動・動作の基本的技能に関すること。」の「①この項目について」に示すとおり，姿勢保持と上肢・下肢の運動・動作を含めて基本動作という。この基本動作は，姿勢保持，姿勢変換，移動，四肢の粗大運動と微細運動に分けることができる。

基本動作の改善及び習得を促進し，日常生活動作や作業動作の遂行を補うためには，幼児児童生徒の運動・動作の状態に応じていろいろな補助的手段を活用する必要がある。また，この補助的手段の活用に関する指導内容には，各種の補助用具の工夫とその使用法の習得も含まれている。

補助用具には，座位安定のためのいす，作業能率向上のための机，移動のためのつえ，歩行器，車いす及び白杖等がある。このほか，よく用いられる例としては，持ちやすいように握りを太くしたり，ベルトを取り付けたりしたスプーンや鉛筆，食器やノートを机上に固定する装置，着脱しやすいようにデザインされた

衣服，手すりなどを取り付けた便器などがある。

　また，表現活動を豊かにするために，コンピュータの入力動作を助けるための補助用具も重要なものである。

　幼児児童生徒が補助用具を必要とする場合，目的や用途に応じて適切な用具を選び，十分使いこなせるように指導する必要がある。また，発達の段階を考慮しながら，補助用具のセッティングや収納の仕方を身に付けたり，自分に合うように補助用具を調整したりすることを指導することも大切である。一方で，例えば，車いすの使用が度重なることにより，立位を保持する能力の低下を来す場合がある。したがって，補助用具の使用の仕方を工夫し，幼児児童生徒の身体の動きの維持や習得を妨げないように十分留意しなければならない。

　なお，つえ，歩行器，車いす及び白杖等の活用に当たっては，必要に応じて専門の医師及びその他の専門家の協力や助言を得ることが大切である。

③　他の項目との関連例

　障害が重度で重複している幼児児童生徒の場合，自分で自由に姿勢を変えたり，座位や立位を保持したりすることが困難なことが多い。横になったままの状態が続くことは，筋や骨格，内臓等の発達の上でも望ましくないことから，補助用具を活用するなどしていろいろな姿勢をとることが大切である。座位をとることが可能ならば，骨盤を安定させるための装置や体幹を支えるためのベルトなどが付いたいすを活用すると効果的である。

　しかし，単にいすを用意してベルト等を装着するだけでよいわけではなく，頭を上げる，背筋を伸ばすなど自分の身体を操作して座位を保つことを指導しなければならない。また，身体を起こした状態を維持するためには，積極的に見ようとしたり触ろうとしたりすることが必要である。そこで，幼児児童生徒が視覚や触覚などを積極的に活用するように，教材・教具や環境の設定を工夫することが大切である。

　このように，障害が重度で重複している幼児児童生徒が，いろいろな姿勢を保持するために補助用具を活用する場合には，この項目に加えて，「5身体の動き」の区分に示されている他の項目や「4環境の把握」等の区分に示されている項目の中から必要な項目を選定し，それらを相互に関連付けて具体的な指導内容を設定することが大切である。

## (3) 日常生活に必要な基本動作に関すること

①　この項目について

　「(3)日常生活に必要な基本動作に関すること。」は，食事，排泄，衣服の着脱，洗面，入浴などの身辺処理及び書字，描画等の学習のための動作などの基本動作

を身に付けることができるようにすることを意味している。

② 具体的指導内容例と留意点

日常生活に必要な基本動作を身に付けることは，幼児児童生徒の自立にとって，極めて重要なことである。これらを身に付けるには，姿勢保持，移動，上肢の諸動作といった基本動作が習得されていることが必要であり，座位，立位を保持しながら，上肢を十分に動かすことができることがその基礎になる。つまり，

　ア　安定した座位を確保しながら，両腕を体の前へ伸ばすことができること。
　イ　身体の正面で両手を合わせることができ，指を握ったり開いたりすることができること。
　ウ　身体のほとんどの部位へ指先が届くこと。
　エ　手の動きを目で追うこと。

というような動作が可能であれば，さらに，次の段階の指導を工夫することによって，日常生活の諸動作の多くを行うことができるようになる。その上で，これらの動作を実際の日常生活で使うことができるところまで習慣化していくことが大切である。

また，運動・動作が極めて困難な幼児児童生徒の場合，日常生活に必要な基本動作のほとんどを援助に頼っている場合が多い。このような幼児児童生徒の場合には，援助を受けやすい姿勢や手足の動かし方を身に付けることを目標として，指導を行うことが必要である。

③ 他の項目との関連例

知的障害のある幼児児童生徒の場合，知的発達の程度等に比較して，衣服の着脱におけるボタンの着脱やはさみなどの道具の操作などが難しいことがある。このような要因としては，目と手指の協応動作の困難さや巧緻性，持続性の困難さなどの他，認知面及び運動面の課題，あるいは日常生活場面等における経験不足などが考えられる。

このような場合には，幼児児童生徒が意欲的に活動に取り組み，道具等の使用に慣れていけるよう，興味や関心がもてる内容や課題を工夫し，使いやすい適切な道具や素材に配慮することが大切である。その上で，課題の難易度を考慮しながら，例えば，衣服の着脱では，ボタンはめの前にボタン外しから取り組むことや，ボタンや穴の大きさを徐々に小さくすること，はさみを使用する際には，切る長さを徐々に長くしたり，直線から曲線など切る形を変えたりすることなどの日常生活に必要な基本動作を指導していくことが大切である。

したがって，知的障害のある幼児児童生徒が，衣服の着脱におけるボタンはめなどや，はさみなどの道具を円滑に操作するためには，この項目の内容と，「4

環境の把握」などの区分に示されている項目の中から必要な項目を選定し，それらを相互に関連付けて具体的な指導内容を設定することが大切である。

　ＬＤのある児童生徒の場合，鉛筆の握り方がぎこちなく過度に力が入りすぎてしまうこと，筆圧が強すぎて行や枠からはみ出してしまうこと等，手や指先を用いる細かい動きのコントロールが苦手な者もいる。更に，上手く取り組めないことにより焦りや不安が生じて，余計に書字が乱れてしまうことがある。このような原因としては，目と手，右手と左手等を協応させながら動かす運動が苦手なことが考えられる。このような場合には，本人の使いやすい形や重さの筆記用具や滑り止め付き定規等，本人の使いやすい文具を用いることにより，安心して取り組めるようにした上で指導することが大切である。また，自分の苦手な部分を申し出て，コンピュータによるキーボード入力等で記録することや黒板を写真に撮ること等，ＩＣＴ機器を用いて書字の代替を行う事も大切である。

　したがって，ＬＤのある児童生徒が，落ち着いて自信をもち書字や描画に取り組むためには，この項目の内容と「２心理的な安定」，「４環境の把握」の区分に示されている項目の中から必要な項目を選定し，それらを相互に関連付けて具体的な指導内容を設定することが大切である。

## (4) 身体の移動能力に関すること

① この項目について

　「(4)身体の移動能力に関すること。」は，自力での身体移動や歩行，歩行器や車いすによる移動など，日常生活に必要な移動能力の向上を図ることを意味している。

　移動とは，自分で自分の身体を動かし，目的の場所まで行くことで，興味や関心を広げる上でも重要な手段であり，自立するために必要な動作の一つである。一般に，首のすわりから始まって，寝返りから座位へと続く，いわゆる初期の運動・動作の発達の到達点が歩行である。

② 具体的指導内容例と留意点

　視覚障害のある幼児児童生徒の場合，発達の段階に応じて，伝い歩きやガイド歩行，基本的な白杖の操作技術，他者に援助を依頼する方法などを身に付けて安全に目的地まで行けるように指導することが重要である。また，弱視の児童生徒の場合は，白杖を用いた歩行の際に，保有する視覚を十分に活用したり，視覚補助具を適切に使ったりできる力を付けることも必要である。

　障害の状態により，筋力が弱く，歩行に必要な緊張が得られない幼児児童生徒の場合，歩行器を用いた歩行を目標に掲げて指導を行ったり，歩行が困難な場合には，車いすによる移動を目標に掲げたりするなど，日常生活に役立つ移動能力

を習得するよう指導する必要がある。

　心臓疾患のある幼児児童生徒の場合，心臓への負担がかかることから歩行による移動が制限されることがあり，必要に応じて歩行器や電動車いす等の補助的手段を活用することになる。このような場合には，医師の指導を踏まえ，病気の状態や移動距離，活動内容によって適切な移動手段を選択し，心臓に過度の負担をかけることなく移動の範囲が維持できるよう指導することが大切である。

　運動・動作が極めて困難な幼児児童生徒の場合，寝返りや腹這いによる移動だけでなく，それらも含めた基本動作すべての改善及び習得を目指す必要がある。したがって，姿勢保持や上下肢の基本動作などの指導経過を踏まえて幼児児童生徒に適した移動の方法を選択することが大切である。例えば，寝返りや腹這いができなくても，姿勢を保持することができるようならば，移動を補助する手段の活用が考えられる。

　なお，障害の状態や発達の段階によっては，学校外での移動や，交通機関の利用の際に，一人での移動が困難な場合もある。そこで，このような社会的な場面における移動能力を総合的に把握し，実際の場面で有効に生かされるよう指導することが大切である。例えば，駅など危険が予想される場所を歩く場合に，ためらわずに駅員や周囲の人に援助を依頼することなど，安全が確保できる方法を十分に理解し，身に付けておくことが重要である。

③　他の項目との関連例

　肢体不自由のある幼児児童生徒が，目的地まで一人で移動できるようになるためには，移動能力のほか様々な状況に対する的確な判断力を身に付ける必要がある。

　肢体不自由のある幼児児童生徒が車いすを利用して外出する場合，車いすの操作に慣れるとともに，目的地まで車いすを操作し続けるための体力がなければならない。それに加えて，目的地までの距離や段差の状況などを調べ，自分の車いすを操作する力を考慮して一人で行けるかどうかを判断し，一人で行くことが難しい場合には，援助者を探して依頼することが必要となる。また，実際に外出した際には，途中で通行人に道を尋ねたり，路上にある障害物を取り除いてもらったりすることも考えられる。そのため，周囲にいる人に質問をしたり，依頼をしたりするコミュニケーションについても習熟しておくことが大切である。

　したがって，肢体不自由のある幼児児童生徒が，目的地まで一人で移動できるようにするためには，この項目に加えて，「4 環境の把握」，「6 コミュニケーション」等の区分に示されている項目の中から必要な項目を選定し，それらを相互に関連付けて具体的な指導内容を設定することが大切である。

5 身体の動き

## (5) 作業に必要な動作と円滑な遂行に関すること

① この項目について

「(5)作業に必要な動作と円滑な遂行に関すること。」は，作業に必要な基本動作を習得し，その巧緻性や持続性の向上を図るとともに，作業を円滑に遂行する能力を高めることを意味している。

② 具体的指導内容例と留意点

作業に必要な基本動作を習得するためには，姿勢保持と上肢の基本動作の習得が前提として必要である。つまり，自分一人で，あるいは補助的手段を活用して座位保持ができ，机上で上肢を曲げたり伸ばしたり，ものを握ったり放したりするなどの動作ができなければならない。

また，作業を円滑に遂行する能力を高めるためには，両手の協応や目と手の協応の上に，正確さや速さ，持続性などの向上が必要である。さらに，その正確さと速さを維持し，条件が変わっても持続して作業を行うことができるようにする必要がある。

肢体不自由のある幼児児童生徒の場合，左右を協調させた上肢操作のぎこちなさのため，ひもをつまんだり，交差させたりしてひもを結ぶことが困難となる。そこで，指の曲げ伸ばしをしたり，指を対向させたりするような物を介さない基本的な動きを取り入れるとともに，必要に応じて片方のひもを押さえておく補助具を活用することが有効である。

ＡＤＨＤのある幼児児童生徒の場合，注意の持続の困難さに加えて，目と手の協応動作や指先の細かい動き，体を思った通りに動かすこと等が上手くいかないことから，身の回りの片付けや整理整頓等を最後まで遂行することが苦手なことがある。そこで，身体をリラックスさせる運動やボディーイメージを育てる運動に取り組みながら，身の回りの生活動作に習熟することが大切である。

また，ＡＤＨＤのある幼児児童生徒の場合，手足を協調させて動かすことや微細な運動をすることに困難が見られることがある。そのため，目的に即して意図的に身体を動かすことを指導したり，手足の簡単な動きから始めて，段階的に高度な動きを指導したりすることなどが必要である。また，手指の巧緻性を高めるためには，幼児児童生徒が興味や関心をもっていることを生かしながら，道具等を使って手指を動かす体験を積み重ねることが大切である。例えば，エプロンのひも結びについて，一つ一つの動作を身に付けることから始め，徐々に身に付けた一つ一つの動作をつなげ，連続して行えるようにすることが大切である。その際，手本となる動作や幼児児童生徒自身の動作を映像で確認するなど，自ら調整や改善を図っていくことができるよう工夫することが大切である。

このように，障害の状態によっては，身体の動きの面で，関係する教科等の学

習との関連を図り，作業に必要な基本動作の習得や巧緻性，敏捷性の向上を図るとともに，目と手の協応した動き，姿勢や作業の持続性などについて，自己調整できるよう指導することが大切である。

③ 他の項目との関連例

　自閉症のある幼児児童生徒の場合，自分のやり方にこだわりがあったり，手足を協調させてスムーズに動かしたりすることが難しい場合がある。また，他者の意図を適切に理解することが困難であったり，興味のある一つの情報のみに注意が集中してしまったりすることから，教師が示す手本を自ら模倣しようとする意識がもてないことがある。その結果，作業に必要な巧緻性などが十分育っていないことがある。

　このような場合には，一つの作業についていろいろな方法を経験させるなどして，作業のやり方へのこだわりを和らげたり，幼児児童生徒と教師との良好な人間関係を形成し，幼児児童生徒が主体的に指導者の示す手本を模倣しようとする気持ちを育てたりすることが大切である。

　したがって，自閉症のある幼児児童生徒に対しては，この項目に加えて，「2 心理的な安定」や「3 人間関係の形成」等の区分に示されている項目の中から必要な項目を選定し，それらを相互に関連付けて具体的な指導内容を設定することが大切である。

　知的障害のある幼児児童生徒の場合，粗大な運動・動作には問題は見られないものの，細かい手先を使った作業の遂行が難しかったり，その持続が難しかったりすることがある。このような要因としては，自分の身体の各部位への意識が十分に高まっていないことや，両手や目と手の協応動作の困難さ，巧緻性や持続性の困難さなど，認知面及び運動・動作面の課題，あるいは日常生活場面等における経験不足などが考えられる。また，見通しをもちにくいことから持続するのが難しいことも考えられる。

　このような場合には，手遊びやビーズなどを仕分ける活動，ひもにビーズを通す活動など，幼児児童生徒が両手や目と手の協応動作などができるように指導することが大切である。その際，単に訓練的な活動とならないよう，幼児児童生徒が，興味や関心のもてる内容や課題を工夫し，楽しんで取り組めるようにしたり，ものづくりをとおして，他者から認められ，達成感が得られるようにしたりするなど，意欲的に取り組めるようにすることが大切である。

　したがって，知的障害の幼児児童生徒が，細かい手先を使った作業を遂行するためには，この項目の内容と，「4 環境の把握」などの区分に示されている項目の中から必要な項目を選定し，それらを相互に関連付けて具体的な指導内容を設定することが大切である。

## 6　コミュニケーション（幼稚部教育要領第2章の2の(6)，小学部・中学部学習指導要領第7章の第2の6)

> 6　コミュニケーション
> (1)　コミュニケーションの基礎的能力に関すること。
> (2)　言語の受容と表出に関すること。
> (3)　言語の形成と活用に関すること。
> (4)　コミュニケーション手段の選択と活用に関すること。
> (5)　状況に応じたコミュニケーションに関すること。

第6章
自立活動の内容

「6コミュニケーション」では，場や相手に応じて，コミュニケーションを円滑に行うことができるようにする観点から内容を示している。

### (1) コミュニケーションの基礎的能力に関すること

① この項目について

「(1)コミュニケーションの基礎的能力に関すること。」は，幼児児童生徒の障害の種類や程度，興味・関心等に応じて，表情や身振り，各種の機器などを用いて意思のやりとりが行えるようにするなど，コミュニケーションに必要な基礎的な能力を身に付けることを意味している。

② 具体的指導内容例と留意点

コミュニケーションとは，人間が意思や感情などを相互に伝え合うことであり，その基礎的能力として，相手に伝えようとする内容を広げ，伝えるための手段をはぐくんでいくことが大切である。

障害が重度で重複している幼児児童生徒の場合，話し言葉によるコミュニケーションにこだわらず，本人にとって可能な手段を講じて，より円滑なコミュニケーションを図る必要がある。周囲の者は，幼児児童生徒の表情や身振り，しぐさなどを細かく観察することにより，その意図を理解する必要がある。したがって，まずは双方向のコミュニケーションが成立することを目指して，それに必要な基礎的能力を育てることが大切である。これらのことは，いわばコミュニケーションの発達における初期の活動を高める事柄であって，認知の発達，言語概念の形成，社会性の育成及び意欲の向上と関連していることに留意する必要がある。

聴覚障害のある幼児児童生徒の場合，幼児児童生徒の発達の段階に応じて，相手を注視する態度や構えを身に付けたり，あるいは自然な身振りで表現したり声を出したりして，相手とかかわることができるようにしたりするなど，コミュニケーションを行うための基礎的能力を身に付ける必要がある。

自閉症のある幼児児童生徒の場合，興味のある物を手にしたいという欲求が勝り，所有者のことを確認しないままで，他者の物を使ったり，他者が使っている物を無理に手に入れようとしたりすることがある。また，他の人の手を取って，その人に自分が欲しい物を取ってもらおうとすることもある。このような状態に対して，周囲の者はそれらの行動が意思の表出や要求を伝達しようとした行為であることを理解するとともに，幼児児童生徒がより望ましい方法で意思や要求を伝えることができるよう指導することが大切である。

　言語発達に遅れがある幼児児童生徒の場合，語彙が少ないため自分の考えや気持ちを的確に言葉にできないことや相手の質問に的確に答えられないことなどがある。そこで，幼児児童生徒の興味・関心に応じた教材を活用し，語彙を増やしたり，ことばのやりとりを楽しんだりすることが必要である。特に，幼児の場合は，言語による直接的な指導以外に，絵画や造形活動，ごっこ遊びや模倣を通して，やりとりの楽しさを知り，コミュニケーションの基礎を作ることが大切である。

　知的障害のある幼児児童生徒の場合，自分の気持ちや要求を適切に相手に伝えられなかったり，相手の意図が理解できなかったりしてコミュニケーションが成立しにくいことがある。そこで，自分の気持ちを表した絵カードを使ったり，簡単なジェスチャーを交えたりするなど，要求を伝える手段を広げるとともに，人とのやりとりや人と協力して遂行するゲームなどをしたりするなど，認知発達や社会性の育成を促す学習などを通して，自分の意図を伝えたり，相手の意図を理解したりして適切なかかわりができるように指導することが大切である。

③　他の項目との関連例

　知的障害のある幼児児童生徒の場合，発声や身体の動きによって気持ちや要求を表すことができるが，発声や指差し，身振りやしぐさなどをコミュニケーション手段として適切に活用できない場合がある。

　このような場合には，幼児児童生徒が欲しいものを要求する場面などで，ふさわしい身振りなどを指導したり，発声を要求の表現となるよう意味付けたりするなど，幼児児童生徒が，様々な行動をコミュニケーション手段として活用できるようにすることが大切である。

　また，知的障害と自閉症を併せ有する幼児児童生徒の場合，他の人への関心が乏しく結果として他の人からの働きかけを受け入れることが難しい場合がある。このような要因としては，興味や関心をもっている事柄に極端に注意が集中していたり，相手の意図や感情をとらえることが難しかったりする場合がある。

　このような場合には，個々の幼児児童生徒の興味や関心のある活動の中で，教師の言葉掛けに対して視線を合わせたり，幼児児童生徒が楽しんでいる場面に教

師が「楽しいね」,「うれしいね」などの言葉をかけたりするなどして,人とやりとりをすることや通じ合う楽しさを感じさせながら,他者との相互的なやりとりの基礎的能力を高める指導をすることが大切である。また,コミュニケーション手段として身振り,絵カードやメモ,機器などを活用する際には,個々の幼児児童生徒の実態を踏まえ,無理なく活用できるように工夫することが必要である。

　以上のように,コミュニケーションの基礎的能力に関する指導においては,一人一人の幼児児童生徒の実態に応じて,この項目に加えて,「3人間関係の形成」や「5身体の動き」等の区分に示されている項目の中から必要な項目を選定し,それらを相互に関連付けて具体的な指導内容を設定することが大切である。

### (2) 言語の受容と表出に関すること

① この項目について

　「(2)言語の受容と表出に関すること。」は,話し言葉や各種の文字・記号等を用いて,相手の意図を受け止めたり,自分の考えを伝えたりするなど,言語を受容し表出することができるようにすることを意味している。

② 具体的指導内容例と留意点

　意思が相手に伝わるためには,伝える側が意思を表現する方法をもち,それを受ける側もその方法を身に付けておく必要がある。このように言語を受容したり,表出したりするための一般的な方法は音声や文字であるが,幼児児童生徒の障害の状態や発達の段階等に応じて,身振りや表情,指示,具体物の提示等非言語的な方法を用いる必要がある場合もある。

　脳性まひの幼児児童生徒の場合,言語障害を伴うことがあるが,その多くは意思の表出の困難である。内言語や言葉の理解には困難がないが,話し言葉が不明瞭であったり短い言葉を伝えるのに相当な時間がかかったりすることがある。こうした場合には,発語機能の改善を図るとともに,文字の使用や補助的手段の活用を検討して意思の表出を促すことが大切である。

　聴覚障害のある幼児児童生徒の場合,言葉を受容する感覚として視覚と保有する聴覚とがある。しかし,言葉の意味は単に視覚や聴覚による刺激を与えるだけで獲得されるわけではない。言葉を構成している音節や音韻の構造,あるいは文字に関する知識等を用いながら,言葉が使われている状況と一致させて,その意味を相手に適切に伝えていくことが大切である。また,意思の表出の手段の一つとして音声があるが,幼児児童生徒の障害の状態によって,その明瞭度は異なっている。したがって,こうしたことに配慮しつつ,音声だけでなく身振りを状況に応じて活用し,さらに,手話・指文字や文字等を活用して,幼児児童生徒が主体的に自分の意思を表出できるような機会を設けることが大切である。

構音障害のある場合，発声・発語器官（口腔器官）の微細な動きやそれを調整することが難しかったり，音韻意識の未熟さがあったりするため，正しい発音にならないことがある。そこで，構音運動を調整する力を高めたり，音韻意識を育て，音の弁別や自分の発音をフィードバックできるようにしたりして，正しい発音を定着させることが大切である。

③　他の項目との関連例
　自閉症のある幼児児童生徒の中には，他者の意図を理解したり，自分の考えを相手に正しく伝えたりすることが難しい者がいることから，話す人の方向を見たり，話を聞く態度を形成したりするなど，他の人との関わりやコミュニケーションの基礎に関する指導を行うことが大切である。その上で，正確に他者とやりとりするために，絵や写真などの視覚的な手掛かりを活用しながら相手の話を聞くことや，メモ帳やタブレット型端末等を活用して自分の話したいことを相手に伝えることなど，本人の障害の状態等に合わせて様々なコミュニケーション手段を用いることが有効である。また，相手の言葉や表情などから，相手の意図を推測するような学習を通して，周囲の状況や他者の感情に配慮した伝え方ができるようにすることも大切である。
　このように自閉症のある幼児児童生徒が，相手の意図を受け止め，自分の考えを伝えることができるようにするためには，話し言葉や絵，記号，文字などを活用できるように指導するとともに，一人一人の実態に応じて，この項目に加えて，「２心理的な安定」，「３人間関係の形成」及び「６コミュニケーション」等の区分に示されている項目の中から必要な項目を選定し，それらを相互に関連付けて具体的な指導内容を設定することが大切である。
　ＡＤＨＤのある幼児児童生徒の場合，思ったことをそのまま口にして相手を不快にさせるような表現を繰り返したりすることがある。このような要因としては，行動を調整したり，振り返ったりすることが難しいことや，相手の気持ちを想像した適切な表現の方法が身に付いていないことが考えられる。このような場合には，教師との個別的な場面や安心できる小集団の活動の中で，相手の話を受けてやりとりをする経験を重ねられるようにしたり，ゲームなどを通して適切な言葉を繰り返し使用できるようにしたりして，楽しみながら身に付けられるようにしていくことが大切である。また，こうした言葉のやり取りの指導を工夫するほか，体の動きを通して気持ちをコントロールする力を高めること，人と会話するときのルールやマナーを明確にして理解させること，会話中に相手の表情を気にかけることなどを指導することが大切である。したがって，ＡＤＨＤのある幼児児童生徒が，適切に自分の気持ちや考えを伝えるには，この項目の内容と「２心理的な安定」，「３人間関係の形成」，「４環境の把握」等の区分に示されている項目の

中から必要な項目を選定し，それらを相互に関連付けて具体的な指導内容を設定することが大切である。

## (3) 言語の形成と活用に関すること

① この項目について

「(3)言語の形成と活用に関すること。」は，コミュニケーションを通して，事物や現象，自己の行動等に対応した言語の概念の形成を図り，体系的な言語を身に付けることができるようにすることを意味している。

② 具体的指導内容例と留意点

コミュニケーションは，相手からの言葉や身振り，その他の方法による信号を受容し，それを具体的な事物や現象と結び付けて理解することによって始まる。したがって，言語の形成については，言語の受容と併せて指導内容・方法を工夫することが必要である。その際には，語彙や文法体系の習得に努めるとともに，それらを通して言語の概念が形成されることに留意する必要がある。

障害の状態が重度な場合には，話し言葉を用いることができず，限られた音声しか出せないことが多い。このような場合には，掛け声や擬音・擬声語等を遊びや学習，生活の中に取り入れて，自発的な発声・発語を促すようにすることも考えられる。また，ときには，物語や絵本を身振りなどを交えて読み聞かせることも大切である。

聴覚障害のある幼児児童生徒の場合，体験したことと日本語とを結び付けることが困難になりやすいことから，幼児児童生徒の主体性を尊重しながらも，教師など周りの人々による意図的な働き掛けが必要である。また，例えば，体験した出来事を文章（５Ｗ１Ｈ）で表現するために，まず手話で体験した出来事を表現し，その内容を日本語に置き換えながら文章を書くなど，手話を活用した日本語の指導も考えられる。「何を書くか（内容）」と「どのように書くか（日本語表現）」の両方を考える負担がかかり，なかなか文章を書き進めることができない幼児児童生徒に対しては，手話を活用することにより「何を書くか」を決めさせたのち，「どのように書くか」に専念して書かせる指導が考えられる。また，写真や絵などを見て分かったことや考えたことを学級で話し合い，それを文章で表現する指導なども考えられる。

言語発達に遅れのある幼児児童生徒の場合，語彙が少ないため自分の考えや気持ちを的確に言葉にできないことや相手の質問に的確に答えられないことなどがある。そこで，幼児児童生徒の興味・関心に応じた教材を活用し，語彙を増やしたり，言葉のやりとりを楽しんだりすることが必要である。特に，幼児の場合は，言語による直接的な指導以外に，絵画や造形活動，ごっこ遊びや模倣を通して，

やりとりの楽しさを知り，コミュニケーションの基礎的能力に関する項目と関連付けて具体的な指導内容を設定することが大切である。

　視覚障害により，視覚を活用した学習が困難な幼児児童生徒の場合，一面的な理解で，事物，事象や動作と言葉が結びつくことも少なくない。そこで，実際に体験ができるような教材・教具を工夫したり，触覚や聴覚，あるいは保有する視覚を適切に活用したりして，言葉の意味を正しく理解し，活用できるよう指導することが大切である。例えば，「さかな」という言葉の概念を形成するためには，切り身の「さかな」だけではなく，調理前の一尾そのままを触って，形や触感，においを確認したり，水中の魚に触れて動きを感じたりすることが大切である。その際，教師が幼児児童生徒のそれまでの経験を生かせるように，分かりやすい言葉を添えることで「さかな」についての理解が深まることになる。

　ＬＤのある児童生徒の場合，言葉は知っているものの，その意味を十分に理解せずに活用したり，意味を十分に理解していないことから活用できず，思いや考えを正確に伝える語彙が少ないことがある。そこで，実体験，写真や絵と言葉の意味を結び付けながら理解することや，ＩＣＴ機器等を活用し，見る力や聞く力を活用しながら言語の概念を形成するように指導することが大切である。

③　他の項目との関連例

　言葉の発達に遅れのある場合，コミュニケーションを円滑に行うことが難しい。このような要因としては，話す，聞く等の言語機能に発達の遅れや偏りがあるために，結果的に乳幼児期のコミュニケーションが十分に行われなかったことや言語環境が不十分なことが考えられる。このような場合には，自立活動担当の教師との安心できる場で言葉遊びを行ったり，作業や体験的な活動を取り入れたりすることが大切である。また，語彙の習得や上位概念，属性，関連語等の言語概念の形成には，生活経験を通して，様々な事物を関連付けながら言語化を行うことが大切である。そのためには，課題の設定を工夫して幼児児童生徒に「できた」という経験と自信をもたせ，コミュニケーションに対する意欲を高め，言葉を生活の中で生かせるようにしていくことが大切である。

　したがって，言葉の発達に遅れのある幼児児童生徒にコミュニケーションを通して適切な言語概念の形成を図り，体系的な言語を身に付けるようにするためには，この項目の内容と「２心理的な安定」，「３人間関係の形成」等の区分に示されている項目の中から必要な項目を選定し，それらを相互に関連付けて具体的な指導内容を設定することが大切である。

## (4) コミュニケーション手段の選択と活用に関すること

① この項目について

「(4)コミュニケーション手段の選択と活用に関すること。」は、話し言葉や各種の文字・記号、機器等のコミュニケーション手段を適切に選択・活用し、他者とのコミュニケーションが円滑にできるようにすることを意味している。

② 具体的指導内容例と留意点

近年、科学技術の進歩等により、様々なコミュニケーション手段が開発されてきている。そこで、幼児児童生徒の障害の状態や特性及び心身の発達の段階等に応じて、適切なコミュニケーション手段を身に付け、それを選択・活用して、それぞれの自立と社会参加を一層促すことが重要である。

例えば、音声言語の表出は困難であるが、文字言語の理解ができる児童生徒の場合、筆談で相手に自分の意思を伝えたり、文字板、ボタンを押すと音声が出る機器、コンピュータ等を使って、自分の意思を表出したりすることができる。なお、音声言語による表出が難しく、しかも、上肢の運動・動作に困難が見られる場合には、下肢や舌、顎の先端等でこれらの機器等を操作できるように工夫する必要がある。

視覚障害により点字を常用して学習する児童生徒の場合、キーボードでの入力や点字ディスプレイへの出力に慣れ、点字と普通の文字を相互変換したり、コンピュータの読み上げ機能を使って文書処理をしたりするなど、コンピュータを操作する技能の習得を図ることが大切である。さらには、点字携帯情報端末を学習や生活の様々な場面で活用することも考えられる。

弱視の幼児児童生徒の場合、自分にとって学習効率の良い文字サイズを知り、拡大文字の資料を必要とする場合などに、コンピュータの拡大機能などを使って、文字サイズ、行間、コントラスト等を調整し読みやすい資料を作成できるよう指導することが大切である。また、進行性の眼疾患等で普通の文字を使用した学習が困難になった場合は、適切な時期に使用文字を点字に切り替える等、学習効率を考えた文字選択の配慮が必要である。

聴覚障害の幼児児童生徒の場合、音声や手話、指文字、キュード・スピーチ等を使用して、周囲とのより円滑なコミュニケーションを図ることが考えられる。また、文字や絵等を用いて、自分の考えや意思を表すことも考えられる。その際、どのような手段を用いてコミュニケーションを適切かつ円滑に行うのかを考えるに当たっては、それぞれの手段のもつ特徴と、それを用いる幼児児童生徒の障害の状態や発達の段階等とを考慮することが大切である。さらに、幼児児童生徒が、状況に応じて主体的にコミュニケーション手段の選択と活用を図るようになるためには、そのコミュニケーション手段を用いることで、人とのやりとりがより円滑になる体験を積む機会を設けたり、どうすれば円滑なコミュニケーションが行えるのかについて、幼児児童生徒自身が体験を通して考え、相手に伝わりやすい

手段や伝え方を用いて伝えようとする機会を設けたりすることが大切である。

視覚と聴覚の両方に障害のある幼児児童生徒の場合，保有する視覚と聴覚の活用，触覚を活用したコミュニケーション手段が考えられる。触覚を活用したコミュニケーション手段として，身振りサインに触ること，手話や指文字に触れて読み取る触手話・触指文字，指点字等があるが，障害の状態や発達段階等を考慮して，適切なコミュニケーション手段の選択・活用に努めることが大切である。

知的障害のある幼児児童生徒の場合，対人関係における緊張や記憶の保持などの困難さを有し，適切に意思を伝えることが難しいことが見られるため，タブレット型端末に入れた写真や手順表などの情報を手掛かりとすることや，音声出力や文字・写真など，代替手段を選択し活用したコミュニケーションができるようにしていくことが大切である。

肢体不自由のある幼児児童生徒の場合，上肢操作の制限から，文字を書いたりキーボードで入力したりすることが困難となる。そこで，画面を一定時間見るために頭部を保持しながら，文字盤の中から自分が伝えたい文字を見ることで入力のできるコンピュータ等の情報機器を活用し，他者に伝える成功体験を重ねることが大切である。

進行性の病気の幼児児童生徒の場合，症状が進行して言葉による表出が困難になることがある。今後の進行状況を見極め，今まで出来ていたことが出来なくなることによる自己肯定感（自己を肯定的に捉える感情）の低下への心のケアに留意するとともに，コミュニケーション手段を本人と一緒に考え，自己選択・自己決定の機会を確保しながらコミュニケーション手段を活用する力を獲得して行くことも大切である。

自閉症の幼児児童生徒で，言葉でのコミュニケーションが困難な場合，まず，自分の意思を適切に表し，相手に基本的な要求を伝えられるように身振りなどを身に付けたり，話し言葉を補うために絵カードやメモ，タブレット端末等の機器等を活用できるようにしたりすることが大切である。また，順を追って説明することが困難であるため，聞き手に分かりやすい表現をすることができないことがある。そこで，簡単な絵に吹き出しや簡単なセリフを書き加えたり，コミュニケーションボード上から，伝えたい項目を選択したりするなどの手段を練習しておき，必要に応じてそれらの方法の中から適切なものを選んで使用することができるようにすることが大切である。

LDのある児童生徒の場合，読み書きの困難により，文章の理解や表現に非常に時間がかかることがある。そこで，コンピュータの読み上げ機能を利用したり，関係性と項目を図やシンボルなどで示すマインドマップのような表現を利用したりすることで，コミュニケーションすることに楽しさと充実感を味わえるようにしていくことが大切である。

③ 他の項目との関連例

　聴覚障害のある幼児児童生徒については，聴覚障害を補助する聴覚的な手段としての補聴器や人工内耳等，話し言葉を的確に受容するための視覚的な手段としての読話やキュード・スピーチ，指文字，手話等が単独もしくは組み合わせて用いられている。また，筆談など文字や絵等も確実なコミュニケーションを図るための手段として用いられている。さらには，近年は，必要に応じてコンピュータ等の情報機器を用いることも手段の一つとして考えられる。これらの選択・活用に当たっては，幼児児童生徒の聴覚障害の状態や発達の段階，進路希望等の本人の意思，保護者の考え等を総合的に勘案し，本人のもっている可能性を最大限に生かして，将来の自立や積極的な社会参加を目指した指導内容・方法の工夫を行うことが大切である。その際，積極的にコミュニケーションを図ろうとする意欲や自信の喚起，周囲に対する関心や人間関係の拡大等に留意するとともに，主体的に状況を判断し，適切に手段を組み合わせたり，変更したりすること等ができるようにしていくことも必要である。また，幼児児童生徒の発達の段階や興味・関心等に応じて，自ら適切な手段を選択し，組み合わせを変更できるようにしていくための場面を設定していくようにするなどの配慮も必要である。

　そこで，聴覚に障害がある幼児児童生徒に適切なコミュニケーション手段の選択・活用を指導するに当たっては，「1健康の保持」や「2心理的な安定」，「3人間関係の形成」，「4環境の把握」等の区分に示されている項目の中から必要な項目を選択し，それらを相互に関連付けて具体的な指導内容を設定することが大切である。

## (5) 状況に応じたコミュニケーションに関すること

① この項目について

　「(5)状況に応じたコミュニケーションに関すること。」は，コミュニケーションを円滑に行うためには，伝えようとする側と受け取る側との人間関係や，そのときの状況を的確に把握することが重要であることから，場や相手の状況に応じて，主体的にコミュニケーションを展開できるようにすることを意味している。

② 具体的指導内容例と留意点

　障害による経験の不足などを踏まえ，相手や状況に応じて，適切なコミュニケーション手段を選択して伝えたりすることや，自分が受け止めた内容に誤りがないかどうかを確かめたりすることなど，主体的にコミュニケーションの方法等を工夫することが必要である。こうしたことについては，実際の場面を活用したり，場を再現したりするなどして，どのようなコミュニケーションが適切であるかについて具体的に指導することが大切である。

また，友達や目上の人との会話，会議や電話などにおいて，相手の立場や気持ち，状況などに応じて，適切な言葉の使い方ができるようにしたり，コンピュータ等を活用してコミュニケーションができるようにしたりすることも大切である。

　視覚障害のある幼児児童生徒の場合，視覚的な情報の入手に困難があることから，場に応じた話題の選択や，部屋の広さや状況に応じた声の大きさの調節，話し方などに課題が見られることが少なくない。こうした場合，例えば，相手の声の様子や握手をした際の手の位置から，相手の体格や年齢などを推測して話を進めたり，声の響き方から，部屋の広さや相手との距離を判断して声の出し方を調節したりするなど，場や状況に応じた話し方を身に付ける指導を行う必要がある。

　ＬＤのある児童生徒の場合，話の内容を記憶して前後関係を比較したり類推したりすることが困難なため，会話の内容や状況に応じた受け答えをすることができない場合がある。このような場合には，自分で内容をまとめながら聞く能力を高めるとともに，分からないときに聞き返す方法や相手の表情にも注目する態度を身に付けるなどして，そのときの状況に応じたコミュニケーションができるようにすることが大切である。

　自閉症のある幼児児童生徒の場合，会話の内容や周囲の状況を読みとることが難しい場合があるため，状況にそぐわない受け答えをすることがある。そこで，相手の立場に合わせた言葉遣いや場に応じた声の大きさなど，場面にふさわしい表現方法を身に付けることが大切である。なお，その際には，実際の生活場面で，状況に応じたコミュニケーションを学ぶことができるような指導を行うことが大切である。

③　他の項目との関連例

　家庭などの生活の場では普通の会話ができるものの，学校の友達とは話すことができないなどの選択性かん黙の幼児児童生徒の場合，まず，気持ちが安定し，安心できる状況作りや信頼できる人間関係作りが重要である。その上で，幼児児童生徒が興味・関心のある事柄について，共感しながら一緒に活動したり，日記や作文などを通して気持ちや意思を交換したりする機会を多くすることが大切である。また，状況に応じて，筆談などの話し言葉以外のコミュニケーション手段を活用することも大切である。その際，幼児児童生徒が自信をもち，自己に対して肯定的なイメージを保つことができるような指導をすることが大切である。

　したがって，場や相手の状況に応じて，主体的なコミュニケーションを展開できるようにするには，この項目の内容と「２心理的な安定」や「３人間関係の形成」等の区分に示されている項目の中から必要な項目を選定し，それらを相互に関連させて具体的な指導内容を設定することが大切である。

　入院中の幼児児童生徒の中には，治療への不安だけでなく，自宅に帰ることが

できるのだろうか，入院前と同じ生活ができるのだろうか，学校での学習についていけるのだろうか，クラスの友達は自分のことを忘れていないだろうかなどの不安を抱えながら生活することが多い。しかし，不安の原因が分からない場合や気持ちを言語化することができない場合には，もやもやとした気持ちの状態が続いてしまうことがある。また，親には心配させたくない，治療に関わる看護師等には弱いところを見せたくないため強がりを言い続けることもある。このような不安を表出することができないことによるイライラとした気持ちが，周囲の友達や看護師，教師等への暴言や，物を投げつけるなどの攻撃的な行動につながることがある。

　特に入院直後は，このような不安を抱えることが多いので，先に入院していた幼児児童生徒の体験や気持ちの変化等を聞くことを通して，これらの行動や言葉の背景にある不安に気付かせ，遊びや話し合い等の中で，不安を言語化し，気持ちの安定につなげていくことが重要である。

　したがって，入院中の幼児児童生徒が状況に応じたコミュニケーションを展開できるようにするには，この項目の内容と「２心理的な安定」や「３人間関係の形成」等の区分に示されている項目の中から必要な項目を選定し，それらを相互に関連付けて具体的な指導内容を設定することが大切である。

　自閉症のある幼児児童生徒の場合，援助を求めたり依頼したりするだけでなく，必要なことを伝えたり，相談したりすることが難しいことがある。このような要因としては，思考を言葉にして目的に沿って話すことや他者の視点に立って考えることが苦手なことなどが考えられる。また，コミュニケーションにすれ違いが生じることが多いことから，話す意欲が低下していることが考えられる。このような場合には，日常的に報告の場面をつくることや相手に伝えるための話し方を学習すること，ホワイトボードなどを使用して気持ちや考えを書きながら整理していくことが大切である。また，こうしたコミュニケーションの基礎的な指導を工夫するほか，安心して自分の気持ちを言葉で表現する経験を重ね，相談することのよさが実感できるように指導していくことが大切である。また，自分のコミュニケーションの傾向を理解していくことも重要である。したがって，自閉症のある幼児児童生徒に，適切に報告したり相談したりする力を育てるには，この項目の内容と「２心理的な安定」，「３人間関係の形成」等の区分に示されている項目の中から必要な項目を選定し，それらを相互に関連付けて具体的な指導内容を設定することが大切である。

# 第7章　自立活動の個別の指導計画の作成と内容の取扱い

## ● 1　個別の指導計画の作成

**幼稚部教育要領（第2章の3の(1)）**

> 3　個別の指導計画の作成と内容の取扱い
> (1)　自立活動の指導に当たっては，個々の幼児の障害の状態や特性及び発達の程度等の的確な把握に基づき，指導すべき課題を明確にすることによって，指導のねらい及び指導内容を設定し，個別の指導計画を作成するものとする。その際，2に示す内容の中からそれぞれに必要とする項目を選定し，それらを相互に関連付け，具体的に指導内容を設定するものとすること。

　幼稚部における自立活動のねらい及び内容は，幼稚部教育要領の第2章に示す他の五つの領域すなわち，健康，人間関係，環境，言葉及び表現のねらい及び内容との関連を図り，具体的な活動を通して総合的に指導される場合と，この領域に重点を置いて指導される場合とに大別される。

　この規定の前段では，自立活動の指導に当たって，幼児一人一人の実態に基づいた個別の指導計画を作成することを示している。すなわち，幼稚部においては，自立活動に重点を置いて指導を行う場合はもとより，総合的に指導する場合においても，個別の指導計画に基づいて指導する必要がある。

　個別の指導計画の作成の手順や様式は，それぞれの学校が幼児の障害の状態や発達の段階等を考慮し，指導上最も効果が上がるように考えるべきものである。

　したがって，ここでは，手順の一例を示すこととする。

① 個々の幼児の実態（障害の状態，発達や経験の程度，生育歴等）を的確に把握する。
② 実態把握に基づいて指導すべき課題を抽出し，課題相互の関連を整理する。
③ 個々の実態に即した指導のねらいを明確に設定する。
④ 幼稚部教育要領第2章自立活動の2の内容の中から，個々の指導のねらいを達成するために必要な項目を選定する。
⑤ 選定した項目を相互に関連付けて具体的な指導内容を設定する。
⑥ 他の領域との関連を図り，指導上留意すべき点を明確にする。

　後段では，個別の指導計画に盛り込まれる指導内容は，個々の幼児が必要とする項目を自立活動の内容の中から選定し，それらを相互に関連付け，具体的に設定するよう示している。

自立活動の内容は，人間としての基本的な行動を遂行するために必要な要素と障害による学習上又は生活上の困難を改善・克服するために必要な要素を挙げ，それらを分類・整理したものである。自立活動の六つの区分は，実際の指導を行う際の「指導内容のまとまり」を意味しているわけではない。つまり，「１健康の保持」，「２心理的な安定」，「３人間関係の形成」，「４環境の把握」，「５身体の動き」又は「６コミュニケーション」のそれぞれの区分に従って指導計画が作成されることを意図しているわけではないので，この点に留意する必要がある。

### 小学部・中学部学習指導要領（第７章第３の１）

> 第３　個別の指導計画の作成と内容の取扱い
> １　自立活動の指導に当たっては，個々の児童又は生徒の障害の状態や特性及び心身の発達の段階等の的確な把握に基づき，指導すべき課題を明確にすることによって，指導目標及び指導内容を設定し，個別の指導計画を作成するものとする。その際，第２に示す内容の中からそれぞれに必要とする項目を選定し，それらを相互に関連付け，具体的に指導内容を設定するものとする。

自立活動の指導における個別の指導計画の作成は，まず，個々の児童生徒の実態把握に基づき，指導すべき課題を整理し，指導目標を明らかにした上で，自立活動の第２に示す内容の中から必要な項目を選定し，それらを相互に関連付けて具体的な指導内容を設定するものである。

個別の指導計画の作成の手順や様式は，それぞれの学校が児童生徒の障害の状態や発達の段階等を考慮し，指導上最も効果が上がるように考えるべきものである。したがって，ここでは，手順の一例を示すこととする。

① 個々の児童生徒の実態（障害の状態，発達や経験の程度，生育歴等）を的確に把握する。
② 実態把握に基づいて指導すべき課題を抽出し，課題相互の関連を整理する。
③ 個々の実態に即した指導目標を明確に設定する。
④ 小学部・中学部学習指導要領第７章第２の内容の中から，個々の指導目標を達成するために必要な項目を選定する。
⑤ 選定した項目を相互に関連付けて具体的な指導内容を設定する。

自立活動の内容は，人間としての基本的な行動を遂行するために必要な要素と障害による学習上又は生活上の困難を改善・克服するために必要な要素を挙げ，それらを分類・整理したものである。自立活動の六つの区分は，実際の指導を行う際の「指導内容のまとまり」を意味しているわけではないので，この点に留意

する必要がある。

　例えば，視覚障害のある児童生徒にとっての歩行は，単に足で歩くという移動動作のみが関与しているわけではない。安全に能率よく目的地まで歩くためには，移動に伴って変化する周囲の環境をいかに的確に把握するかが重要な点になる。また，必要に応じて，道に迷った場合に近くにいる人に尋ねたり，駅のホームなど危険が予想される場所で援助を求めたりなどのコミュニケーションの技能等も求められる。さらに，こうした指導を通して，一人で歩けるという自信がつけば，心理的にも安定し，障害による学習上又は生活上の困難を改善・克服しようとする意欲にもつながっていくものである。このように，視覚に障害がある児童生徒の歩行という指導内容は，自立活動に示されている「4 環境の把握」，「5 身体の動き」はもとより「6 コミュニケーション」や「2 心理的な安定」等に区分されている自立活動の内容とも密接にかかわっている。

　したがって，これらの内容の中から必要な項目を選定し，それらを相互に関連付けて，視覚障害のある児童生徒の歩行という指導内容を設定することが求められているのである。

　こうした「第2に示す内容の中からそれぞれに必要とする項目を選定し，それらを相互に関連付け」ることは，どのような指導内容を設定する場合にも大切にしなければならない点である。

　例えば，言葉の指導においても，具体的な事物・事象や動作等と結び付けて，正しいイメージや概念に裏付けられた言葉の獲得を促さなければならない。つまり，単に「6 コミュニケーション」の区分の下に示されている項目のみならず，「4 環境の把握」や「5 身体の動き」等の区分の下に示されている項目の中からも必要な項目を選定し，それらを相互に関連付けた具体的な指導内容を設定することによって，日常生活や学習の中で，生き生きと活用できる言葉の指導が展開できるのである。

## 2　個別の指導計画の作成手順

### 幼稚部教育要領（第2章の3の(2)）

> (2)　個別の指導計画の作成に当たっては，次の事項に配慮するものとすること。

**小学部・中学部学習指導要領（第7章第3の2）**

> 2　個別の指導計画の作成に当たっては，次の事項に配慮するものとする。

　第3の2（幼稚部は3の(2)）では，自立活動の指導に当たっては，個別の指導計画を作成することを明確にしており，従前はこれに続けて，「指導内容を設定する際の配慮事項」が示されていた。

　また，前回の改訂では，個別の指導計画の作成の手順について分かりやすく示す観点から，従前の「指導内容を設定する際の配慮事項」を含めて，「幼児児童生徒の実態の把握」，「指導目標（ねらい）の設定」，「具体的な指導内容の設定」，「評価」という個別の指導計画に基づく指導の展開に従って配慮事項を示すよう改めた。

　今回の改訂では，個別の指導計画を作成する上で，「幼児児童生徒の実態の把握」，「指導すべき課題の抽出」，「指導目標（ねらい）の設定」，「具体的な指導内容の設定」までの手続きと手続きの間をつなぐ要点を示すよう改めた。

　個別の指導計画に基づく指導は，計画（Plan）－実践（Do）－評価（Check）－改善（Action）のサイクルで進められなければならない。

　まず，幼児児童生徒の実態把握に基づいて指導すべき課題を抽出する。そして，これまでの学習の状況や将来の可能性を見通しながら，指導すべき課題の相互の関連を検討し，長期的及び短期的な観点から指導目標（ねらい）を設定した上で，具体的な指導内容を検討して計画が作成される。作成された個別の指導計画に基づいた実践の過程においては，常に幼児児童生徒の学習状況を評価し指導の改善を図ることが求められる。さらに，評価を踏まえて見直された計画により，幼児児童生徒にとってより適切な指導が展開されることになる。すなわち，評価を通して指導の改善が期待されるのである。

　このように，個別の指導計画に基づく指導においては，計画（Plan）－実践（Do）－評価（Check）－改善（Action）のサイクル（以下「ＰＤＣＡサイクル」という。）を確立し，適切な指導を進めていくことが極めて重要である。

## (1) 幼児児童生徒の実態把握
**幼稚部教育要領（第2章の3の(2)のア）**

> ア　個々の幼児について，障害の状態，発達や経験の程度，興味・関心，生活や学習環境などの実態を的確に把握すること。

**小学部・中学部学習指導要領（第7章第3の2の(1)）**

> (1) 個々の児童又は生徒について，障害の状態，発達や経験の程度，興味・関心，生活や学習環境などの実態を的確に把握すること。

　個々の幼児児童生徒の実態把握は，すべての教育活動に必要なことであるが，自立活動の指導に当たっては，実態の的確な把握に基づいて，個別の指導計画を作成することから特に重要である。

　幼児児童生徒の障害の状態は，一人一人異なっている。自立活動では，それぞれの障害による学習上又は生活上の困難を主体的に改善・克服することを目標にしているので，必然的に一人一人の指導内容・方法も異なってくる。そのため，個々の幼児児童生徒について，障害の状態，発達や経験の程度，興味・関心，生活や学習環境などの的確な把握が求められている。ここに実態把握の目的があり，実態把握の内容やその範囲は自立活動の指導を行う観点から明確に整理する必要がある。

　実態把握をする際に収集する情報の内容としては，病気等の有無や状態，生育歴，基本的な生活習慣，人やものとのかかわり，心理的な安定の状態，コミュニケーションの状態，対人関係や社会性の発達，身体機能，視機能，聴覚機能，知的発達や身体発育の状態，興味・関心，障害の理解に関すること，学習上の配慮事項や学力，特別な施設・設備や補助用具（機器を含む。）の必要性，進路，家庭や地域の環境等様々なことが考えられる。

　その際，幼児児童生徒が困難なことのみを観点にするのではなく，長所や得意としていることも把握することが大切である。

　幼児児童生徒の実態把握の方法としては，観察法，面接法，検査法等の直接的な把握の方法が考えられるが，それぞれの方法の特徴を十分に踏まえながら目的に即した方法を用いることが大切である。幼児児童生徒の実態を的確に把握するに当たって，保護者等から生育歴や家庭生活の状況を聞いたり，保護者の教育に対する考えを捉えたりすることは欠くことができないことである。保護者から話を聞く際には，その心情に配慮し共感的な態度で接することが大切である。

　また，教育的立場からの実態把握ばかりでなく，心理学的な立場，医学的な立場からの情報を収集したり，幼児児童生徒が支援を受けている福祉施設等からの情報を収集したりして実態把握を行うことも重要である。

　しかしながら，幼児児童生徒の実態把握や情報収集が多岐にわたって十分に行われていないと，個別の指導計画が作成できないというわけではない。その時点で把握できた実態や収集できた情報に基づいて個別の指導計画を作成し，それに基づく指導を通して，実態把握を更に深化させ，個別の指導計画を修正していく

という柔軟な対応も大切である。その際，当該学年よりも前の各学年までの個別の指導計画を参考にして，これまで何を目標に学んできたのか，学んで身に付いたこと，学んで身に付きつつあること，まだ学んでいないことなど，その学習の記録を引き継いで指導すべき課題の整理に生かしていく視点も大切である。また，把握した実態から今指導すべき課題を整理する視点としては，数年後の幼児児童生徒の学びの場や生活の場などを想定し，そこで必要とされる力や目指す姿を明らかにすることも必要である。

なお，このようにして得られた情報は，実際の指導に生かされることが大切であり，個別の指導計画を作成するために必要な範囲に限定するとともに，個人情報の保護の観点から，その情報の適切な管理についても十分留意する必要がある。

## (2) 指導目標（ねらい）の設定
### 幼稚部教育要領（第2章の3の(2)のイ）

> イ　幼児の実態把握に基づいて得られた指導すべき課題相互の関連を検討すること。その際，これまでの学習状況や将来の可能性を見通しながら，長期的及び短期的な観点から指導のねらいを設定し，それらを達成するために必要な指導内容を段階的に取り上げること。

### 小学部・中学部学習指導要領（第7章第3の2の(2)）

> (2)　児童又は生徒の実態把握に基づいて得られた指導すべき課題相互の関連を検討すること。その際，これまでの学習状況や将来の可能性を見通しながら，長期的及び短期的な観点から指導目標を設定し，それらを達成するために必要な指導内容を段階的に取り上げること。

ア　指導すべき課題相互の関連の検討

　自立活動の個別の指導計画を作成する上で，最も重要な点が，実態把握から指導目標（ねらい）を設定するまでのプロセスにある。学習指導要領等には，自立活動について，教科のように目標の系統性は示されていない。そのため，幼児児童生徒一人一人の自立活動における指導の継続性を確保するには，個別の指導計画を確実に引き継いでいく必要がある。つまり，個別の指導計画を通して，前年度までの指導担当者が，その幼児児童生徒の実態をどのように捉え，なぜその指導目標（ねらい）を設定することにしたのかといった，設定に至る考え方を指導担当者間で共有していくことで，指導の根拠を明らかにしやすくなると考えられ

る。このため今回の改訂においては，個別の指導計画の作成の手順の中に，実態把握から指導目標（ねらい）を設定する過程において，指導すべき課題を整理する手続きを導入し，指導目標（ねらい）を設定するに至る判断の根拠を記述して残すことについて新たに示した。

実態把握の情報を収束していく方法としては，演繹法，帰納法，因果法，時系列法等の情報を収束する技法が考えられるが，それぞれの方法の特徴を十分に踏まえながら目的に即した方法を用いることが大切である。

幼児児童生徒の実態把握から課題を焦点化していくに当たって，指導開始時点までの学習の状況から，幼児児童生徒の「できること」「もう少しでできること」「援助があればできること」「できないこと」などが明らかになる。これらのうちから，その年度の指導目標（ねらい）の設定に必要な課題に焦点を当て，中心となる課題を選定していく。そのため，何に着目して課題の焦点化を行うか，その視点を校内で整理し共有することが必要である。

例えば，「もう少しでできること」のうち，その課題が改善されると発達が促され，他の課題の改善にもつながっていくものを中心的な課題として捉えてみるということが考えられる。また，「援助があればできること」のうち，幼児児童生徒の障害の状態等を踏まえれば現状を維持していくことが妥当であるものや，「できないこと」のうち，数年間指導を継続してきたにも関わらず習得につながる変化が見られないものなどは，指導すべき課題の対象から外してみるということなども考えられる。また，現在の姿から数年後や卒業後に目指す姿との関連が弱い課題を指導すべき対象から除いていく考え方もある。いずれにしても，対象となる幼児児童生徒の現在の姿のみにとらわれることなく，そこに至る背景や，学校で指導可能な残りの在学期間，数年後や卒業後までに育みたい力との関係など，幼児児童生徒の中心的な課題を整理する視点を明確にしていく必要がある。

このような手続きを踏まえ，指導すべき課題として抽出された課題については，課題同士の関連，指導の優先，指導の重点の置き方等について検証していくことが大切である。一つ一つの課題は，単独で生じている場合も考えられるが，相互の課題が関連している場合もある。関連の仕方には，原因と結果の関係，相互に関連し合う関係などが見られる。こうした因果関係等を整理していくことで，他の多くの課題と関連している課題の存在や，複数の課題の原因となっている課題の存在などに注目しやすくなる。また，中心的な課題に対する発展的な課題の見通しなどももちやすくなる。

このような分析や整理を進めていくためには，特定の教師だけに任せることなく，複数の教師で検討する学校のシステムを構築していくことが望まれる。

イ　指導目標（ねらい）の設定と目標達成に必要な項目の選定

第7章
自立活動の個別の
指導計画の作成と
内容の取扱い

　指導目標（ねらい）の設定に当たっては，個々の幼児児童生徒の実態把握に基づいて整理・抽出された指導すべき課題を踏まえ，幼稚部，小学部，中学部，高等部の各部の在学期間，学年等の長期的な観点に立った指導目標（ねらい）とともに，当面の短期的な観点に立った指導目標（ねらい）を定めることが，自立活動の指導の効果を高めるために必要である。

　この場合，個々の幼児児童生徒の障害の状態等は変化し得るものであるので，特に長期の指導目標（ねらい）については，今後の見通しを予測しながら，指導すべき課題を再整理し，指導目標（ねらい）を適切に変更し得るような弾力的な対応が必要である。

　長期的な観点に立った指導目標（ねらい）を達成するためには，個々の幼児児童生徒の実態に即して必要な指導内容を段階的，系統的に取り上げることが大切である。すなわち，段階的に短期の指導目標（ねらい）が達成され，それがやがて長期の指導目標（ねらい）の達成につながるという展望が必要である。それらの展望を描く際には，アで整理した指導すべき課題相互の関連を参考に，第2に示す「内容」の中から必要な項目を選定すると分かりやすい。

　このように，具体的な指導目標（ねらい）を設定し，それを達成するために必要な項目を選定するに当たっては，その幼児児童生徒の現在の状態に着目するだけではなく，その生育の過程の中で，現在の状態に至った原因や背景を明らかにし，障害による学習上又は生活上の困難の改善・克服を図るようにすることも大切である。

　また，その幼児児童生徒の将来の可能性を広い視野から見通した上で，現在の発達の段階において育成すべき具体的な指導目標（ねらい）とそれを達成するために必要な項目を選定し，重点的に指導することが大切である。この場合，その幼児児童生徒の将来の可能性を限定的に捉えるのではなく，技術革新や社会の発展を考慮し，長期的な観点から考えることが重要である。

　幼稚部においては，指導のねらいと指導内容のそれぞれを，総合的な指導として取り上げるべきか，自立活動の内容に重点を置いた指導として取り上げるべきかについても検討する必要がある。いずれの形で指導を行う場合においても，幼児の主体性を重んじ，機械的な反復練習にならないよう留意し，自然な形で活動が展開されるようにしなければならない。

　なお，幼稚部，小学部，中学部，高等部と継続的に指導していく過程で指導内容の重複や欠落がないように，個々の幼児児童生徒の個別の指導計画に基づく指導記録を個人ファイルなどで適切に管理し，それまでの指導を生かすようにすることが重要である。

## (3) 具体的な指導内容の設定
### 幼稚部教育要領（第２章の３の(2)のウ）

> ウ　具体的な指導内容を設定する際には，以下の点を考慮すること。

### 小学部・中学部学習指導要領（第７章第３の２の(3)）

> (3)　具体的な指導内容を設定する際には，以下の点を考慮すること。

　個別の指導計画の作成においては，個々の幼児児童生徒に長期的及び短期的な観点から指導目標（ねらい）を定め，その達成のために必要な項目を段階的に取り上げることが重要である。

　自立活動の指導に当たっては，第２に示す「内容」の中から必要な項目を選定し，それらを相互に関連付け，具体的な指導内容を設定することとなるが，その際の配慮事項を示している。

　以下に，これらの項目について述べる。

### ア　主体的に取り組む指導内容
#### 幼稚部教育要領（第２章の３の(2)のウの(ｱ)）

> (ｱ)　幼児が，興味をもって主体的に取り組み，成就感を味わうとともに自己を肯定的に捉えることができるような指導内容を取り上げること。

#### 小学部・中学部学習指導要領（第７章第３の２の(3)のア）

> ア　児童又は生徒が，興味をもって主体的に取り組み，成就感を味わうとともに自己を肯定的に捉えることができるような指導内容を取り上げること。

　幼稚部においては，一人一人の幼児の実態に即した環境を設定し，幼児はその環境とのかかわりにおいて自発性や自主性を発揮した活動を展開し，これらの活動を通して具体的な指導のねらいに迫ることが求められている。自立活動の指導においても，この点を大切にするとともに，幼児が結果を予測したり，確かめたりすることのできる具体的な指導内容を設定するなどして，成就感や満足感を味わうことができるようにすることも重要である。この成就感や満足感は，次の活

動への意欲につながるものとして非常に大切なものである。

　小学部，中学部においては，自立活動の指導の効果を高めるため，児童生徒が興味をもって主体的に活動し，しかも成就感を味わうことができるようにする必要がある。

　児童生徒が意欲的，主体的に自分の学習課題に取り組めるようにするには，児童生徒が自分の課題，つまり，具体化された学習課題を認識し，自覚できるようにすることが大切である。自分が何のために，何をするのかを理解し，学習への意欲がわいてくるような指導内容を取り上げることが大切である。したがって，児童生徒が自分のなすべきことを意識し，努力の結果，課題が達成できたという成就感を味わうことができるようにするためには，次のような点に配慮しながら指導内容を設定することが必要である。

(ｱ) 児童生徒にとって解決可能で，取り組みやすい指導内容にすること。児童生徒にとって余りに課題が容易すぎても進歩は望めないし，難しすぎても意欲を喪失させてしまうことになるので，この点に留意することが大切である。

(ｲ) 児童生徒が興味・関心をもって取り組めるような指導内容にすること。児童生徒が自ら進んで意欲的に取り組もうとする自発性を促すために，例えば，指導の段階を細分化する，興味を引くような教材・教具を準備する，称賛や激励を適宜行うなどの動機付けが行われることが多いが，こうした外的な動機付けから始めて，次第に主体性や意欲を高めるようにすることが重要である。

(ｳ) 児童生徒が，目標を自覚し，意欲的に取り組んだことが成功に結び付いたということを実感できる指導内容にすること。児童生徒が成就感を味わうためには，自分の課題達成の度合いを理解できるようにする必要がある。そのためには，いわゆる自己評価ができるように課題を細分化し，達成度を分かりやすくすることが大切である。また，わずかな進歩であっても，褒めたり励ましたりすることを忘れてはならない。

　自己に対する肯定的なイメージを育てることについては，これまで小学部，中学部において示していたが，より早期から行うことが大切であることから，今回の改訂で，幼稚部においても「自己を肯定的に捉えることができるような指導内容を取り上げること」を新たに示した。

　「自己を肯定的に捉える」感情は，自分にもよいところがあると認める感情であり，自己肯定感や自己有能感と言われることもある。自己を肯定的に捉えることができるような指導は，幼稚部の各領域や小学部，中学部の各教科等の指導も含め学校の教育活動全体を通して行われなければならないが，自立活動の指導においては特に重視されなければならないことである。障害のある幼児児童生徒の自己に対するイメージは，障害をどのように捉えるかということに大きく影響を受ける。ときには，障害のある自分をひどく他者から劣っていると思うこともあ

り，自分を肯定的に捉えられないことも少なくない。

　自立活動の指導は，障害による学習上又は生活上の困難と向き合い，その困難の改善・克服を目指す指導であるから，どのようなことを課題とし，どのように学習活動に取り組み，その結果をどのように受け止めるかということは，自己に対するイメージの形成に深くかかわることになる。自己を肯定的に捉える感情は，一般に，自分のよいところを認められる段階から，自分のよいところも悪いところも含めて自分であることを肯定できる段階に移っていく。したがって，幼児児童生徒が自己に対してどのような感情を抱いているのかを把握し，成長に即して自己を肯定的に捉える感情を高められるような指導内容を検討することが大切である。

　このような指導としては，例えば，幼児が繰り返し取り組んでできるようになったことや，その過程で見られた変化などを教師がしっかりと称賛することで，幼児が自分の存在を認められ，受け入れられているという安心感などを得られるようにすることが考えられる。児童生徒においては，自立活動の学習に取り組む自分について振り返る機会を適宜設定して，がんばっている自分を確認したり，過去と比較して成長していることを実感できるようにしたりすることが考えられる。

　また，児童生徒の意見を取り入れながら自立活動の学習課題を設定することも，障害に対する認識や自分の得意な面及び不得意な面などに対する認識を促すことになり，自己を肯定的に捉える感情を高めることにつながる。

　さらに，同じ障害のある年長者がモデルとなって自己を肯定的に捉えていくきっかけになることもあるので，特に中学部では先輩の話を聞く機会を設けることも有効な方法の一つと考えられる。

　一方，自己を客観的に捉えられるようにすることも大切である。自己を肯定的に捉える感情は，自分のよいところも悪いところも含めて自分であることを肯定できるものであるが，同時に自己を他者との比較や何らかの基準によって客観的に捉えられるようにすることも必要であり，発達の段階に応じて適切に指導することが求められる。

### イ　改善・克服の意欲を喚起する指導内容
**小学部・中学部学習指導要領（第7章第3の2の(3)のイ）**

> イ　児童又は生徒が，障害による学習上又は生活上の困難を改善・克服しようとする意欲を高めることができるような指導内容を重点的に取り上げること。

　障害による学習上又は生活上の困難を改善・克服しようとすることは，自立活

動の目標にも示されている重要な観点である。このため，障害による学習上又は生活上の困難を改善・克服しようとする意欲を高めることが大切であり，具体的な指導内容の設定に当たっても，その意欲を喚起できるようにすることに重点を置く必要がある。この場合，単なる座学や抽象的な知識・理解によって育てるだけではなく，実際的な経験等の具体的な学習活動を通して指導することが効果的である。

### ウ　発達の進んでいる側面を更に伸ばすような指導内容
#### 幼稚部教育要領（第２章の３の(2)のウの(イ)）

> (イ)　個々の幼児が，発達の遅れている側面を補うために，発達の進んでいる側面を更に伸ばすような指導内容を取り上げること。

#### 小学部・中学部学習指導要領（第７章第３の２の(3)のウ）

> ウ　個々の児童又は生徒が，発達の遅れている側面を補うために，発達の進んでいる側面を更に伸ばすような指導内容を取り上げること。

　具体的な指導内容の設定に当たっては，幼児児童生徒の発達の遅れている側面を補うために発達の進んでいる側面を更に伸ばすような指導内容を設定することが大切である。「障害による学習上又は生活上の困難を改善・克服する」というと，一般に発達の遅れている側面や改善の必要な障害の状態に着目しがちである。しかしながら，幼児児童生徒の発達の遅れた側面やできないことのみにとらわれて，これを伸ばしたり，改善したりすることのみを指導目標（ねらい）にすると，幼児児童生徒は苦手なことやつらいことを繰り返し行うことになり，効果が現れるのに必要以上の時間を要したり，方法によっては幼児児童生徒の活動や学習への意欲を低下させ，劣等感をもたせたりすることも考えられる。

　人間の発達は，諸々の側面が有機的に関連し合っており，発達の進んでいる側面を更に促進させることによって，幼児児童生徒が自信をもって活動や学習に取り組むなど，意欲を喚起し，遅れている面の伸長や改善に有効に作用することも少なくない。したがって，具体的な指導内容の設定に際しては，個々の幼児児童生徒の発達の進んでいる側面にも着目し，個別の指導計画を作成することが大切である。

　これは，幼児児童生徒の発達の遅れている側面や改善の必要な障害の状態に対して取り組まなくてよいということではなく，幼児児童生徒が自信をもって意欲

的に取り組む態度を育成するとともに，少し努力すれば達成できそうな指導目標（ねらい）や指導内容の設定を行うなど，改善・克服のための取組も併せて必要だということである。常にPDCAサイクルを意識しながら，幼児児童生徒の学習の状況等を評価し，課題を改善していくことは，教師に求められる専門性の一つでもある。

### エ　自ら環境と関わり合う指導内容
**幼稚部教育要領（第2章の3の(2)のウの(ウ)）**

> (ウ)　幼児が意欲的に感じ取ろうとしたり，気が付いたり，表現したりすることができるような指導内容を取り上げること。

　障害による学習上又は生活上の困難を改善・克服するためには，困難を改善・克服するために必要な知識，技能，態度及び習慣を身に付けるとともに，安心して活動しやすいよう環境を整えることが重要である。

　幼児期においては，自ら人やものなどの環境と関わり合う体験が，環境や自己に対する気付きにつながり，自ら環境を整える力の素地となるものである。このため，今回の改訂においては，自ら環境を整える力の素地を培うことを目指し，自ら環境と関わり合う指導内容を取り上げることを幼稚部においても明示した。

　幼稚部においては，環境を通して教育を行うものであることから，自立活動の指導においても，この点を大切にし，幼児が繰り返し見たり，聞いたり，触れたりするなどができる指導内容を設定し，周囲の人やものなどの環境に親しみ，興味をもって関わることできるようにすることが重要である。

### オ　自ら環境を整える指導内容
**小学部・中学部学習指導要領（第7章第3の2の(3)のエ）**

> エ　個々の児童又は生徒が，活動しやすいように自ら環境を整えたり，必要に応じて周囲の人に支援を求めたりすることができるような指導内容を計画的に取り上げること。

　障害による学習上又は生活上の困難を改善・克服するためには，児童生徒が，困難を改善・克服するために必要となる知識・技能等を身に付けるとともに，活動しやすいように環境を整えることが重要である。このような観点は，これまでも必要とされてきたが，障害のある人々を取り巻く社会的状況の変化の中で，障害の状態を捉える上で環境要因が重視されていることや，周囲のサポートを得な

がら自分らしく生きるという考え方が広がっていることを踏まえ，前回の改訂において明示したものである。

具体的には，弱視の児童生徒が読書をする場合，適切な明るさを確保するために照明等の準備をしたり，準備が一人でできない場合に他者への依頼の仕方を学んだりすることを指している。また，自閉症のある児童生徒が，不快に感じる音や光，雰囲気等を避けるために場所を移動したり，移動することを周囲の人に伝えたりすることを学習することもその例である。

環境を整えて活動しやすいようにすることは，児童生徒自身が行う場合と周囲の人に依頼してやってもらう場合が考えられる。自立活動は，自立を目指した主体的な活動であり，まず，児童生徒自ら環境に働き掛けられるような力をはぐくむことが大切である。児童生徒が自ら行おうとする活動について，適した場所の選択，不要なものの除去，明かりや音などの室内環境の調整，道具や補助用具の選択と配置などに気を付け，実際に身の回りの環境を整えることができるように段階的に指導する必要がある。

また，自分だけで活動しやすい環境がつくれない場合は，周囲の人に依頼をして環境を整えていくことを指導することが必要となる。この場合，単に依頼の仕方を教えるだけに終わってはならない。求める環境は，自分自身で判断しなければならないので，調整のためには再依頼をしなければならないこともあることなどを体験的に学習できるようにすることが必要である。さらに，他者に支援を依頼することを経験するだけでなく，その反対に他者からの依頼を受けて支援を行う経験をすることにより，依頼を受ける側の心情にも配慮できるように指導することが大切である。

### カ　自己選択・自己決定を促す指導内容
#### 小学部・中学部学習指導要領（第7章第3の2の(3)のオ）

> オ　個々の児童又は生徒に対し，自己選択・自己決定する機会を設けることによって，思考・判断・表現する力を高めることができるような指導内容を取り上げること。

児童生徒の障害の状態や特性及び心身の発達の段階等により，指示を理解することが困難で行動できなかったり，聞こえないことから判断できなかったりすることがある。そのような経験を重ねていくと，自ら判断する力や聞く態度が育成されないばかりか，主体的に取り組もうという意欲も減退させることがある。

児童生徒が指導目標を自覚し，改善・克服するための方法等について，自ら選んだり，ものごとを決定して実行したりすることは，学びを深め，確実な習得を

図ることにつながることにもなる。

例えば，心臓疾患のある児童生徒の中には，幼い頃から治療をしていても，自分の体調や病気の状況について説明することが難しい児童生徒がいる。病気の自己管理は大切であり，その上で自らの活動を選択し，人に伝える力が必要である。そのためにも，自分の体調や病気の状況について正しく捉えるとともに，日ごろから体調や病気の状況を記録したり，人に伝えたりするなどの表現方法を身に付けることで，体調のほか病気の状況を自覚し，今の状況で何ができるか，どの程度できるかを的確に判断する力を身に付けられるよう指導することが大切である。

**キ　自立活動を学ぶことの意義について考えさせるような指導内容**
**小学部・中学部学習指導要領（第7章第3の2の(3)のカ）**

> カ　個々の児童又は生徒が，自立活動における学習の意味を将来の自立や社会参加に必要な資質・能力との関係において理解し，取り組めるような指導内容を取り上げること。

障害のある児童生徒が自立し，社会参加するには，各教科等で学ぶ知識や技能等の他に，障害による学習上又は生活上の困難を改善・克服する力を身に付けていく必要がある。そうした困難に対応する力を児童生徒が主体的に学べる機会が自立活動の指導である。

よって，自立活動での学習が，将来の自立や社会参加にどのように結び付いていくのか，児童生徒が自らその関係を理解して，学習に取り組むことができるように指導内容を取り上げていくことが必要である。

例えば，「6コミュニケーション」の項目である「(1)コミュニケーションの基礎的能力に関すること。」について学ぶ中で，発声や指差し，身振りやしぐさなどをコミュニケーション手段として適切に活用していくことは，児童生徒が自立と社会参加を果たす上で様々な人と関わる際に，欠かすことのできない基盤となる力である。このように自立活動を学ぶことの意味に自ら気付き，目的意識をもって，主体的に学習に取り組めるようにしていくことは，児童生徒の自立活動に対する学習に取り組む力を高め，将来の自立と社会参加を実現する又は果たす上で非常に重要である。

このようなことは，重複障害者のうち自立活動を主として指導を行う場合でも同様である。個々の児童生徒本人に可能な手段でコミュニケーションを図り，本人の思いや願い，将来に向けた希望等に耳を傾けながら，長期的な視点に立って指導に当たることにより，児童生徒が，自己を的確に捉え，自己の成長に気付くことにもつながると考えられる。そのため，表出できたかどうかという知識や技

能面だけでなく，指導目標の達成に向けて取り組もうとしている意欲や，解決しようとしている態度等を丁寧に見極め，評価していくことが大切である。また，児童生徒が現在もっている力を最大限に生かしながら，活動の幅を広げていくことも重要な視点である。

## (4) 評価
### 幼稚部教育要領（第2章の3の(2)のエ）

> エ　幼児の学習状況や結果を適切に評価し，個別の指導計画や具体的な指導の改善に生かすよう努めること。

### 小学部・中学部学習指導要領（第7章第3の2の(4)）

> (4)　児童又は生徒の学習状況や結果を適切に評価し，個別の指導計画や具体的な指導の改善に生かすよう努めること。

　自立活動における幼児児童生徒の学習の評価は，実際の指導が個々の幼児児童生徒の指導目標（ねらい）に照らしてどのように行われ，幼児児童生徒がその指導目標（ねらい）の実現に向けてどのように変容しているかを明らかにするものである。
　また，幼児児童生徒がどのような点でつまずき，それを改善するためにどのような指導をしていけばよいかを明確にしようとするものでもある。
　自立活動の指導は，教師が幼児児童生徒の実態を的確に把握した上で個別の指導計画を作成して行われるが，計画は当初の仮説に基づいて立てた見通しであり，幼児児童生徒にとって適切な計画であるかどうかは，実際の指導を通して明らかになるものである。したがって，幼児児童生徒の学習状況や指導の結果に基づいて，適宜修正を図らなければならない。
　指導の結果や幼児児童生徒の学習状況を評価するに当たっては，指導目標（ねらい）を設定する段階において，幼児児童生徒の実態に即し，その到達状況を具体的に捉えておくことが重要である。例えば，中学部の生徒について，「自分の病気を理解する」ことを指導目標とした場合，「学校での健康状態の把握において，平熱などの通常の状態を知り，シートに記入しながら，自ら不調に気付く」というように，生徒の生活年齢や病気の状態，将来の進路や生活の場等との関係において，どのような場を想定し，何を，どのような方法で理解させるのかを明らかにしておく必要がある。また，「1週間のうちに3回検温をし忘れることがあった」

など，その生徒の具体的な行動や観察できる状態として評価が可能になるように工夫することが必要である。

　指導と評価は一体であると言われるように，評価は幼児児童生徒の学習評価であるとともに，教師の指導に対する評価でもある。教師には，評価を通して指導の改善が求められる。したがって，教師自身が自分の指導の在り方を見つめ，幼児児童生徒に対する適切な指導内容・方法の改善に結び付けることが求められる。

　指導目標（ねらい）を達成するための学習は，一定期間にわたって行われるが，その間においても，幼児児童生徒が目標達成に近付いているか，また，教材・教具などに興味をもって取り組んでいるかなど，幼児児童生徒の学習状況を評価し，指導の改善に日ごろから取り組むことが重要である。こうした学習状況の評価に当たっては，教師間の協力の下で，適切な方法を活用して進めるとともに，多面的な判断ができるように，必要に応じて外部の専門家や保護者等と連携を図っていくことも考慮する必要がある。また，保護者には，学習状況や結果の評価について説明し，幼児児童生徒の成長の様子を確認してもらうとともに，学習で身に付けたことを家庭生活でも発揮できるよう協力を求めることが大切である。

　評価は，幼児児童生徒にとっても，自らの学習状況や結果に気付き，自分を見つめ直すきっかけとなり，その後の学習への意欲や発達を促す意義がある。自立活動の指導においては，幼児児童生徒が，自分の障害と向き合うことが多くなる。障害のある自分を知り，受け止め，それによる困難を改善しようとする意欲をもつことが期待される。したがって，自立活動の時間においても，学習前，学習中あるいは学習後に，幼児児童生徒の実態に応じて，自己評価を取り入れることが大切である。

　その際，例えば，動画で撮影した指導の前と後の様子を本人に確認させることなどにより，自己や他者の変化に気付かせ，よりふさわしい応対の方法等について考えさせることが大切である。

## 3　他領域・教科等との関連

### 幼稚部教育要領（第２章の３の(2)のオ）

> オ　各領域におけるねらい及び内容と密接な関連を保つように指導内容の設定を工夫し，計画的，組織的に指導が行われるようにすること。

　自立活動の指導に当たっては，幼稚部教育要領第２章に示されている健康，人間関係，環境，言葉及び表現の五つの領域におけるねらい及び内容と密接な関連を図りながら，一人一人の幼児の指導のねらいに基づいて，自立活動の内容の中

から必要とする項目を選定し，それらを相互に関連付けて，具体的な指導内容を設定するように工夫することが大切である。また，指導内容を段階的に取り上げ，必要に応じて総合的な指導を行ったり，自立活動の内容に重点を置いた指導を行ったりして，計画的，組織的に指導が行われるようにしなければならない。

自立活動の内容に重点を置いた指導は，個別に，あるいはグループごとに自立活動の時間を設けて行ったり，幼稚部における生活の流れの中で意図的に行ったりすることが考えられる。このような場合においても，幼児が興味をもって意欲的に取り組むことのできる具体的な指導内容や環境を設定することが大切である。

### 小学部・中学部学習指導要領（第7章第3の2の(5)）

> (5) 各教科，道徳科，外国語活動，総合的な学習の時間及び特別活動の指導と密接な関連を保つようにし，計画的，組織的に指導が行われるようにするものとする。

自立活動の個別の指導計画の作成に当たっては，小学部・中学部においては，各教科，道徳科，外国語活動，総合的な学習の時間及び特別活動と自立活動の指導内容との関連を図り，両者が補い合って，効果的な指導が行われるようにすることが大切である。

個別の指導計画を作成する際も，自立活動の時間における指導はもとより，学校の教育活動全体を視野に入れ，効果的に指導が行われるようにする必要がある。

なお，各教科，道徳科，外国語活動，総合的な学習の時間及び特別活動にはそれぞれ独自の目標があるので，各教科等における自立活動の指導に当たっては，それらの目標の達成を著しく損なったり，目標から逸脱したりすることのないよう留意しながら，自立活動の具体的な指導内容との関連を図るよう工夫するなど，計画的，組織的に指導が行われるようにする必要がある。

## ● 4 指導方法の創意工夫

### 小学部・中学部学習指導要領（第7章第3の3）

> 3 個々の児童又は生徒の実態に応じた具体的な指導方法を創意工夫し，意欲的な活動を促すようにするものとする。

自立活動の指導の効果を高めるためには，児童生徒が積極的な態度で意欲的な学習活動を展開することが必要である。このためには，個々の児童生徒の実態に

応じた具体的な方法を創意工夫することが大切である。この場合，指導方法が，指導目標の達成に有効なものであるよう留意する必要がある。

ア　児童生徒一人一人の実態に応じた指導方法

　児童生徒の障害の状態や特性及び心身の発達の段階等は多様である。このため，個別の指導計画を立てることが不可欠であると同時に，指導方法も児童生徒一人一人に適したものでなければならない。したがって，特定の方法をすべての児童生徒に機械的に当てはめるのではなく，個々の児童生徒の実態に適合した方法を創意工夫することが必要となる。

イ　意欲的な活動を促す指導方法

　児童生徒の意欲的な活動を促すためには，児童生徒が興味や関心をもって主体的に取り組み，成就感を味わうことのできるような指導方法を工夫することが大切である。この場合，少なくとも，教師からの一方的な働き掛けに終始する方法や画一的な方法にならないよう留意する必要がある。個々の児童生徒の実態に応じて，指導目標が明確にされ，次いで具体的な指導内容が設定され，それらを組織して個別の指導計画が作成されるが，それに基づいた指導に当たっては，それらの指導内容にふさわしい指導方法を工夫する必要がある。

　自立活動の指導に適用できると思われる方法又は方法の裏付けとなっている理論が幾つか想定される。それらには，例えば，心理療法，感覚訓練，動作の訓練，運動療法，理学療法，作業療法，言語治療等があるが，これらの理論・方法は，いずれも自立活動の指導という観点から成り立っているわけではない。これらについては，実際の臨床においてそれなりの効果があると評価されていても，それらは，それぞれの理論的な立場からの問題の把握及びその解決を追求しているものであることを忘れてはならない。したがって，その方法がどのように優れていたとしても，それをそのまま自立活動の指導に適用しようとすると，当然無理を生じることをあらかじめ知っておくことが必要である。

　これらの点を十分に踏まえて，特定の指導に有効であると思われる方法を選択し，それを自立活動の指導に適合するように工夫して応用することが大切である。その際には，児童生徒自身が，指導目標に照らした課題に自ら取り組むことができるように，指導の段階や方法を工夫する必要がある。つまり，指導の課題や段階を児童生徒の実態に即して細分化し，それに応じた方法の適用を工夫することが大切である。

## ● 5　自立活動を主とした指導

### 小学部・中学部学習指導要領（第7章第3の4）

> 4　重複障害者のうち自立活動を主として指導を行うものについては，全人的な発達を促すために必要な基本的な指導内容を，個々の児童又は生徒の実態に応じて設定し，系統的な指導が展開できるようにするものとする。その際，個々の児童又は生徒の人間として調和のとれた育成を目指すように努めるものとする。

　「重複障害者のうち，障害の状態により特に必要がある場合には，各教科，道徳科，外国語活動若しくは特別活動の目標及び内容に関する事項の一部又は各教科，外国語活動若しくは総合的な学習の時間に替えて，自立活動を主として指導を行うことができるものとする。」と総則（小学部・中学部学習指導要領第1章第8節の4）に示されている。これら児童生徒に対する自立活動を主とした指導計画の作成に当たっては，全人的な発達を促すことをねらいとし，そのために必要な基本的な指導内容を個々の児童生徒の実態に応じて適切に設定する必要がある。この場合，取り上げた指導内容を相互に関連付けて総合的に取り扱い，しかも段階的，系統的な指導が展開できるよう配慮することが，全人的な発達を促す上からも必要である。

　なお，全人的な発達を促すとは，個々の幼児児童生徒の発達の遅れや不均衡を改善したり，発達の進んでいる側面を更に伸ばすことによって遅れている側面の発達を促すようにしたりして，全人的な発達を促進することを意味している。例えば，児童が好む関わりを繰り返し行う中で，身近な人の存在への気付きから始まり，相手と安心できる関係を築きながら，人と関わることの楽しさを知り，身近な人への要求が引き出され，教師とのやりとりなど相互関係に発展していくようなことなどが考えられる。

　自立活動の指導の結果を評価する際には，各教科等を自立活動に替えることとなった理由との関連に着目しながら，再度，各教科等の目標及び内容の取扱いについての検証に努めることが大切である。

## 6　教師の協力体制

### 幼稚部教育要領（第２章の３の(3)）

> (3)　自立活動の時間を設けて指導する場合は，専門的な知識や技能を有する教師を中心として，全教師の協力の下に効果的に行われるようにすること。

### 小学部・中学部学習指導要領（第７章第３の５）

> 5　自立活動の指導は，専門的な知識や技能を有する教師を中心として，全教師の協力の下に効果的に行われるようにするものとする。

　自立活動の指導は，専門的な知識や技能を有する教師を中心として全教師の協力の下に一人一人の幼児児童生徒について個別の指導計画を作成し，実際の指導に当たることが必要である。ここでいう専門的な知識や技能を有する教師とは，特別支援学校の教師の免許状や自立活動を担当する教師の免許状を所有する者をはじめとして，様々な現職研修や自己研修等によって専門性を高め，校内で自立活動の指導的役割を果たしている教師を含めて広く捉えている。
　自立活動の指導において中心となる教師は，学校における自立活動の指導の研修全体計画等の作成に際し，担任や専科の教師，養護教諭，栄養教諭等を含めた全教師の要としての役割を果たすことを意味している。
　また，自立活動の指導は，幼児児童生徒の障害の状態によっては，かなり専門的な知識や技能を必要としているので，いずれの学校においても，自立活動の指導の中心となる教師は，それにふさわしい専門性を身に付けておくことが必要である。
　なお，複数の障害種別に対応する特別支援学校においては，それぞれの障害種別に対応した専門的な知識や技能を有する教師を学校全体で育成し活用できるようにする必要がある。例えば，肢体不自由教育に関する専門的な知識や技能を有する教師は，肢体不自由のある幼児児童生徒の自立活動の指導を担当するだけでなく，他の障害のある幼児児童生徒の身体の動きに関する個別の指導計画の作成やその実践において，専門的な知識や技能を発揮することが求められる。
　また，複数の障害種別に対応する特別支援学校においては，それぞれの障害種別に十分な対応ができるように，教師の専門性の向上を図るための研修等を充実

させる一方で，他の特別支援学校との連携協力を図り，必要に応じて，自立活動の指導についての助言を依頼することなども考えられる。

## 7　専門の医師等との連携協力

### 幼稚部教育要領（第2章の3の(4)）

> (4)　幼児の障害の状態等により，必要に応じて，専門の医師及びその他の専門家の指導・助言を求めるなどして，適切な指導ができるようにすること。

### 小学部・中学部学習指導要領（第7章第3の6）

> 6　児童又は生徒の障害の状態等により，必要に応じて，専門の医師及びその他の専門家の指導・助言を求めるなどして，適切な指導ができるようにするものとする。

　自立活動の個別の指導計画の作成や実際の指導に当たっては，専門の医師及びその他の専門家との連携協力を図り，適切な指導ができるようにする必要があるので，本項はこの点について示したものである。
　このことは，専門の医師をはじめ，理学療法士，作業療法士，言語聴覚士，心理学や教育学の専門家等外部の各分野の専門家との連携協力をして，必要に応じて，指導・助言を求めたり，連絡を密にしたりすることなどを意味している。
　幼児児童生徒の障害の状態や発達の段階等は多様であり，その実態の的確な把握に基づいた指導が必要とされ，ときには，教師以外の外部の専門家の指導・助言を得ることが必要な場合がある。
　例えば，内臓や筋の疾患がある幼児児童生徒の運動の内容や量，脱臼や変形がある幼児児童生徒の姿勢や動作，極端に情緒が不安定になる幼児児童生徒への接し方などについては，専門の医師からの指導・助言を得ることが不可欠である。
　また，姿勢や歩行，日常生活や作業上の動作，摂食動作やコミュニケーション等について，幼児児童生徒の心身の機能を評価し，その結果に基づいて指導を進めていくためには，理学療法士，作業療法士，言語聴覚士等からの指導・助言を得ることが大切である。さらに，情緒や行動面の課題への対応が必要な場合には，心理学の専門家，学習上の困難さへの対応が必要な場合には，教育学の専門家等からの指導・助言が有益である。

学校において，幼児児童生徒の実態の把握や指導の展開に当たって，以上のような専門的な知識や技能が必要である場合には，幼児児童生徒が利用する医療機関の理学療法士等やその他の外部の専門家と積極的に連携して，幼児児童生徒にとって最も適切な指導を行うことが必要である。その際，留意すべきことは，自立活動の指導は教師が責任をもって計画し実施するものであり，外部の専門家の指導にゆだねてしまうことのないようにすることである。つまり，外部の専門家の助言や知見などを指導に生かすことが教師の専門性であり，大切なことである。

このような専門家からの指導・助言を得ることの必要性の有無を判断するのは，当然，自立活動の指導に当たる教師である。したがって，教師は日ごろから自立活動に関する専門的な知識や技能を幅広く身に付けておくとともに，関連のある専門家と連携のとれる体制を学校として整えておくことが大切である。

## ● 8　個別の教育支援計画等の活用

### 幼稚部教育要領（第2章の3の(5)）

> (5)　自立活動の指導の成果が就学先等でも生かされるように，個別の教育支援計画等を活用して関係機関等との連携を図るものとすること。

### 小学部・中学部学習指導要領（第7章第3の7）

> 7　自立活動の指導の成果が進学先等でも生かされるように，個別の教育支援計画等を活用して関係機関等との連携を図るものとする。

学習指導要領等の総則において，家庭及び地域や医療，福祉，保健，労働等の業務を行う関係機関が緊密な連携を図り，長期的な視点で幼児児童生徒への教育的支援を行うため「個別の教育支援計画」を作成することを示している（幼稚部教育要領第1章第6の3，小学部・中学部学習指導要領第1章第5節の1の(5)，幼稚園教育要領第1章総則の第5の1，小学校学習指導要領第1章総則第4の2の(1)のエ，中学校学習指導要領第1章総則第4の2の(1)のエ）。

障害のある幼児児童生徒の場合，就学先や進学先において，対人関係や環境の変化など，新たな学習上又は生活上の困難が生じたり，困難さの状況が変化したりする場合がある。そのため，個別の教育支援計画等により，本人，保護者を含め，専門の医師及びその他の専門家等との連携協力を図り，当該幼児児童生徒についての教育的ニーズや長期的展望に立った指導や支援の方針や方向性等を整理

し，学校が自立活動の指導計画の作成に活用していくことが重要である。一方，卒業後，進学先や就労先等において，例えば，生徒の感覚や認知の特性への対応など，自立活動の指導の成果が進路先での支援に生かされるようにするためにも，個別の教育支援計画等を十分活用して情報を引き継ぐことが必要である。

　各学校には，関係機関との連携を図るための個別の教育支援計画と，教育課程に基づく教育計画である個別の指導計画との関係を整理することが求められる。

　自立活動の指導目標（ねらい）として，卒業後に必要とされる力をそのまま当てはめている例は，両者の関係が適切に整理できていない顕著な例である。

　なお，進路先との連携に当たって，個人情報保護に十分留意しながら，連携の意図や引継ぐ内容等について保護者の理解を得ることが大切である。

　そこで，今回の改訂では，自立活動の指導の成果が就学先や進学先等でも生かされるように，個別の教育支援計画等を活用して連携を図ることを新たに示した。

| 学部・学年 | 小学部・第5学年 |
|---|---|
| 障害の種類・程度や状態等 | 視覚障害。視力の程度は両眼とも光覚である。 |
| 事例の概要 | 学校近辺の安全な道路における白杖を用いた歩行指導 |

① 障害の状態，発達や経験の程度，興味・関心，学習や生活の中で見られる長所やよさ，課題等について情報収集

- 先天性で進行性の眼疾患により，現在は光を感じる程度の見え方である。家族や教師は見えているが自分は見えていないという違いを理解しており，自分の目の病気のことを知っている。
- 教科の学習や自立活動の学習に，自ら工夫しながら前向きに取り組んでいる。
- 上下，左右を正しく指さしたり，顔や体を向けたりすることができる。
- 体育ではラジオ体操を概ね覚えており，30m程度の距離であれば音源に向かって走ることができる。
- 校内でよく使用する保健室，理科室，食堂などの場所は分かっており，一人で往来することができるが，運動場などでは戸惑う様子が見られる。
- 校外学習等で教師と外を歩く際，段差や右折・左折では，教師の合図があれば概ね普通の速さで歩くことができる。
- 通学は，保護者のガイド歩行で，公共交通機関（バス）を利用している。白杖を携帯することに抵抗感はない。
- 静止した状態では，白杖の握り方，構え方，振り方などを習得している。歩きながら白杖をリズムよく振ることができるが，白杖を持つ手が次第に中心から右にずれる傾向があり，直進歩行が難しい。
- 将来，仲の良い先輩と同じように白杖を用いて一人で登下校ができるようになりたいという願いが会話や日記に表れている。
- 家庭では，自分の部屋で過ごすことが多く，登下校以外に外出する機会は少ない。

②-1　収集した情報（①）を自立活動の区分に即して整理する段階

| 健康の保持 | 心理的な安定 | 人間関係の形成 | 環境の把握 | 身体の動き | コミュニケーション |
|---|---|---|---|---|---|
| ・自己の視覚障害について，見えていないことや眼疾患名を知っている。 | ・見えなくなってきているが，消極的にならずに，前向きに学習に取り組んでいる。 | | ・正しく上下，左右を認識している。<br>・学習では，見えないことを補うために，聴覚を上手に活用できる。<br>・校舎内諸室の位置関係はよく理解できており，自由に移動できる。<br>・登下校で歩いている交差点や道路などの様子は，あまり理解できていない。 | ・基本的な運動・動作を習得しており，教師からの言葉による指示に従って体を動かすことができる。<br>・静止していれば白杖を正しく振ることができるが，歩きながらだと白杖を持つ手が右にずれる傾向がある。 | |

②-2　収集した情報（①）を学習上又は生活上の困難，これまでの学習状況の視点から整理する段階

- 校舎内では，自由に移動できるが，運動場など屋外の広い空間では，見失ったり，迷ったりすることが多い。（環）
- 家族や教師などのガイド歩行により屋外を歩く機会はあるが，感覚的な手掛かりにはどのようなものがあり，どのように利用できるかという知識などが身に付いていない。（環）
- これまでの自立活動の学習で，静止した状態での白杖の基本的操作は身に付いている。（身）
- 基本的な白杖操作技術を安定的に活用したり（身），視覚障害者誘導用ブロック等の学校周辺の歩行環境について理解することが，今後の歩行の学習につながっていく。（環）

※各項目の末尾の（　）は，②-1における自立活動の区分を示している（以下，図15まで同じ。）。

②-3　収集した情報（①）を○○年後の姿の観点から整理する段階

将来，一人で登下校ができるようになりたいとの願いがあり，白杖を用いた歩行に積極的である。（心・身）

図5　視覚障害

## 実態把握から具体的な指導内容を設定するまでの例示 (第3章の2の(2)のエの(イ)の図5～15)

　図5は，先天性の眼疾患により光を感じることができる程度の視覚障害のある小学部第5学年の児童に対して，学校近辺の安全な道路で，白杖を用いて歩行できるようにするための具体的な指導内容を設定するまでの例である。白杖を用いた歩行は，段階をへずにただちにできるものではない。環境把握や運動，動作などの基礎的な力を高めるとともに，心理的な不安を軽減したり，判断力を高めたりしながら，室内の移動を可能にすることから範囲を広げ，屋外で白杖を利用して歩ける段階まで系統的に指導を積み上げることが必要である。

　まず，①に示すように，実態把握をするために必要な情報を収集した。その際，視覚障害のある児童の場合，移動に関する困難があることから，主に，保有する視覚，聴覚や触覚等の視覚以外の感覚の状況，空間認知，環境把握など歩行に必要な基礎的な能力等を踏まえて情報を収集するようにした。対象児童は，光を感じることができる程度の見え方であるが，音源に向かって真っすぐ走ったり，慣れている教室間であれば一人で移動したりすることができる。また，日頃の活動の様子から，上下・左右といった空間概念が身に付いていることや，白杖の握り方，構え方，振り方などの白杖の基本的操作ができることが分かった。また，担任とのやりとりの中では，「一人で学校に通えるようになりたい。」と話していた。

　次に，①で示している収集した情報を②-1から②-3までに示す三つの観点から整理した。

　対象児童の場合は，②-1の観点から，自立活動の区分に即して整理をすると，「健康の保持」では，自分の障害について分かっていること，「環境の把握」では，聴覚の活用や上下や左右の空間概念が身に付いていること，及び校舎内諸室の位置関係や用途はよく理解できていることなどが整理できた。

　次に，自立活動は自立と社会参加を目指し，本人が主体的に学習に取り組めることが重要であるため，②-3の観点から，小学部卒業後の観点で整理をすると，「将来一人で登下校をする」という本人の願いが，自立活動の学習に取り組む意欲の高さにつながっていると整理できた。

　このことを踏まえ，②-2の観点により，将来の単独登下校に向けた，屋外での白杖を用いた歩行を想定し，歩行における困難の観点で整理した。対象児童は，慣れている場所での移動は安全にできるが，手掛りが少ない広い場所などでは戸惑い，立ち止まってしまう場合がある。視覚障害者誘導用ブロックなどの歩行環境における情報をどのように活用すれば良いのかという知識や経験が不十分である。静止した状態での白杖操作技術は身に付いているが，道路における歩行技術は今後習得する必要があることなどが整理できた。

| | ③ ①をもとに②―1，②―2，②―3で整理した情報から課題を抽出する段階 |
|---|---|
| | ・静止していれば白杖を上手に操作できるが，歩行しながらの白杖の操作技術が身に付いていない。（身）<br>・慣れた道であっても，周囲の環境の知識や理解が不十分である。（環）<br>・白杖や足下による触覚，自動車の走行音といった聴覚などの活用による環境把握が不十分である。（環） |
| | ④ ③で整理した課題同士がどのように関連しているかを整理し，中心的な課題を導き出す段階 |
| | 校内では安全に移動できること，基本的な白杖操作が身に付いていること，また，歩行への意欲が高いことから，歩行指導を次の段階に進めてもよいと考えられる。そこで歩行の課題に応じて指導の場を，校内から安全が確保できる学校近辺の道路などに順次広げることで，視覚障害者誘導用ブロックの敷設状況や周辺の環境についての知識や理解を深め，基本的な白杖操作技術をより確実にすることを課題とした。さらに白杖や自動車の走行音などから得られる様々な情報を環境把握に生かすことが，安全で効率の良い歩行につながるとともに，危険な状況に気付き，回避するなどの判断力の素地を養うことができるものと思われる。 |
| 課題同士の関係を整理する中で今指導すべき指導目標として | ⑤ ④に基づき設定した指導目標を記す段階 |
| | ・学校近辺の安全な場所で周囲の環境を理解し，白杖を確実に操作して安全に歩行することができる。 |

| 指導目標を達成するために必要な項目の選定 | ⑥ ⑤を達成するために必要な項目を選定する段階 | | | | | |
|---|---|---|---|---|---|---|
| | 健康の保持 | 心理的な安定 | 人間関係の形成 | 環境の把握 | 身体の動き | コミュニケーション |
| | | (2)状況の理解と変化への対応に関すること。<br>(3)障害による学習上又は生活上の困難を改善・克服する意欲に関すること。 | | (1)保有する感覚の活用に関すること。<br>(3)感覚の補助及び代行手段の活用に関すること。<br>(4)感覚を総合的に活用した周囲の状況の把握と状況に応じた行動に関すること。<br>(5)認知や行動の手掛かりとなる概念の形成に関すること。 | (1)姿勢と運動・動作の基本技能に関すること。<br>(4)身体の移動能力に関すること。 | |

| | ⑦ 項目と項目を関連付ける際のポイント |
|---|---|
| | 白杖の操作技術を確実なものとし，車道と歩道の関係や屋外の事物などの歩行環境に関する知識などを身に付けることができるよう（心）(3)，（環）(5)，（身）(1)とを関連付けて設定した具体的な指導内容が⑧アである。<br>また，屋外での様々な音や諸感覚からの情報を理解し，周囲の状況を把握するために，心(3)，環(1)(3)(4)と関連付けて設定した具体的指導内容が⑧イである。<br>さらに，段階的に，指導の場を通学でも使っている学校からの最寄りのバス停までの慣れた道路に広げる中で，歩行経路を地図などに書き表すことや，その他の情報をあわせて活用しながら実際に白杖を使った歩行をスムーズに行えるようにするために，（心）(2)(3)，（環）(5)，（身）(4)と関連付けて設定した具体的指導内容が⑧ウである。 |

| 選定した項目を関連付けて具体的な指導内容を設定 | ⑧ 具体的な指導内容を設定する段階 | | |
|---|---|---|---|
| | ア 歩行時の白杖操作（タッチテクニックやスライド法など）や直進歩行などを安定的に行うこと。<br>　歩行環境にある事物，歩行に関する用語や表現を理解すること。 | イ 屋外における様々な音を聞き分けたり，自動車のアイドリング音や走行音から，車の位置や走行してくる方向を知ったりすること。<br>　白杖や足下（そっか），嗅覚などから得られる情報を活用して，歩行に関する環境を把握すること。 | ウ 歩いた経路を言葉で表現したり，触地図で再現したりすること。<br>　視覚障害者用誘導用ブロックやアスファルトや土といった路面の違いなどの手掛かりを理解し，適切に活用して目的地まで歩行すること。 |

図5　視覚障害

①②で把握できた実態をもとに，③に示すように，指導すべき課題を抽出した。

対象児童の場合は，「静止していれば白杖を上手に操作できるが，歩行しながらの白杖の操作技術が身に付いていない（身体の動き）」，「慣れた道であっても，周囲の環境の知識や理解が不十分である（環境の把握）」，「白杖や足下による触覚，聴覚などを活用した環境把握が不十分である（環境の把握）」を抽出した。

さらに，③で示している抽出した指導すべき課題同士の関連を整理し，④に示すように，中心的な課題を導き出した。視覚障害者にとっての歩行は，自分の現在地や向いている方向などと目的地との関係の把握といった認知の側面と，目的地までの歩くという身体移動の側面の両側面が重要である。対象児童の場合は，校内では諸室の位置関係が分かっており一人で移動できること，基本的な白杖操作が可能であること，また，歩行の学習への意欲も高いことなどから，学習の場を校外に広げてもよい段階である。そこで，慣れている通学路で，視覚障害者誘導用ブロックの敷設状況や周辺の環境などについての知識を深め，基本的な白杖操作技術をより確実なものにすることを中心課題とした。さらに白杖や足下による触覚，聴覚などを活用できるようになることが，安全で効率の良い歩行につながるとともに，危機回避などの判断力の素地を養うことにつながると考えた。

これまでの手続きを経て，⑤に示す「学校近辺の安全な場所で周囲の環境を理解し，白杖を確実に操作して安全に歩行することができる。」という指導目標を設定した。

この指導目標を達成するためには，歩行中の白杖操作技術を確実にすること，校外の歩行環境に関係する知識などを身に付けること，触覚や聴覚などにより環境を把握し，その情報を歩行に活用できることが必要であることから，⑥に示すように，自立活動の6区分27項目から「心理的な安定」の(2)(3)，「環境の把握」の(1)(3)(4)(5)，「身体の動き」の(1)(4)を選定した。

⑥で示している選定した項目を相互に関連付けて，具体的な指導内容を設定した。対象児童の場合，⑦に示すように，白杖の操作技術を確実に身に付け，さらに車道と歩道の関係や屋外の事物などの歩行環境に関する知識を身に付けられるようにする指導が必要である。このことから「心理的な安定」の(3)，「環境の把握」の(5)さらに「身体の動き」の(1)を関連付けて，⑧のアに示すように「歩行時の白杖操作（タッチテクニックなど）や直進歩行などが安定的にできる。」こと，および「屋外での方角や，歩行環境にある事物，また，歩行に関する用語や表現を理解すること。」という具体的な指導内容を設定した。

実態把握から具体的な指導内容を設定するまでの例示

| 学部・学年 | 幼稚部・3歳児 |
|---|---|
| 障害の種類・程度や状態等 | 聴覚障害（重度で人工内耳を装用） |
| 事例の概要 | 人工内耳の手術をした幼児に対し，やりとりをする力を育むための指導 |

① 障害の状態，発達や経験の程度，興味・関心，学習や生活の中で見られる長所やよさ，課題等について情報収集

- 新生児聴覚スクリーニング検査の後，精密検査をした結果，両耳とも重度難聴（90dB以上）の診断を受けた。
- 確定診断の後，両耳に補聴器を装用し，特別支援学校（聴覚障害）の教育相談を定期的に受けてきた。
- 2歳4か月時に，人工内耳の手術を受けた。術後の人工内耳の調整は特に問題なく行うことができたが，日常生活の中で人工内耳を通した音になかなか慣れず，日常的に装用するまで時間がかかった。
- 音がした際に反応することはあるが，音を聞き分けている様子はまだ見られない。
- 発声は，明るくのびのびとした声が出るまでには至っていない。
- 興味をもつと自分から行動したり，表情や指さしで伝えたりするが，言葉や身振りでの表現は見られない。
- 周囲の様子をよく見ている一方で，友達の気持ちや場面にそぐわない行動をすることがある。

②-1 収集した情報（①）を自立活動の区分に即して整理する段階

| 健康の保持 | 心理的な安定 | 人間関係の形成 | 環境の把握 | 身体の動き | コミュニケーション |
|---|---|---|---|---|---|
| | ・人工内耳を通して日常生活の中の音のもつ意味を捉えることが困難なため，周囲の状況が理解できず不安を感じたり，自分の判断と実際の出来事とに行き違いが生じてストレスを感じたりすることがある。<br>・興味があることについては積極的に取り組む。 | ・周囲の人に対して興味をもつと自分から行動したり，表情や指さしなどで伝えたりする。<br>・周囲の様子をよく見ている。<br>・友達の表情や行動から相手の気持ちを読み取ることが困難である。 | ・人工内耳を日常的に装用している。<br>・人工内耳を通した音に反応することがある。<br>・音の違いや音声に意味があることに気付いておらず，音の違いを聞き分けることは難しい。 | | ・発声が周囲に伝わりやすいものになっていない。<br>・言葉や身振りで相手に伝えていくことが困難である。<br>・相手の気持ちや場面の意味を読み取ることが困難である。 |

②-2 収集した情報（①）を学習上又は生活上の困難や，これまでの学習状況の視点から整理する段階

（できていること）
- 興味をもったことについて，積極的に取り組む。（心）
- 友達や先生の様子をよく見ていたり，絵を見て気付いたことを指さしや表情で表現したりする。（人・コ）

（困難さに関すること）
- 発声の声質や音・音声に意味があることにまだ気付いていない様子から，人工内耳を通して十分に聴覚活用ができていると判断できる状態には至っていない。（環・心）
- 自分の気持ちを行動や表情で表すことはできるが，言葉や身振りで表現することはまだ難しい。（コ・心）
- 見たことを自分なりに判断してしまい，友達の表情や行動から気持ちを読み取ることが難しいことがある。（心・人・コ）

②-3 収集した情報（①）を○○年後の姿の観点から整理する段階

- 全体的に調和のとれた発達を促すためには，親子コミュニケーションを基盤とし，身近な人との関わりを通して安定した関係を築くことが必要。（コ・心・人）
- 全体的に調和のとれた発達を促すため，言語面，認知面，心理面等のバランスのとれた発達を促すことが必要。（コ・環・心）

③ ①をもとに②-1，②-2，②-3で整理した情報から課題を抽出する段階

- 自分の気持ちや要求などを言葉や身振りで表現することはまだ難しい。（コ・心）
- 人の行動やその場の状況から相手の気持ちを汲み取ることはまだ難しい。（心・人・コ）
- 人工内耳を通した音を聴取する経験がまだ少なく，音・音声に意味があることに気付いていない。（環・心）

図6　聴覚障害

図6は，特別支援学校（聴覚障害）幼稚部3歳児に対して，やりとりをする力を育むための具体的な指導内容を設定するまでの例である。

　まず，実態把握をするために必要な情報を収集した。特に幼児期の場合，図の①に示すように，幼稚部に入学するまでの関係機関等における情報や教育相談等に関する情報，日常場面における行動観察等に基づく情報を可能な限り収集することが大切である。対象幼児は，手術後の人工内耳の調整は特に問題なく行えたが，日常生活の中で人工内耳を通した音になかなか慣れず，日常的に装用するまでに相当の期間がかかった。そのため，音の聞き分けなどの聴覚活用や発声・発語に遅れが見られる。また，言葉や身振りでの表現はまだ見られていない。周囲の人や物をよく見ているが，見ただけでは分からない出来事の因果関係などが掴めず，自分の判断と実際の出来事とに行き違いが生じることがある。

　これら収集した情報について，まず，全体的に調和のとれた発達を促す視点から，②－1の自立活動の区分に沿って整理した。「心理的な安定」に関する事柄については，人工内耳を通して日常生活場面で接する音や音声のもつ意味を理解したり，周囲の状況の意味や変化を捉えたりすることが困難なため，不安やストレスを抱えることがある。しかし，自分が興味をもったことに対しては積極的に取り組む姿勢が見られる。「人間関係の形成」に関しては，周囲の様子をよく見て，興味をもつと自分から行動したり表情や指さしで伝えたりしているが，時に相手の気持ちを的確に読み取ることができず，行き違いが生じることもある。「環境の把握」については，人工内耳を通じた音の聞き分けや音の意味の把握の困難さがある。「コミュニケーション」に関しては，発声・発語の遅れや，それに伴う言葉や身振りで相手に自分の気持ちなどを伝えていくことの困難さなどが挙げられた。

　次に，上記で収集した情報を②－2の「できていること」と「学習上又は生活上の困難」の視点から整理した。その結果，できていることとして，興味をもったことに対する積極的な行動と，周囲をよく見て自分なりに気付いたり表現したりすることが挙げられた。学習上又は生活上の困難としては，人工内耳を通した聴覚活用がまだ十分でないこと，言葉や身振りで表現することがまだ難しいこと，時に，見たことを自分なりに判断してしまい，相手の気持ちを読み取ることが難しいことが挙げられた。

　また，全体的に調和のとれた発達を促すため，幼児期に重視することを明らかにするよう②－3の視点で情報を整理した。対象幼児の場合は，親子コミュニケーションを基盤とし，身近な人との安定した関係を築くことが，その後の言語面，認知面，心理面等のバランスのとれた発達に必要であることが考えられた。

　このような整理に基づき，③の三つの課題を抽出した。

| | ④ ③で整理した課題同士がどのように関連しているかを整理し，中心的な課題を導き出す段階 |
|---|---|
| | ・③の課題同士の関連を，幼児期に必要な全体的に調和のとれた発達を促す視点で整理した。<br>・全体的に調和のとれた発達を促すためには，親子コミュニケーションを基盤とし，身近な人との安定した関係を築くことが必要であり，そのためには，遊びや身近な人との関わりを通してやりとりする力を育むことが重要となる。それを支える力として，「保有する聴覚の活用」，「表出に関すること」，「受容に関すること」の力を関連付けながら育むことが必要と考えた。 |

**保有する聴覚の活用**
- ▲音・音声に意味があることに気付いていない。
- ▲見たことを自分なりに判断してしまう。

**表出に関すること**
- ▲言葉や身振りはまだ難しい。
- ●表情，指さし，行動で表現できる。

**受容に関すること**
- ▲見たことを自分なりに判断してしまう。
- ●周囲の人や様子はよく見ている。

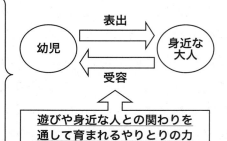
身近な人との安定した関係へ

遊びや身近な人との関わりを通して育まれるやりとりの力

| 課題同士の関係を整理する中で今指導すべき目標として | ⑤ ④に基づき設定した指導目標を記す段階 |
|---|---|
| | ・遊びや身近な人との関わりを通して，言葉や身振り等でやりとりすることができるようになる。 |

| 指導目標を達成するために必要な項目の選定 | ⑥ ⑤を達成するために必要な項目を選定する段階 | | | | |
|---|---|---|---|---|---|
| | 健康の保持 | 心理的な安定 | 人間関係の形成 | 環境の把握 | 身体の動き | コミュニケーション |
| | | (1)情緒の安定に関すること。<br>(2)状況の理解と変化への対応に関すること。 | (2)他者の意図や感情の理解に関すること。 | (1)保有する感覚の活用に関すること。 | | (1)コミュニケーションの基礎的能力に関すること。<br>(2)言語の受容と表出に関すること。 |

| ⑦ 項目と項目を関連付ける際のポイント |
|---|
| 〈言葉や身振りなどは，自分の気持ちや要求などを伝えることができることに気付くように〉<br>　（コ）（1）（2），（心）（1），（人）（2）を関連付けて設定した具体的な指導内容が，⑧アである。<br>〈身近な人や出来事について，言葉や身振りでやりとりすることができるように〉<br>　（コ）（2）と（人）（2）を関連付けて設定した具体的な指導内容が，⑧イである。<br>　また，これらの目標を達成するためには，幼児の聴覚活用を促しながら音や音声に意味があることに気付かせ，コミュニケーションの基礎的能力を育んでいくことが必要である。したがって，（環）（1）や（コ）（1）とも関連させていくことが必要であるため，⑧ウを設定した。 |

| 選定した項目を関連付けて具体的な指導内容を設定 | ⑧ 具体的な指導内容を設定する | | |
|---|---|---|---|
| | ア 好きな遊びを教師と一緒にしながら，することや気持ち，要求などに関して，教師の話す言葉や身振りに触れたり，模倣したりする。 | イ 絵日記や絵本に出てくる人物のすることや表情を見ながら，気持ちとその理由について教師とやりとりする。 | ウ 人の声や音楽，身近な人の名前，母音やいくつかの子音などを聞いたり，模倣したりする。 |

図6　聴覚障害

そして、④に示すように全体的に調和のとれた発達を促す視点で課題同士の関連を整理した。その結果、まずは身近な人との安定した関係を築くことが必要で、そのために、遊びや身近な人との関わりを通してやりとりする力を育むことが中心的な課題であり、それを支える「保有する聴覚の活用」、「表出に関すること」、「受容に関すること」の力を関連付けながら育むことが必要だと考えた。これにより、指導目標を⑤に示す「遊びや身近な人との関わりを通して、言葉や身振り等でやりとりすることができるようになる。」と設定した。

　これに基づき、指導目標を達成するための具体的な指導内容について、自立活動の内容の「心理的な安定」、「人間関係の形成」、「環境の把握」、「コミュニケーション」の区分の下に示されている項目の中から必要な項目を⑥のように選定し、選定した項目同士を関連付けて設定した。本事例では、⑦に示すように言葉や身振りで自分の気持ちや要求などを伝えることができることに気付かせるため、「コミュニケーション」の(1)及び(2)と「心理的な安定」の(1)と「人間関係の形成」の(2)とを関連付け、⑧アを設定した。ここでは、遊びを通してやりとりに必要な言葉を聞いたり、教師の話し言葉を真似て発話する口声模倣をしたり、教師とのやりとりを通して手話や指文字、キュード・スピーチを用いたり、書き言葉に触れたりする活動を設けることとした。

　次に、身近な人や出来事について、言葉や身振りでやりとりすることができるようにするため、「コミュニケーション」の(2)と「人間関係の形成」の(2)とを関連付け、⑧イを設定した。ここでは、幼児が気付いたことや感じたことに教師が共感し、幼児が伝えたいと思うことを話し言葉にして伝え、幼児が模倣を通して言葉を身に付けていく活動、教師が身近な大人や友達の気持ちを伝えたり、幼児が想像したりする活動、人の気持ちと、行動や出来事との因果関係などを扱う活動を取り上げた。

　また、指導目標を達成するためには、幼児の聴覚活用を促しながら音や音声に意味があることに気付かせていくことも必要である。したがって、「環境の把握」の項目「(1)保有する感覚の活用に関すること。」とも関連させ、⑧ウという具体的な指導内容を設定し、アやイと関連付けながら指導を行うこととした。

　幼児を対象とした自立活動の指導を考える場合は、遊びを通して活動を楽しく行うことを基本としながら、幼児が達成感を味わえるようにするとともに、くり返して指導していくことで身に付けさせることを目指すことが大切である。その際には、活動内容に変化を加え、幼児の主体性を重視した活動を工夫することなどが重要となる。また、これらの具体的な指導内容は、対象が幼児であることを踏まえて、幼児の生活全体を通して、機を逃さず指導していくことも重要である。

> 実態把握から具体的な指導内容を設定するまでの例示

| 学部・学年 | 中学部・第2学年 |
|---|---|
| 障害の種類・程度や状態等 | 知的障害の程度は，言葉による意思疎通が困難，日常生活面など一部支援が必要 |
| 事例の概要 | 学習場面の中で落ち着いて順番を待ったり，ルールを守ったりすること等の社会性の獲得を目指した指導 |

① 障害の状態，発達や経験の程度，興味・関心，学習や生活の中で見られる長所やよさ，課題等について情報収集

- 基本的な生活習慣はほぼ自立している。
- 見通しのもてる活動には集中して取り組むことができる。
- 音声言語は不明瞭で，発声や指さし，身振りやしぐさ，絵カード等で簡単なコミュニケーションをとろうとすることが見られるが，何を伝えたいのか曖昧なときが多い。
- 集団での学習場面において順番を待つなどの，ルールや決まり事を守ることが難しい。
- 自分の気持ちや思いを一方的に通そうとする場合がある。

②-1　収集した情報（①）を自立活動の区分に即して整理する段階

| 健康の保持 | 心理的な安定 | 人間関係の形成 | 環境の把握 | 身体の動き | コミュニケーション |
|---|---|---|---|---|---|
| ・健康状態は良好で，生活のリズムは確立している。 | ・新しい場所や活動には不安になりやすく，積極的に取り組むことはあまり見られないが，見通しがもてるようになると自分から取り組むことができる。<br>・自分の思い通りにならないと情緒が不安定になり，混乱する場合がある。 | ・特定の教師とのかかわりが中心である。<br>・集団から孤立していることが多い。<br>・友達と協力して活動することが難しい。 | ・絵カードに強い興味を示すなど視覚優位の側面が見られる。 | ・動作模倣ができる。<br>・粗大運動などの，運動機能に顕著な課題は見られないが，滑らかな動作が難しく，ぎこちなさや不器用さが見られる。 | ・発声や指さし，身振り等で自分の要求を伝えようとする。<br>・音声言語による簡単な指示を理解することできる。 |

②-2　収集した情報（①）を学習上又は生活上の困難や，これまでの学習状況の視点から整理する段階

- 相手に意思を伝えようとするが，十分に伝わらず情緒が不安定になることがある。
- 多くの人との関わりの中で様々な体験をして，活動範囲を広げ，できることを増やしてほしい。
- 気に入った活動があると集団の中で簡単なルールや順番を守ることができず，トラブルになることがある。
- 絵カード等は有効ではあるが，理解できるカードがまだ少ない。

②-3　収集した情報（①）を○○年後の姿の観点から整理する段階

- 将来，集団生活を送るために，集団の中でのルールや約束事を守って過ごすことができること。
- 円滑なコミュニケーションが成立するコミュニケーション手段を獲得し，良好な人間関係を構築できるようになること。
- 自分の思い通りにならなくても我慢したり，自分で気持ちを落ち着かせたりできるようになること。

③　①をもとに②-1，②-2，②-3で整理した情報から課題を抽出する段階

- 落ち着いて活動に最後まで参加することが難しい。（心，人）
- 円滑なコミュニケーションを成立することが難しい。（心，人，コ）

④　③で整理した課題同士がどのように関連しているかを整理し，中心的な課題を導き出す段階

- 活動に対して見通しをもてるようにしていくことで，何をすべきかが分かり，落ち着いて活動に参加できると考える。そのためには情緒の安定と他者から指導や助言等を受け入れられる人間関係を形成していく必要がある。
- 円滑なコミュニケーションが成立することにより，情緒の安定が図られ，落ち着いて活動に参加できることにつながると考える。
- 他者からの指導や助言等を受け入れられる人間関係の形成を図りながら，集団への参加を促し，様々な経験を重ねる中でルールを守るなどといった社会性を育むことを目指していく。

図7　知的障害

図7は特別支援学校（知的障害者）に在籍する，中学部第2学年の生徒に対して，学習場面の中で落ち着いて順番を待ったり，ルールを守ったりすること等の社会性の獲得を目指した指導内容例である。

　まず，①に示すように実態把握を行い必要な情報を収集した。知的障害のある生徒の場合，自立や社会参加を目指していく上で必要な知識や技能の習得を図り，社会生活に必要な能力と実践的な態度を育てていく必要がある。対象生徒の場合，想定される高等部での学習や卒業後の進路を踏まえて，集団での学習活動の状況やコミュニケーション面を含めた人との関わりに関する情報を収集した。

　次に，①で示している収集した情報を，②－1から②－3までに示す三つの観点から整理した。

　②－1の観点から，対象生徒は，「心理的な安定」については，新しい環境や状況に対して，心理的な抵抗を示し，情緒面で不安定になることがみられる。また，「人間関係の形成」では，対人関係の幅が狭く集団での学習活動に困難があるなどと整理した。

　②－2の観点から，社会性の広がりに必要な人との関わりやコミュニケーション面の視点を踏まえて，学習上又は生活上の困難の視点で整理した。対象生徒は，自分の意思を伝えようとする気持ちはあるが，十分に有効なコミュニケーション手段を獲得しているまでには至っておらず，相手に伝わらないことで情緒が不安定になることがある，集団での学習活動でルールや順番が守れず，友達とトラブルになることがあるなどと整理した。

　併せて②－3の観点から，高等部での学習や卒業後の進路等を想定して整理した。対象生徒は，今後集団での学習活動の機会や様々な人と関わる機会が増えること，将来に向けて集団生活が送れるようになることを想定して，そのために必要な内容を整理した。

　上記で把握できた実態をもとに，③で示すように指導すべき課題を抽出した。対象生徒の場合は，「落ち着いて活動に最後まで参加することが難しい（「心理的な安定」，「人間関係の形成」）」，「円滑なコミュニケーションを成立することが難しい（「心理的な安定」，「人間関係の形成」，「コミュニケーション」）」を抽出した。

実態把握から具体的な指導内容を設定するまでの例示

| 課題同士の関係を整理する中で今指導すべき目標として | ⑤ ④に基づき設定した指導目標を記す段階 |
|---|---|
| | ・教師や友達からの助言等を受けながら，落ち着いて順番を守ることができる。 |

| 指導目標を達成するために必要な項目の選定 | ⑥ ⑤を達成するために必要な項目を選定する段階 ||||||
|---|---|---|---|---|---|---|
| | 健康の保持 | 心理的な安定 | 人間関係の形成 | 環境の把握 | 身体の動き | コミュニケーション |
| | | (1)情緒の安定に関すること。<br>(2)状況の理解と変化への対応に関すること。 | (1)他者とのかかわりの基礎に関すること。<br>(2)他者の意図や感情の理解に関すること。<br>(4)集団への参加の基礎に関すること。 | | | (2)言語の受容と表出に関すること。<br>(5)状況に応じたコミュニケーションに関すること。 |

| ⑦ 項目と項目を関連付ける際のポイント |
|---|
| ・＜他者からの助言を受け入れることができるために＞（心）(1)と（人）(1)と（コ）(2)を関連付けて配慮事項として設定した指導内容が，⑧ア，⑧イである。<br>・＜ルールや順番を守ることができるようにするために＞（心）(2)と（人）(2)と（コ）(2)を関連付けて配慮事項として設定した指導内容が，⑧ア，⑧イである。<br>・＜集団活動へ参加できるために＞（心）(1)(2)と（人）(1)(4)を関連付けて配慮事項として設定した指導内容が，⑧ア，⑧イである。<br>・＜簡単なやりとりが成立するために＞（人）(1)と（コ）(5)とを関連付けて設定した具体的な指導内容が，⑧ウ，⑧エである。 |

| 選定した項目を関連付けて具体的な指導内容を設定 | ⑧ 具体的な指導内容を設定する段階 |||
|---|---|---|---|
| | ア 学習場面で，他者の助言を受けながら，情緒を安定させて，自分の順番を守れるようにする。 | イ 友達を意識して協調的な動作を促す。<br>ウ 学習場面で，見通しをもてるようにし，順番を守ることを意識できるようにする。 | エ 状況に合わせながら，友達に伝えたいことを，絵カードから選択して伝える。 |

図7　知的障害

さらに，③で示している抽出した指導すべき課題同士の関連を整理し，④に示すように，中心的な課題を導き出した。対象生徒では「情緒面の安定」，「集団での学習活動における適応力」，「コミュニケーション手段の獲得」の視点で整理した。対象生徒は，高等部での学習や卒業後の生活を想定すると，他者からの指導や助言等を受け入れられる人間関係の形成を図りながら，集団への参加を促し，様々な経験を重ねる中でルールを守るなどといった社会性を育むことを目指していく必要がある。

これまでの手続きを踏まえ，⑤のように「教師や友達からの助言等を受けながら，落ち着いて順番を守ることができる。」という指導目標を設定した。

この指導目標を達成するためには，情緒の安定を維持できたり，状況を理解できたりすることが必要である。また，教師や友達などの他人の助言を受け入れられるためには，他者とのかかわりや集団参加の基礎を構築したり，コミュニケーション能力を高めたりすることが必要である。加えて，ルールや順番を守ることができるようになるためには状況の変化に対応したり，他者の意図を受け入れたりできることが必要と考え，⑥に示すように，自立活動の内容から「心理的な安定」の(1)(2)，「人間関係の形成」の(1)(2)(4)，「コミュニケーション」の(2)(5)を選定した。

⑥で示している選定した項目を相互に関連付けて，具体的な指導内容を設定した。対象生徒の場合，⑦に示すように，他者からの助言を受け入れ，情緒の安定を図るようにする指導が必要である。このことから，「心理的な安定」の(1)，「人間関係の形成」の(1)，「コミュニケーション」の(2)を関連付けて，⑧のアに示すように「学習場面で，他者の助言を受けながら，情緒を安定させて，自分の順番を守れるようにする。」という具体的な指導内容を設定した。また，ルールや順番を守ることができるようにする指導が必要である。このことから「心理的な安定」の(2)と「人間関係の形成」の(2)及び「コミュニケーション」の(2)を関連付けて，⑧のイ「友達を意識して協働的な動作を促す。」とウ「学習場面で，見通しをもてるようにし，順番を守ることを意識できるようにする。」という具体的な指導内容を設定した。

実態把握から具体的な指導内容を設定するまでの例示

| 学部・学年 | 高等部・第2学年 |
|---|---|
| 障害の種類・程度や状態等 | 肢体不自由，高等学校に準ずる各教科を学習し，移動は電動車椅子と自走用車椅子を併用している。 |
| 事例の概要 | 障害者用トイレでの一連の動作等を円滑に行い，一人で排泄を済ませることを目指した指導事例 |

① 障害の状態，発達や経験の程度，興味・関心，学習や生活の中で見られる長所やよさ，課題等について情報収集
- 高等学校に準ずる各教科の目標で学習し，電動車椅子と自走用車椅子を併用して移動している。
- 聴覚的な処理，言葉を理解したり話したりすることは全般的に得意であるが，文章の要約は苦手である。
- 視覚的な処理，絵や図の特徴を捉えたり，形を構成したりすることにおいて困難がみられる
- 着替えなどの日常生活動作や書字に時間がかかる。
- 教師や友達と会話をすることを好み，多くのことに前向きな姿勢で取り組む。

②-1　収集した情報（①）を自立活動の区分に即して整理する段階

| 健康の保持 | 心理的な安定 | 人間関係の形成 | 環境の把握 | 身体の動き | コミュニケーション |
|---|---|---|---|---|---|
| ・長時間の書字や車椅子での座位が続くと，肩や背中の痛みを訴える。<br>・排尿の寸前にトイレに行くことが多い。<br>・身体の状態は自覚できているが，自分で筋緊張をゆるめる運動などをする習慣はない。 | ・話したり人前で緊張したりすると体を伸展させ緊張が入る。<br>・意思に反して笑いが止まらなくなることがある。 | ・自分でできることでも人に依頼する傾向がある。<br>・できないと思うと投げやりになりあきらめる。 | ・表や地図から必要な情報を読み取ったり，形を構成したり展開させて考えたりすることが難しい。<br>・はさみで切る，定規を使って線を引くなど，目と手を協応させた動きが苦手である。 | ・日常的に全身の筋緊張が強い。<br>・腰かけ座位の保持はできるが，床座位の保持は困難である。<br>・手すりでのつかまり立ちはできる。<br>・手の力に頼ったつかまり立ちをしているため，ズボンの上げ下げをする際にバランスを崩しやすい。 | ・相手に応じて適切に話すことができるが，話がまとまらないことがある。 |

②-2　収集した情報（①）を学習上又は生活上の困難や，これまでの学習状況の視点から整理する段階
- 排泄を一人で済ませるのが難しいことが，生活上の大きな課題である。排泄に関する諸動作の中でも，特に立ちながらズボンの上げ下ろしをすることが難しい。（健，環，身）
- 筋緊張を調整しながら上下肢や左右を協調させることの困難さが，学習において時間がかかることと大きく関連している。（人，環，身）
- 手すりにつかまって立位を保つことには小学部高学年から取り組んでおり，腰が引けながらではあるが3分程度は立位の保持ができる。（身）
- 椅子から立ち上がったり，椅子に座り込んだりするなどの粗大運動に多くの時間取り組んできたが，両手を協調させて使うなどの活動にはあまり取り組んできていない。（環，身）
- 布団で寝転んだ状態で，はいているズボンやパンツを脱ぐことができるようになった。（身）

②-3　収集した情報（①）を○○年後の姿の観点から整理する段階
- 一人学校から自宅へ下校をしたいと考えている。（環，身，コ）
- 卒業後は一人で暮らすことを想定している。（健，人，環，身）

③　①をもとに②-1，②-2，②-3で整理した情報から課題を抽出する段階
- 排尿の寸前にトイレに行くことが多い。（健）
- 身体の状態は自覚できているが，自分で筋緊張をゆるめる運動などをする習慣はない。（健）
- 自分でできることでも人に依頼する傾向がある。（人）
- はさみで切る，定規を使って線を引くなど目と手を協応させた動きが苦手である。（環）
- 手の力に頼ったつかまり立ちをしているため，ズボンを上げ下げする際にバランスを崩しやすい。（身）

図8　肢体不自由

図8は，特別支援学校（肢体不自由）に在籍し，高等学校に準ずる各教科の目標で学習する高等部第2学年の生徒に対して，電動車椅子と自走用車椅子を併用して移動し，肢体不自由のある障害者用トイレでの一連の動作等を円滑に行い，一人で排泄を済ませるための具体的な指導内容を設定するまでの例である。

　まず，①に示すように，実態把握を行い，必要な情報を収集した。その際，苦手な面だけでなく，得意な面を踏まえて情報を収集するようにした。対象生徒は，言葉の理解や話すことは全般的に得意であり，教師や友達と会話をすることを好み，多くのことに前向きな姿勢で取り組む。一方で，文章の要約が苦手であったり，絵や図の特徴を捉えることや形を構成することにおいて困難が見られたりする。また，着替えなどの日常生活の諸動作や書字に時間がかかる。

　次に，①で示している収集した情報を，②－1から②－3までに示す三つの観点から整理した。

　対象生徒の場合は，②－1の観点から，健康の保持については，身体の状態は自覚できているが，自分で筋緊張をゆるめる運動などをする習慣はみられない。また，人間関係の形成については，自分でできることでも人に依頼する傾向がある。さらに，コミュニケーションについては，相手に応じて適切に話すことができるが，話がまとまらないことがあるなどと整理した。

　②－3の観点から，2年後の姿を想定して整理した。対象生徒は，高等部第2学年であるため，高等部を卒業するときには一人で公共交通機関を使って学校から自宅への下校ができていることや，卒業したらすぐに一人暮らしができるようになる姿を想定した。

　②－2の観点から，②－3で想定した姿に関する学習上又は生活上の困難の視点や過去の学習の状況を踏まえて整理した。対象生徒は，排泄を一人で済ませることが難しいことが生活上の大きな課題であり，排泄に関する諸動作の中でも，立ちながらズボンの上げ下ろしをすることが特に難しいという生活上の困難さが見られる。また，手すりにつかまって立位を保つ学習には小学部の高学年から取り組んでおり，腰が引けながらではあるが3分間程度は立位の保持ができる。

　上記で把握した実態をもとに，③に示すように，指導すべき課題を抽出した。対象生徒は，排尿の寸前にトイレに行くことが多い（健康の保持），身体の状態は自覚できているが，自分で筋緊張をゆるめる運動などをする習慣はない（健康の保持），自分でできることでも人に依頼する傾向がある（人間関係の形成），はさみで切る，定規を使って線を引くなど目と手を協応させた動きが苦手である（環境の把握），手の力に頼ったつかまり立ちをしているため，ズボンを上げ下げする際にバランスを崩しやすい（身体の動き）を抽出した。

実態把握から具体的な指導内容を設定するまでの例示

| | ④ ③で整理した課題同士がどのように関連しているかを整理し，中心的な課題を導き出す段階 |
|---|---|
| | 本人が，今できるようになりたいことは，一人で排泄を済ませることである。残りの指導期間を考えると，今できている車椅子からトイレやベッドなどへの移乗動作をより確実に行うこと，下肢の筋力をつけて立位の安定を図っていくことが優先すべきことなので，「手の力に頼ったつかまり立ちをしているため，ズボンを上げ下げする際にバランスを崩しやすい」ことが中心となる課題と考えられる。また，足を着いたり手すりを掴んだりする位置を確認しながら，自分なりに安定する立ち方を確立していくことも求められる。そのことと併せて，立ちながらズボンやパンツを上げ下げする際に必要となる，目と手の協応や上下肢を協調させて動かすことに関する活動を意図的に取り入れていく必要がある。<br>　自立活動の時間だけでは，排泄に必要な動作の習得は難しいので，尿意の有無に関わらず2校時と3校時の間の休み時間と昼休みに実際に手すりのあるトイレでズボンとパンツの上げ下げ動作を取り入れることとする。こういった日常的な運動が肩や背中の筋緊張の改善にもつながると思われる。 |

| 課題同士の関係を整理する中で今指導すべき目標として | ⑤ ④に基づき設定した指導目標を記す段階 |
|---|---|
| | L字の手すりでつかまり立ちを保持しながら，ズボンの上げ下げをすることができる。 |

| 指導目標を達成するために必要な項目の選定 | ⑥ ⑤を達成するために必要な項目を選定する段階 |||||| 
|---|---|---|---|---|---|---|
| | 健康の保持 | 心理的な安定 | 人間関係の形成 | 環境の把握 | 身体の動き | コミュニケーション |
| | (4)障害の特性の理解と生活環境の調整に関すること。<br>(5)健康状態の維持・改善に関すること。 | | (3)自己の理解と行動の調整に関すること。 | (4)感覚を総合的に活用した周囲の状況についての把握と状況に応じた行動に関すること。 | (1)姿勢と運動・動作の基本的技能に関すること。<br>(3)日常生活に必要な基本動作に関すること。 | |

| | ⑦ 項目と項目を関連付ける際のポイント |
|---|---|
| | ・＜ズボンの上げ下げには片手で操作することが必要なので＞（環）(4)と（身）(1)とを関連付けて設定した具体的な指導内容が，⑧アである。<br>・＜便座からの立ち上がりと座り込みは不可欠なので＞（健）(4)(5)と（人）(3)と（身）(3)とを関連付けて設定した具体的な指導内容が，⑧イである。<br>・＜服のすそをズボンに入れることを確実にするために＞（人）(3)と（環）(4)と（身）(3)とを関連付けて設定した具体的な指導内容が，⑧ウである。<br>・＜決まった形状の手すりからいろいろな形状の手すりへ＞（健）(4)と（身）(3)とを関連付けて設定した具体的な指導内容が，⑧エである。 |

| 選定した項目を関連付けて具体的な指導内容を設定 | ⑧ 具体的な指導内容を設定する段階 ||||
|---|---|---|---|---|
| | ア ズボンの尻や大腿部に付けた洗濯ばさみを，片手は手すりにつかまりながらもう片方の手で外す。 | イ 便座の前の手すりにつかまって座り込んだり立ち上がったりすることを自分が決めた回数行う。 | ウ 椅子や便座に腰かけて，ズボンから出ているすそを自分が設定した時間内で全て入れる。 | エ 校内のいろいろな形状の手すりや台を使って立ち上がったり，車椅子に座り込んだりする。 |

図8　肢体不自由

さらに，③で示している抽出した指導すべき課題同士の関連を整理し，④に示すように，中心的な課題を導き出した。対象生徒の場合，「手の力に頼ったつかまり立ちをしているため，ズボンを上げ下げする際にバランスを崩しやすい」という課題を中心的な課題とし，今できている車椅子からトイレやベッドなどへの移乗動作をより確実に行ったり，下肢の筋力をつけて立位の安定を図ったりすることとした。

　これまでの手続きを経て，⑤に示すように，「L字の手すりでつかまり立ちを保持しながら，ズボンの上げ下げをすることができる。」という指導目標を設定した。

　この指導目標を達成するためには，中心となる課題だけでなく，足を着いたり手すりを掴んだりする位置を確認しながら自分なりに安定する立ち方を確立していくことや，立ちながらズボンやパンツを上げ下げする際に必要となる，目と手の協応や上下肢を協調させて動かすことが必要であることから，⑥に示すように，自立活動の内容から「健康の保持」の(4)と(5)，「人間関係の形成」の(3)，「環境の把握」の(4)，「身体の動き」の(1)と(3)を選定した。

　⑥で示している選定した項目を相互に関連付けて，具体的な指導内容を設定した。対象生徒の場合，⑦に示すように，ズボンの上げ下げには片手で操作することが必要なので，「環境の把握」の(4)と「身体の動き」(1)とを関連付けて，⑧のアに示すように，「ズボンの尻や大腿部に付けた洗濯ばさみを，片手は手すりにつかまりながらもう片方の手で外す。」という具体的な指導内容を設定した。また，服のすそをズボンに入れることを確実にするために，「人間関係の形成」の(3)と「環境の把握」の(4)，「身体の動き」の(3)とを関連付けて，⑧のウに示すように，「椅子や便座に腰かけて，ズボンから出ているすそを自分が設定した時間内で全て入れる。」という具体的な指導内容を設定した。

実態把握から具体的な指導内容を設定するまでの例示

第7章 自立活動の個別の指導計画の作成と内容の取扱い

| 学部・学年 | 中学部・第2学年 |
|---|---|
| 障害の種類・程度や状態等 | 病弱・学校生活への不適応により不登校となる。心身症による身体症状が見られるため，入院して特別支援学校（病弱）に転校 |
| 事例の概要 | 自己理解を深め，自尊感情を高めることを目指した指導 |

① 障害の状態，発達や経験の程度，興味・関心，学習や生活の中で見られる長所やよさ，課題等について情報収集

- 心身症の一つである摂食障害（神経性無食欲症）の診断を受け，入院している。
- 小学生の時は甘いものが好きで，将来パティシエになりたいと思っていた。
- 食べることが好きで，徐々に体重が増加し周りからからかわれた。
- 太ることへの恐怖心が湧き，食べることを拒否しているが，食べたい気持ちがあり，状況に関係なく食べ物の話を繰り返す。
- 容姿を過度に気にするため，授業中でもたびたび鏡を見る。
- 不眠が続き，欠席がちになり中学校1年の秋ごろから不登校となる。
- 中学校では学習が遅れがちになり，登校した時には集団の動きから遅れたり，失敗を繰り返したりし，徐々に自尊感情が低下した。
- 小学校では友人も多かったが，中学校に入ると自尊感情の低下に伴い，人との直接の関わりを避けるようになった。
- 不登校により全体的に学習が遅れがちであり，文字の読み書きは小学校3年生程度である。
- 几帳面な性格であるため，達成できないことがあると落ち込み，話をしなくなる。

②-1 収集した情報（①）を自立活動の区分に即して整理する段階

| 健康の保持 | 心理的な安定 | 人間関係の形成 | 環境の把握 | 身体の動き | コミュニケーション |
|---|---|---|---|---|---|
| ・自分の病気が正しく理解できていない。<br>・必要な食事量が摂取できない。<br>・不眠が続いている。 | ・太ることへの恐怖感がある一方，繰り返し話題にする。<br>・容姿を過度に気にする。<br>・達成できないことがあると落ち込んで，話をしなくなる。 | ・周囲の視線を過剰に意識しており，容姿だけでなく，学習が遅れていることや集団の動きについていけないことも気にしている。<br>・自尊感情の低下に伴い，人との（直接の）関わりを避ける | ・学年相当の文字の読み書きが難しい。 | | ・会話はできるが，対面して話すことを避ける。 |

②-2 収集した情報（①）を学習上又は生活上の困難や，これまでの学習状況の視点から整理する段階

- 太ることへの恐怖や容姿が過度に気になり，食事を摂ることができない。（健）（心）（人）
- 不眠により生活リズムが乱れ学校に通うことが困難。（健）
- 文字の読み書きが困難であり，文字を読み飛ばしたり，行を間違えたりすることがある（小学校3年生程度）。（環）
- 失敗経験が自尊感情の低下につながり，人との関わりを避けている。（心）（人）（コ）

②-3 収集した情報（①）を○○年後の姿の観点から整理する段階

- 将来はパティシエを養成する専門学校へ進学したいと言っている。（健）（心）
- 症状に影響する不安やストレスを自ら認知し，適切に対応することが難しい。（健）（心）
- 心身の日々の変化を把握し，必要に応じて周囲の人に支援を求めることが難しい。（健）（心）（人）（コ）
- 自尊感情が低く，人との（直接的な）関わりを避ける（心）（人）（コ）

③ ①をもとに②-1，②-2，②-3で整理した情報から課題を抽出する段階

- 睡眠時間や食事の摂取に課題がある。（健）（心）
- 読み書きに対する苦手意識があり，限られた時間内に活動できないなど学習上，生活上の困難がある。特に読みについては，文字を読み飛ばしたり，行を間違えたりすることから，詳しく視覚能力についての状態をみる必要がある。（健）（心）（人）（環）
- 自尊感情の低下により，活動が消極的になったり人と直接関わることを避けたりする。（心）（人）（コ）

図9 病弱

図9は，摂食障害（神経性無食欲症）の診断を受け，入院して特別支援学校（病弱）に転校した中学部第2学年の生徒に対して，自己理解を深め，自尊感情を高めるようにするための具体的な指導内容を設定するまでの例である。

まず，①に示すように，実態把握を行い必要な情報を収集した。その際，生徒・保護者からの聞き取りとともに前籍校からの引継ぎや医療機関との連携などから広く情報を収集するようにした。本生徒は，睡眠時間や食事の摂取に課題があり，不登校が続いていた。読み書きの困難さがありその習得は小学校3年生程度である。また，集団の動きから遅れたり，失敗経験を繰り返したりすることによって自尊感情が低下し，人との関わりを避けるなどの様子が見られた。また几帳面な性格で，達成できないことがあるとひどく落ち込むことがある。

次に，①で示している収集した情報を，②－1から②－3までに示す三つの観点から整理した。

対象生徒の場合は，摂食障害による心身両面にわたる症状がもたらす困難を整理することが大切であることから，②－1の自立活動の区分の前に，②－2の学習上又は生活上の困難の視点から収集した情報を整理した。学習上の困難のうち，特に読むことに関しては，文字を読み飛ばしたり，行を間違えて読んだりなどの困難さを示しており，スムーズに読めない自分に落ち込み，自尊感情をさらに低下させていた。また，食べること，眠ることが安定しないことも通学に大きく影響していることなどが整理された。

②－3の観点については，病弱教育の対象となる幼児児童生徒の場合，病状が変化する可能性があることから，数年後の姿を想定することが難しい場合がある。この事例については，本人の進学希望や将来就きたい仕事をしている本人の姿を想定して整理した。

その上で②－1の観点から，自立活動の区分に即して整理すると，「健康の保持」では，自分の病気を正しく理解できていないこと，「人間関係の形成」では，自尊感情の低下に伴い，人との関わりを避けること等が整理できた。

上記で整理した実態をもとに，③に示すように，指導すべき課題を抽出した。対象生徒の場合は，「睡眠時間や食事の摂取に課題がある（健康の保持）（心理的な安定）」，「読み書きに対する苦手意識があり，限られた時間内に活動できないなどの学習上，生活上の困難がある（健康の保持，心理的な安定，人間関係の形成，環境の把握）」，「自尊感情の低下により，活動が消極的になったり人と直接関わることを避けたりする（心理的な安定，人間関係の形成，コミュニケーション）」を抽出した。

実態把握から具体的な指導内容を設定するまでの例示

| | ④ ③で整理した課題同士がどのように関連しているかを整理し，中心的な課題を導き出す段階 |
|---|---|
| | ・自尊感情が低下しているので，苦手としている学習上の課題や，生活上の睡眠や食事の課題に取り組むことで，自己理解を促し，自信をつけさせ，自尊感情が高まる取り組みが必要である。 |

| 課題同士の関係を整理する中で今指導すべき指導目標として | ⑤ ④に基づき設定した指導目標を記す段階 |
|---|---|
| | ・自己理解を深めることにより，体調，感情等の自己管理能力やコミュニケーション能力及び自分なりの学習方法を身に付け，前向きな気持ちを育み，自尊感情を高める。 |

| 指導目標を達成するために必要な項目の選定 | ⑥ ⑤を達成するために必要な項目を選定する段階 ||||||
|---|---|---|---|---|---|---|
| | 健康の保持 | 心理的な安定 | 人間関係の形成 | 環境の把握 | 身体の動き | コミュニケーション |
| | ☆<br>(2)病気の状態の理解と生活管理に関すること。<br>☆☆・☆☆☆<br>(4)障害の特性の理解と生活環境の調整に関すること。<br>(5)健康状態の維持・改善に関すること。 | ☆<br>(1)情緒の安定に関すること。<br>☆☆・☆☆☆<br>(3)障害による学習上又は生活上の困難を改善・克服する意欲に関すること。 | ☆☆<br>(3)自己の理解と行動の調整に関すること。<br>☆☆☆<br>(4)集団への参加の基礎に関すること。 | ☆☆<br>(2)感覚や認知の特性についての理解と対応に関すること。 | | ☆☆・☆☆☆<br>(5)状況に応じたコミュニケーションに関すること。 |

| ⑦ 項目と項目を関連付ける際のポイント |
|---|
| ＜項目と項目を関連付ける共通の意図＞<br>　効果的な指導のために，治療計画や日内変動を踏まえて指導内容・方法を選定することが大切であるが，治療計画は必ずしも計画どおりに進むとは限らない。また日内変動は，体調による変動だけでなく，場所や状況等によっても大きく変動することがある。一日の内に何度か変動することがあるため，それぞれの状況等に応じた項目を選定する必要がある。急性期は治療を優先する必要があるため，具体的な指導は安定期に行われることが多い。そのため，ここでは安定期の指導内容について記述し，指導目標を達成するための項目を関連付けて具体的な指導内容を設定した。(☆☆の項目を設定)<br>＜具体的な指導内容と項目を関連付ける意図＞<br>・自己理解を通した日常生活の自己管理能力の向上を図る意図で（健）(5)と（心）(3)と（人）(3)とを関連付けて設定した具体的な指導内容が，⑧アである。<br>・認知の特性や動作の状態に応じた学習方法を確立する意図で（健）(4)と（心）(3)と（人）(3)と（環）(2)とを関連付けて設定した具体的な指導内容が，⑧イである。<br>・会話の内容や状況に応じたコミュニケーション能力の獲得および人と関わる意欲の向上を図る意図で（心）(3)と（人）(4)と（コ）(5)とを関連付けて設定した具体的な指導内容が，⑧ウである。 |

| 選定した項目を関連付けて具体的な指導内容を設定 | ⑧ 具体的な指導内容を設定する段階 |||
|---|---|---|---|
| | ア 食事・睡眠の状態や体調・精神状態等を自ら記録することをとおして，心身の状態の変化を客観的に把握するとともに，それぞれの状況を振り返る中で，必要に応じて周囲の人に助けを求める又は休養する時間と場所を求めるなど，状態の変化に応じて主体的に対応する。 | イ 追視に課題があることがわかったので，読字については，例えば写真や絵，絵文字，短い言葉などで構成されたＬＬブックや音声で読み上げるオーディオブック，デイジー図書等を活用して読書への興味関心を高めるとともに，円滑な追視などの視覚能力を向上させるビジョントレーニング等により一連の文章を読み間違えたり，読み飛ばしたりすることを少なくする。 | ウ ソーシャルスキルの指導やロールプレイ等をとおして，学校や日常生活で想定される課題への対応方法を身につけ，適切に対応する実体験を重ねることにより，達成感・成就感を得る。 |

☆：不調時（入院初期を含む），☆☆：安定期，☆☆☆：移行期
※必要な項目の選定に当たっては，治療ステージや日内変動に応じた指導ができるようにするため記載するが，具体的な指導内容については，安定期にある子どもに絞って記載している。

図9　病弱

さらに，③で示している抽出すべき課題同士の関連を整理し，④に示すように中心的な課題を導き出した。摂食障害等の心身症の本生徒の場合，各教科の学習空白等に応じた指導だけではなく，身体面に関する指導と精神面に関する指導も必要である。また，摂食障害は拒食状態になると命に関わることがあるため，医師や看護師と連携して指導に当たることになるが，その際に本人が症状とストレス等との関係について知るとともに，主体的に日々の健康状態の変化を把握し，改善・克服しようとする意欲をもつことが重要となる。そこで，苦手としている学習上の課題や，生活上の食事や睡眠の課題に取り組むことで，自己理解を促し，自信をつけさせ，自尊感情が高まる取組を中心的な課題とした。

　これまでの手続きを経て，⑤に示すように，「自己理解を深めることにより，体調，感情等の自己管理能力やコミュニケーション能力及び自分なりの学習方法を身に付け，前向きな気持ちを育み，自尊感情を高める。」という指導目標を設定した。

　治療等により病状は変わっていくことから，不調期（☆，入院初期を含む），安定期（☆☆），退院＝前籍校への復籍の移行期（☆☆☆）に分けて病状を予測し，⑥に示すように，それぞれにおいて「健康の保持」の(2)(5)，「心理的な安定」の(1)(3)，「人間関係の形成」の(3)(4)，「環境の把握」の(2)，「コミュニケーション」の(5)を選定した。

　これらのうち，ここでは，安定期（☆☆の項目を設定）を取り上げ，⑥で選定した項目を相互に関連付けて，具体的な指導内容を設定した。本生徒の場合，⑦に示すように，会話の内容や状況に応じたコミュニケーション能力の獲得及び人と関わる意欲の向上を図るための指導が必要である。このことから，「心理的な安定」の(3)，「人間関係の形成」の(4)，「コミュニケーション」の(5)を関連付けて，⑧のウに示すようにソーシャルスキルの指導やロールプレイ等をとおして，学校や日常生活で想定される課題への対応方法を身に付け，適切に対応する実体験を重ねることにより，達成感・成就感を得る。」という安定期における具体的な指導内容を設定した。

| 学部・学年 | 小学校・第3学年 |
|---|---|
| 障害の種類・程度や状態等 | 言語障害（吃音） |
| 事例の概要 | 吃音への不安等を抱える児童に対し，吃音について知り，不安等を軽減することを意図した指導 |

① 障害の状態，発達や経験の程度，興味・関心，学習や生活の中で見られる長所やよさ，課題等について情報収集

- 吃症状は，音の繰り返しと軽いつまりが主である。
- 吃音に対する不安や恥ずかしいという思いを強くもっており，できるだけ少ないことばで応答しようとし，挙手や人目につく役割を極力避けようとする。このため，吃音自体は，学校では目立たない。
- 学年の始めや夏休み明け，行事の前など，環境が変化すると吃症状が強くなることがある。
- 授業中に音読する場面では吃症状はほとんど見られず，自由会話になるとその頻度が増える。
- 読書好きで語彙が豊富であり，学力も高い。場の雰囲気や状況を読む力も優れている。
- 家族や担任，クラスの限られた友人との関係は良好である。
- 吃音へのからかいなどで辛い思いをすることはないが，低学年のとき，吃音のことを知らない友達から「なんで，そんな話し方するの？」と尋ねられた経験は何度もある。

②－1 収集した情報（①）を自立活動の区分に即して整理する段階

| 健康の保持 | 心理的な安定 | 人間関係の形成 | 環境の把握 | 身体の動き | コミュニケーション |
|---|---|---|---|---|---|
| ・吃音について家族も触れずにいたため，吃音に関する知識をもっていない。 | ・自分には吃症状があるという自覚があり，できるだけ少ないことばでやり取りを済まそうとする。<br>・できるだけ人目につく役割を避けようとする。 | ・吃音のことを知っている仲の良い特定の友達とだけ一緒にいることが多く，消極的である。 | | | ・吃症状は音の繰り返しと軽いつまりが主である。音読よりも自由会話で吃症状が現れることが多い。<br>・学年の始めや夏休み明け，行事前など環境が変化すると吃症状が強く現れる。 |

②－2 収集した情報（①）を学習上又は生活上の困難や，これまでの学習状況の視点から整理する段階

- 吃音が出ないように，発言や行動面で消極的に学校生活を送っており，自分を出せない不全感を抱いている。（心，人）
- 吃音が出るのではないかという不安感や恐怖感を常に抱いており，限られた友人とのみ交流している。（健，心，人）

②－3 収集した情報（①）を○○年後の姿の観点から整理する段階

- 保護者は，吃音に捕らわれず，自分に自信をもち，自分の力を発揮でき，将来は自分から周囲に働きかけるような力を身に付けてほしいと願っている。（心，人，コ）
- 本人は多くの友達を作ったり，友人関係を深めたりしたいという願いをもっている。（人，コ）

③ ①をもとに②－1，②－2，②－3で整理した情報から課題を抽出する段階

- 吃音に関する客観的な知識がないため，強い不安感・恐怖感を常に抱えている。（健）
- 吃音が出るのではないかという不安感，恐怖感から，発言や行動面が消極的になる。（心）
- 友達との関係を広げたいと思っているが，限られた友人とのみ交流している。（人）
- いつ吃音が出るか，吃症状が変化するか予測できないなど，吃音の波に対する不安を一人で抱えている。（心，コ）

④ ③で整理した課題同士がどのように関連しているかを整理し，中心的な課題を導き出す段階

- ③の課題同士の関連を，「吃音に対する自分の内面（捉え方やイメージ）」と，「その結果として現れる言動」，それに対する「自分の思い」という視点で整理した。（次ページの図参照）
- 吃音に対する本人の内面を不安感や恐怖感が大きく占めている背景として，吃音について知らないことと誰にも言えず一人で悩んでいることが考えられた。このことから，中心的な課題は，吃音に対する不安感や恐怖感を軽減していくことと考えた。そのために，指導上必要なことは，背景として考えられることを踏まえ，吃音に対する本人の理解を図っていくことと，安心できる相手と吃音が出ることに捕らわれずに話すことと考えた。

図10　言語障害

図10は，吃音のある小学校第3学年の児童に対して，通級による指導（言語障害）において，吃音について知り，不安等を軽減するための具体的な指導内容を設定するまでの例である。

まず，実態把握をするために必要な情報を収集した。吃音のある児童の場合，吃音の頻度や吃り方などの吃症状だけでなく，児童自身が吃音をどのように捉えているか，吃音に対する不安や恐怖，恥ずかしさや自分を責めてしまう思いなどを抱えていないかという「吃音に対する児童の内面」に着目する必要がある。また，吃音のほかにコミュニケーションを阻害する要因（語彙の少なさ，構音の未熟さ，状況認知の苦手さなど）がないかという「吃音以外の言語に関わる課題」という視点も大切である。そして，「本人の気質や様々な出来事に伴う情動など」の視点も重要である。さらに，「本人と周囲との関わりといった環境」に着目する視点も大切である。特に，吃音の場合，本人の成長や周囲との関係によって困難さや本人が抱える不安などの状態像が変わっていくため，その時々で実態把握をしていくことが大切である。

図の①に示すように，対象児の吃症状は，音の繰り返しと軽いつまりが主で，授業中の音読では吃症状はほとんど見られず，自由会話になるとその頻度が増える。吃音に対する不安や恥ずかしさなどの思いを強くもっており，できるだけ少ない言葉で応答しようとしたり，人目につく役割を極力避けたりするため，吃音自体は，学校では目立たない。家族や友人等との関係も良好で，からかいなどで辛い思いをすることはないが，低学年のとき，吃音のことを知らない友達から「なんで，そんな話し方するの？」と聞かれた経験は何度もある。

次に，収集した情報を学習上又は生活上の困難の視点から整理した結果，②－2に示す困難が挙げられた。一つ目は，吃音が出ないよう消極的な学校生活を送っており，自分を出せないという不全感を抱いていることである。児童は，学力も高く，友人たちに対する思いも豊かであるが，その力を十分に発揮していないことや本人の不全感を保護者も心配している。二つ目は，吃音に対する不安感や恐怖感を常に抱いていることである。

また，②－3に示す本人や保護者の願いやなりたい姿という視点でも整理をした。本人は，より積極的に人と関わりたいという願いをもっており，保護者は，これまで吃音を本人に意識させないようにしてきたが，思春期に入る前の小学校段階で，吃音に捕らわれずに，自分に自信をもち，その力を発揮してほしいと願っている。

さらに，これらの困難や本人，保護者の願い等と自立活動の内容との関連を把握するために，②－1に示すよう自立活動の区分に即した整理も行った。

> 実態把握から具体的な指導内容を設定するまでの例示

| 吃音に対する自分の内面 | 結果として現れる言動 | それに対する自分の思い |
|---|---|---|
| 吃音に対する不安感・恐怖感 ⇒ | 消極的な発言や行動等 ⇒ | 自分を出せないという不全感 |
| ▲予測できない<br>▲どうしたらいいかわからない<br>▲誰にも言えない | ▲できるだけ少ない言葉で話す<br>▲人の目につくことをしない<br>▲限られた友人とだけ交流 | ▲学習や学校生活で自分の力を出せていない<br>▲友達との関係を広げたいが，できずにいる |

「背景」として考えられること
- ●吃音について知らないこと
- ●一人で悩んでいること

| 課題同士の関係を整理する中で今指導すべき目標として | ⑤ ④に基づき設定した指導目標を記す段階<br>通級指導教室に来たときに，自分の話したいことを自分から話し出せること。 |
|---|---|

第7章 自立活動の個別の指導計画の作成と内容の取扱い

| 指導目標を達成するために必要な項目の選定 | ⑥ ⑤を達成するために必要な項目を選定する段階 |||||||
|---|---|---|---|---|---|---|
| | 健康の保持 | 心理的な安定 | 人間関係の形成 | 環境の把握 | 身体の動き | コミュニケーション |
| | (4)障害の特性の理解と生活環境の調整に関すること。 | (2)状況の理解と変化への対応に関すること。<br>(3)障害による学習上又は生活上の困難を改善・克服する意欲に関すること。 | (3)自己の理解と行動の調整に関すること。 | | | (2)言語の受容と表出に関すること。<br>(5)状況に応じたコミュニケーションに関すること。 |

| ⑦ 項目と項目を関連付ける際のポイント |
|---|
| 〈自分の話したいことを話せるようになっていくために〉（心）(2)と(3)と（人）(3)と（コ）(2)と(5)とを関連付けて設定した具体的な指導内容が，⑧アである。<br>また，この目標を達成するためには，発達段階に応じた吃音の適切な知識を児童自身が得ることが必要である。したがって，（健）(4)と（心）(3)と（人）(3)と（コ）(5)とも関連させていくことが必要であるため，⑧イを設定した。 |

| 選定した項目を関連付けて具体的な指導内容を設定 | ⑧ 具体的な指導内容を設定する段階 ||
|---|---|---|
| | ア 体験したことや興味のあることについて，楽しく意欲的に会話をする経験をもたせる。<br>・本人が好きな活動や自信をもっている活動を取り上げ，自己肯定感を育む。<br>・「好きなこと」「得意なこと」「苦手なこと」など，自己理解を広げるプリントを話し合いながら行い，自己を多面的に見られるようにする。 | イ 吃音理解に関する本を一緒に読む中で，吃音に対する「分からない故の不安」の軽減を図る。<br>・吃音の状態に応じた対応の仕方や吃音に伴う日常の経験について，担当者と個別に，又は同じ吃音のあるグループで話し合う。<br>・いろいろな読み方や話し方を体験し，話し方は1通りだけでないことを知らせる。 |

図10 言語障害

このようにして把握した児童の実態から、③のように課題を4つ抽出し、④のように整理した。そして、「吃音に対する自分の内面（捉え方やイメージ）」と「その結果として現れる言動」、それに対する「自分の思い」という視点で課題同士の関連を検討した。この結果、吃音に対する児童の内面を不安感や恐怖感が大きく占めており、行動や思いに影響を及ぼしていることから、不安感や恐怖感を軽減することが中心的な課題であると捉えた。

　これを踏まえ、安心できる場で吃音について知り、吃音があっても不安感が無く話せるようになることを長期の目標とした。そして、短期の指導目標を⑤の「通級指導教室に来たときに、自分の話したいことを自分から話し出せること。」とした。

　次に、この指導目標を達成するために、具体的な指導内容を考える必要がある。そこで、自立活動の内容の「健康の保持」、「心理的な安定」、「人間関係の形成」「コミュニケーション」の区分の下に示されている項目の中から必要な項目を⑥のように選定した。

　そして、⑦に示すポイントに基づき、選定した項目同士を関連付けて具体的な指導内容を設定するが、本事例では、児童が自分の話したいことを話せるようになっていくために、「心理的な安定」の(2)(3)と「人間関係の形成」の(3)と「コミュニケーション」の(2)(5)とを関連付け、⑧ア「体験したことや興味のあることについて、楽しく意欲的に会話をする経験をもたせる。」という具体的な指導内容を設定した。

　また、⑤の指導目標を達成するためには、発達段階に応じた吃音の適切な知識を児童自身が得ることが必要である。したがって、「健康の保持」の項目「(4)障害の特性の理解と生活環境の調整に関すること。」と「心理的な安定」の(3)と「人間関係の形成」の(3)と「コミュニケーション」の(5)とを関連付け、⑧イ「吃音理解に関する本を一緒に読む中で、吃音に対する『分からない故の不安』の軽減を図る。」という具体的な指導内容を設定した。

　そして、アとイとを関連させながら指導を行うこととした。

　児童自身が自立し生きていく主体者であることを尊重するとともに、児童の生活やその後の成長全体を見渡して、指導目標や指導内容を設定していくことが大切である。

　更に、「より日常が過ごしやすくなるためにどうしたらいいか、吃音と向き合い、自己肯定感を育むためにはどうしたらよいかを一緒に考えていく。」という指導者の姿勢が大切である。

> 実態把握から具体的な指導内容を設定するまでの例示

| 学部・学年 | 中学部・第1学年 |
|---|---|
| 障害の種類・程度や状態等 | 自閉症，知的障害。言葉でのやりとりはできるが，他者の意図や感情の理解に困難さがみられる。 |
| 事例の概要 | 他者とのコミュニケーションを苦手としている生徒に，やり取りの仕方を指導した事例。 |

① 障害の状態，発達や経験の程度，興味・関心，学習や生活の中で見られる長所やよさ，課題等について情報収集

- 聴覚から情報をとらえることは苦手であるものの，視覚からの情報を理解することが得意である。
- 運動が好きで，進んで体を動かしている。
- 他者の様子に関心があり，進んでコミュニケーションを取ろうとする。
- 気持ちが落ち着かなくなったときに，自らの行動を抑制することが難しく，他者に対して荒々しい行動に及んでしまうことがある。
- 困ったことに直面したときに，他者に援助を求める方法が身に付いていない。
- 険しい表情・口調で話してしまうことが多く，相手に動揺を与えてしまうことがある。
- 感情などを言葉にして話すことが難しく，相手に意思が伝わらないことが多い。
- 一方的に話してしまうことが多く，相手の話を聞くのが苦手なため，会話が成立しにくい。

②-1　収集した情報（①）を自立活動の区分に即して整理する段階

| 健康の保持 | 心理的な安定 | 人間関係の形成 | 環境の把握 | 身体の動き | コミュニケーション |
|---|---|---|---|---|---|
| ・運動が好きで，進んで体を動かしている。 | ・気持ちが落ち着かなくなった時に，自らの行動を抑制することが難しく，他者に対して荒々しい行動に及んでしまうことがある。 | ・険しい表情・口調で話してしまうことが多く，相手に動揺を与えてしまうことがある。<br>・一方的に話してしまうことが多く，相手の話を聞くのが苦手なため，会話が成立しにくい。 | ・聴覚から情報を得ることは苦手である。<br>・視覚から情報をとらえて理解することは得意である。 | ・運動が好きで，進んで体を動かしている。 | ・困ったことに直面した時に，他者に援助を求める方法が身に付いていない。<br>・感情などを言葉にして話すことが難しく，相手に意思が伝わらないことが多い。 |

②-2　収集した情報（①）を学習上又は生活上の困難や，これまでの学習状況の視点から整理する段階

- 他者に関心があり，伝えたいことがあるにも関わらず，相手に意思が的確に伝えられない状況になっている。
- 険しい表情・口調で一方的に話し掛けてしまうために，相手側はコミュニケーションを取りにくく，会話が弾まない状況になっている。
- 困ったことに直面したときに，他者に援助を求めることができず，いつまでも困った状況を解消できないことがある。そうした状況が続くと，他者に対して荒々しい行動に及んでしまうことがあり，周囲から制止されるという循環が生じている。

②-3　収集した情報（①）を○○年後の姿の観点から整理する段階

- 高等部卒業後に企業等に就労することを見据え，伝えたいことを整理して，必要な連絡・報告を行うことができる力を段階的に身に付ける必要がある。
- 他者の話を聞くことや，話す内容を理解してやりとりするなど，状況に応じたコミュニケーションの取り方を段階的に身に付ける必要がある。
- 困ったことに直面したときに，気持ちを落ち着かせたり，他者に援助を求めたり方法を段階的に身に付ける必要がある。

③　①をもとに②-1，②-2，②-3で整理した情報から課題を抽出する段階

- 気持ちが落ち着かなくなったときに，その状態を本人なりに収める方法を身に付けていない。（心）
- 他者と話をするときの基本的な話し方等が身に付いていない。（人）
- 視覚から情報をとらえて理解することが得意で，学習に活用できる。（環）
- 困ったことに直面したときに，他者に援助を求めることが難しい。（コ）
- 伝えたいことを整理して，話をすることが難しい。（コ）

図11　自閉症

図11は，自閉症と知的障害のある特別支援学校中学部第1学年の生徒に対して，他者と基本的な会話等をするための具体的な指導内容を設定するまでの例である。

　まず，①に示すように，実態把握を行い必要な情報を収集した。その際，自閉症や知的障害のある生徒の場合，コミュニケーションや情報の処理などに課題があることから，主に，他者との関わりや認知特性，また，自発的に取り組んでいることや特に優れていること，感覚の過敏等を踏まえて情報収集するようにした。対象生徒は，自ら体を動かす活発さがあるとともに，他者と進んでコミュニケーションを取ろうとしている生徒である。一方，活動の手順が分からなかったり，伝えたいことを整理して話せなかったりした場合でも他者に援助を求めることができないことがある。また，困った状況が続いて，気持ちが落ち着かなくなると，他者に対して荒々しい行動に及んでしまうこともある。

　次に，①で示している収集した情報を，②－1から②－3までに示す三つの観点から整理した。対象生徒の場合は，②－1の観点から，「心理的な安定」では，気持ちが落ち着かなくなった時に，自らの行動を抑制することが難しく，他者に対して荒々しい行動がみられる。また，「人間関係の形成」では，相手の話を聞くことが苦手な場面がみられる。また，「環境の把握」では，視覚から情報を捉えて理解することが得意な面がみられる。

　②－2の観点から，学習上又は生活上の困難の視点や，他者とのコミュニケーションに関して過去の学習による習得状況を踏まえて整理した。対象生徒は，意思が的確に伝えられなかったり，他者とのやりとりが成り立ちにくかったりすることがよくみられる。また，困った事柄に直面したときに，他者に援助を求める方法を身に付けていないため，次第に気持ちが落ち着かなくなって他者に対して荒々しい行動になってしまい，その結果周囲から制止を受けるという循環が生じている。

　②－3の観点から，高等部卒業後の姿を想定して整理した。対象生徒が企業等に就労することを見据えた場合，困ったことに直面した際に他者に援助を求めることを含め，必要な連絡・報告を行うことができる力を確実に身に付けておく必要がある。また，気持ちが落ち着かなくなった際に，その状態を本人なりに収められることのできる方法も身に付けておく必要がある。

　上記で把握できた実態をもとに，③に示すように，指導すべき課題を抽出した。対象生徒の場合は，基本的な話し方等が身に付いていないこと（人間関係の形成），整理して話をすることが難しいこと（コミュニケーション），気持ちを収めたりする方法が身に着いていないこと（心理的な安定）等を抽出した。

| | ④ ③で整理した課題同士がどのように関連しているかを整理し，中心的な課題を導き出す段階 |
|---|---|
| | ・困ったことに直面したときに，他者に援助を求める方法を身に付けていないことで，次第に気持ちが落ち着かなくなる状況が生まれている。また，気持ちが落ち着かなくなったときに，その状態を収める方法を身に付けていないため，他者に対して荒々しい行動になっている。従って，伝えたいことを整理して話をしたり，基本的な会話の方法を身に付けたりすることで，困った状況になることや，荒々しい行動に及ぶことが減少するようにしていくことが大切である。<br>・合わせて，困ったことに直面した際に，そのことを他者に伝え，援助を求められるようにすることや，気持ちが落ち着かなくなった際に，その状態を収めることのできる本人なりの方法を身に付けていくことが大切である。<br>・これらの学習においては，視覚から情報をとらえて理解する力が高いことや，話すことや運動が好きなことなど，本人の強みを生かすような指導の仕方が望ましい。 |

| 課題同士の関係を整理する中で今指導すべき目標として | ⑤ ④に基づき設定した指導目標を記す段階 |
|---|---|
| | 一方的に話すことを調整しながら，伝えたいことを整理して話すことができる。 |

| 指導目標を達成するために必要な項目の選定 | ⑥ ⑤を達成するために必要な項目を選定する段階 | | | | |
|---|---|---|---|---|---|
| | 健康の保持 | 心理的な安定 | 人間関係の形成 | 環境の把握 | 身体の動き | コミュニケーション |
| | | (1)情緒の安定に関すること。 | (2)他者の意図や感情の理解に関すること。<br>(3)自己の理解と行動の調整に関すること。 | (2)感覚や認知の特性についての理解と対応に関すること。 | | (1)コミュニケーションの基礎的能力に関すること。<br>(5)状況に応じたコミュニケーションに関すること。 |

| | ⑦ 項目と項目を関連付ける際のポイント |
|---|---|
| | ・＜伝えたい内容を整理して話せるように＞（環）(2)と（コ）(1)とを関連付けて設定した具体的な指導内容が，⑧アである。<br>・＜相手の話を聞いて，穏やかに話せるように＞（人）(2)と（環）(2)と（コ）(5)とを関連付けて設定した具体的な指導内容が，⑧イである。<br>・＜落ち着かない気持ちを収められるように＞（心）(1)と（人）(3)とを関連付けて設定した具体的な指導内容が，⑧ウである。 |

| 選定した項目を関連付けて具体的な指導内容を設定 | ⑧ 具体的な指導内容を設定する段階 | | |
|---|---|---|---|
| | ア 相手に伝えなければならない事柄を，いつ，どこで，どうしたいかなどの項目を示した資料を見ながら，順番に話す。 | イ 日常の会話の様子を動画で撮影し，省みるようにすることで，相手の話を聞きながら話したり，穏やかな口調や表情で相手に接したりするよう意識する。 | ウ 気持ちが不安定になったときには，その場を一時的に離れ，体を動かすなどして発散できるようになる。 |

図11 自閉症

さらに，③で示している抽出した指導すべき課題同士の関連を整理し，④に示すように，中心的な課題を導き出した。対象生徒の場合，本人の心情に十分配慮し，得意な面を生かしつつ，伝えたいことを整理して話をすることや，相手の話を聞きながら話すことなどを取り上げていく必要がある。他者に対して荒々しい行動は，これらの力が身に付いていないことから生じているものであり，荒々しい行動そのものを止めようとすることよりも，困ったことに直面したとき，他者に援助を求められるようにすることや，気持ちが落ち着かなくなった際に，その状態を収めることのできる，本人なりの方法の確立を目指すことが大切である。

　これまでの手続きを経て，⑤に示すように，「一方的に話すことを調整しながら，伝えたいことを整理して話すことができる。」という指導目標を設定した。

　この指導目標を達成するためには，対象生徒の自立と社会参加に必要となるやりとりに関する知識，技能，態度及び習慣とは何かを明らかにするとともに，そのための自己調整が必要であることから，⑥に示すように，自立活動の内容から，「心理的な安定」の「(1)情緒の安定に関すること。」，「人間関係の形成」の「(2)他者の意図や感情の理解に関すること。」，「(3)自己の理解と行動の調整に関すること。」，「環境の把握」の「(2)感覚や認知の特性についての理解と対応に関すること。」，「コミュニケーション」の「(1)コミュニケーションの基礎的能力に関すること。」，「(5)状況に応じたコミュニケーションに関すること。」を選定した。

　⑥で示している選定した項目を相互に関連付けて具体的な指導内容を設定した。対象生徒の場合，⑦に示すように，伝えたい内容を整理して話すことができるようにする指導が必要であることから，「環境の把握」の(2)と「コミュニケーション」の(1)を関連付けて，⑧のアに示すように，「相手に伝えなければならない事柄を，いつ，どこで，どうしたいかなどの項目示した資料を見ながら，順番に話す。」という具体的な指導内容等を設定した。また，相手の話を聞いて，穏かに話すことができるようにする指導が必要であることから「人間関係の形成」の(2)と「環境の把握」の(2)及び「コミュニケーション」の(5)とを関連付けて，⑧のイに示すように，「日常の会話の様子を動画で撮影し，省みるようにすることで，相手の話を聞きながら話したり，穏やかな口調や表情で相手に接したりするよう意識する。」という具体的な指導内容を設定した。さらに，落ち着かない気持ちを収められるようにする指導が必要であることから「心理的な安定」の(1)と「人間関係の形成」の(3)とを関連付けて，⑧のウに示すように「気持ちが不安定になったときには，その場を一時的に離れ，体を動かすなどして発散できるようになる。」という具体的な指導内容を設定した。

> 実態把握から具体的な指導内容を設定するまでの例示

| 学校・学年 | 高等学校・第1学年 |
|---|---|
| 障害の種類・程度や状態等 | 学習障害（読み書き障害） |
| 事例の概要 | 学習上の困難を改善・克服するための方法を知り，その方法に習熟し使えるようにするための指導 |

① 障害の状態，発達や経験の程度，興味・関心，学習や生活の中で見られる長所やよさ，課題等について情報収集

- 英単語は，発音を聞くとローマ字でその通りに書こうとするので正しい綴りで書くことができない。「難しい英単語を書けるようになりたいが，今の自分では書けない」と英語の授業に対して積極的ではない。
- 英語の単語をローマ字読みしてしまうため，耳で聞いて知っている単語でも読めないことが多い。
- 英語の会話文を聞いて，半分程度理解できる。もっと英語ができるようになりたいと願っている。
- 文字でなければ形を認識することは困難ではなく，美術や数学の図形問題はよくできる。
- 日本語の漢字の読み方については，訓読みはほぼできるが，音読みは苦手で，意味の理解も不十分である。
- コンピュータ等の情報機器で文章入力をすることは得意である。タッチタイピングが可能で，フリック入力（タッチパネルを利用した指を上下左右に滑らせる入力方式）では1分間に70文字程度の速度で入力ができる。コンピュータ等の情報機器を活用することで，学習，コミュニケーションがしやすくなると感じている。
- 同級生との会話ではうまくかみ合わないこともあるが，学級内で孤立しているわけではない。
- 別室受験や読み上げ支援を受けていることは，「友達に知られても仕方ない」と教師に発言している。

②－1 収集した情報（①）を自立活動の区分に即して整理する段階

| 健康の保持 | 心理的な安定 | 人間関係の形成 | 環境の把握 | 身体の動き | コミュニケーション |
|---|---|---|---|---|---|
| ・自分の特性（読み書きが苦手）は分かっているが，原因までは理解していない。 | ・読み書きの苦手さやそれに対する配慮を友達に知られることは不安である。<br>・できないことは仕方ないと思っている。 | | ・形を視覚的に捉えることは得意である。<br>・文字と音声を結びつけて同時に記憶し再生しようとすると，曖昧になる。 | ・手先の巧緻性があり，慣れれば素早く動かすこともできる。 | ・代替機器等を使用すると効率的に書くことができる。<br>・日常会話の中で使われる漢字熟語の意味の理解は不十分である。 |

②－2 収集した情報（①）を学習上又は生活上の困難の視点や，これまでの学習状況の視点から整理する段階

- 学習においては，読み書きの困難が英語科において顕著に表れているが，日本語においても熟語の読みが苦手なところから，聞く場合でも学年相応の理解ができていないと考えられる。（コ）
- 読み書きが困難であることは分かっているが，どのように解決していけばよいかまでは明確には分かっていない。（健，心）
- 「タブレット型端末を学校で使うことができれば，読み上げ機能を使って読んだり，分からない言葉を調べたりすることが速くできる」と言っている。（環）
- 学習の遅れにより，学習以外の生活上の様々なことについても自信を無くし始めている。（心）

②－3 収集した情報（①）を○○年後の姿の観点から整理する段階

- 数年後には社会人となり，コンピュータ等の情報機器等を使用することに制限がほぼなくなると考えられる。（健，心，環）
- 「将来はタブレット型端末があれば読み書きが苦手でも何とかやっていけそうだ」と本人が思うようになってきている。（心，コ）
- 自信を失うことなく生活を送ることができるようにすると共に，更にICT等の利用に習熟することが大切である。（心，コ）

③ ①をもとに②－1，②－2，②－3で整理した情報から課題を抽出する段階

- 代替手段の選定とその習熟，代替手段の適切な使用により学習上の困難を軽減させる。（環，コ）
- 代替手段や自分の得意なことを生かした方法を適切に使用することにより，学習上の困難を軽減させる。（コ）
- 自分自身の困難の状態やその原因を理解する。（健）
- 方法を工夫すればできるという自信を高めていく。（心）

図12　学習障害

図12は，学習障害のある高等学校第１学年の生徒に対して，学習上の困難を改善・克服するための方法を知り，その方法に習熟し使えるようにするための具体的な指導内容を設定するまでの例である。
　まず，①に示すように，実態把握を行い必要な情報を収集した。その際，本人の得意とする方法や希望する進路を踏まえて情報を収集するようにした。
　対象生徒は，英単語をローマ字と同様に書こうとするため正しい綴りを覚えることが難しい。また，英語をローマ字読みするため，聞けばわかる英単語でも読めないことが多い。英語の会話文は聞くと半分程度理解でき，もっと英語ができるようになりたいと願っている。漢字の音読みも苦手としている。一方，形を認識することは得意で，美術や数学の図形問題はよくできる。タッチタイピングが可能で，フリック入力も実用的な速度である。周囲の生徒と異なる支援を自分が受けることについて「親しい友達ならば知られても仕方ない」と教師に言っている。
　次に，①で示している収集した情報を，②－１から②－３までに示す三つの観点から整理した。対象生徒の場合は，②－１の観点から，「健康の保持」では，読み書きが苦手だという自己理解はあるが，その原因は理解できていない。「心理的な安定」では，「できないことは仕方がない」と思っており，配慮を友達に知られることは少しずつ仕方ないと思い始めているが，まだ自分の状態をうまく説明できないために不安を感じている。「環境の把握」では，視覚的に文字の形態を把握することはできるが，文字の形態と音声を同時に認識することが困難である。「身体の動き」では，コンピュータ等の情報機器に関しては慣れれば素早く操作できる。「コミュニケーション」では，代替機器を使用すると効率的に相手の意図を理解したり，意思表示したりできる。②－２の観点から，学習上又は生活上の困難の視点で整理した。対象生徒は，読み書きの困難が英語科で特に顕著に現れている。漢字についても読み書きが苦手なので熟語の理解は進まず，聞いただけでは学習で使われる用語の理解は難しい。困難を自覚しているが，その改善・克服の方策は分かっていない。そのため学習が遅れ，生活全般についても自信を無くしている。②－３の観点から，高等学校卒業時を想定して整理した。対象生徒は，コンピュータ等の情報機器等を使うことで読み書きが苦手でも生活できることを想像しており，将来に向けて自信を失わずに生活できる姿を想定した。
　上記で把握できた実態をもとに，③に示すように，指導すべき課題を抽出した。対象生徒の場合は「代替手段の選定とその習熟」，代替手段の適切な使用により困難を軽減させる」，「代替手段や自分の得意なことを生かした方法を適切に使用することにより，学習上の困難を軽減させる」，「自分自身の困難の状態やその原因を理解する」，「方法を工夫すればできるという自信を高めていく」を抽出した。

実態把握から具体的な指導内容を設定するまでの例示

第7章 自立活動の個別の指導計画の作成と内容の取扱い

| | ④ ③で整理した課題同士がどのように関連しているかを整理し，中心的な課題を導き出す段階 |
|---|---|
| | ・読み書きの困難を軽減するための自分に適した方法がわかり，その方法が必要である理由を理解する。<br>・学習上の困難を改善するための認知機能の大きく向上することについては，高等学校第1学年という生活年齢ではあまり期待できないため，代替手段の活用を重視する。<br>・得意なことを生かして苦手なことを補うことができるようにする。 |

| 課題同士の関係を整理する中で今指導すべき目標として | ⑤ ④に基づき設定した指導目標を記す段階 |
|---|---|
| | ・英語を中心とした学習上の困難を改善・克服するための方法を知り，その方法を用いて，他の生徒の平均と同じ程度の時間で読み書きができる。<br>・自分が提供されている合理的配慮の必要性を，質問されたときに説明することができる。 |

| 指導目標を達成するために必要な項目の選定 | ⑥ ⑤を達成するために必要な項目を選定する段階 | | | | | |
|---|---|---|---|---|---|---|
| | 健康の保持 | 心理的な安定 | 人間関係の形成 | 環境の把握 | 身体の動き | コミュニケーション |
| | (4)障害の特性の理解と生活環境の調整に関すること。 | (3)障害による学習上又は生活上の困難を改善・克服する意欲に関すること。 | | (2)感覚や認知の特性についての理解と対応に関すること。<br>(3)感覚の補助及び代行手段の活用に関すること。 | | (2)言語の表出と受容に関すること。<br>(4)コミュニケーション手段の選択と活用に関すること。<br>(5)状況に応じたコミュニケーションに関すること。 |

| | ⑦ 項目と項目を関連付ける際のポイント |
|---|---|
| | ・困難を乗り越えるために使用するICT機器等や方法に関わる内容として（環）(2)(3)とコ(2)(4)(5)を関連付けて設定した具体的な指導内容が，⑧アである。<br>・失っている自信を取り戻すために，（健）(4)と（心）(3)を関連付けて設定した具体的な指導内容が，⑧イである。<br>・高校生段階としての自己理解ができるようになることを目指して，（心）(3)とコ(2)(5)を関連付けて設定した具体的な指導内容が，⑧ウである。 |

| 選定した項目を関連付けて具体的な指導内容を設定 | ⑧ 具体的な指導内容を設定する段階 | | |
|---|---|---|---|
| | ア コンピュータ等の情報機器等を使用して読み書きの困難を乗り越える方法に習熟し，必要に応じて，その成果や意図を他者に説明できる。 | イ 適切な方法により，読み書きはできるようになることを理解し，今はできないことでも挑戦しようという気持ちをもつ。 | ウ 読解に際して行われる情報処理過程の概略を理解し，自分の困難は方法を工夫することで乗り越えられることに気付く。 |

図12　学習障害

さらに，③で示している抽出した指導すべき課題同士の関連を整理し，④に示すように中心的な課題を導き出した。対象生徒の場合，認知機能が大きく向上し学習上の困難が改善されることについては，高等学校第１学年という生活年齢ではあまり期待できない。そのため，代替手段の活用を重視し，自信を高め，将来的には社会的障壁の除去を相手に意思表示できるようになる必要がある。そこで，まずは読み書きの困難を軽減するための自分に適した方法が分かり，その方法が必要である理由を理解することを中心的な課題とした。

　これまでの手続きを経て，⑤に示すように，「英語を中心とした学習上の困難を改善・克服するための方法を知り，その方法を用いて，他の生徒の平均と同じ程度の時間で読み書きができる」，「自分が提供されている合理的配慮の必要性を，質問されたときに説明することができる」という目標を設定した。

　この指導目標を達成するためには，得意なことを生かして苦手なことを補うことができるようにすることが必要であることから，⑥に示すように，自立活動の内容から，「健康の保持」の「(4)障害の特性の理解と生活環境の調整に関すること」，「心理的な安定」の「(3)障害による学習上又は生活上の困難を改善・克服する意欲に関すること」，「環境の把握」の「(2)感覚や認知の特性についての理解と対応に関すること」と「(3)感覚の補助及び代行手段の活用に関すること」，「コミュニケーション」の「(2)言語の表出と受容に関すること」，「(4)コミュニケーション手段の選択と活用に関すること」，及び「(5)状況に応じたコミュニケーションに関すること」を選定した。⑥で示している選定した項目を相互に関連付けて，具体的な指導内容を設定した。対象生徒の場合，⑦に示すように，例えば，困難を乗り越えるために使用するコンピュータ等の情報機器等や自分に適した方法がわかり，それらに習熟し，さらに社会的障壁の除去の方策として位置付け，必要に応じて他者に説明したり，場合によっては依頼したりすることができるようにするために，「環境の把握」(2)(3)と「コミュニケーション」(2)(4)(5)を関連付けて，⑧のアに示すように「ＩＣＴ等を使用して読み書きの困難を乗り越える方法に習熟し，必要に応じて，その成果や意図を他者に説明できる」という具体的な指導内容を設定した。失っている自信を取り戻すために，「健康の保持」(4)と「心理的な安定」(3)を関連付けて，⑧のイに示すように「適切な方法により，読み書きはできるようになることを理解し，今はできないことでも挑戦しようという気持ちをもつ」という具体的な指導内容を設定した。高校生段階としての自己理解ができるようになることを目指して，「心理的な安定」(3)と「コミュニケーション」(2)(5)を関連付けて，⑧のウに示すように「読解に際して行われる情報処理過程の概略を理解し，自分の困難は方法を工夫することで乗り越えられることに気付く」という具体的な指導内容を設定した。

実態把握から具体的な指導内容を設定するまでの例示

第7章 自立活動の個別の指導計画の作成と内容の取扱い

| 学校・学年 | 小学校・第3学年 |
|---|---|
| 障害の種類・程度や状態等 | 注意欠陥多動性障害　衝動性等により学級のルール等を守ることが苦手である。 |
| 事例の概要 | 集団の中における感情や行動を自分でコントロールする力を高めるための指導 |

① 障害の状態，発達や経験の程度，興味・関心，学習や生活の中で見られる長所やよさ，課題等について情報収集

- 学級のルール等について，内容は理解しているものの実際の場面になると，自分がしたいことを優先してしまう場合が多い。
- 教科学習の理解はよく，習得も速いが，出し抜けに答えたり，友達に伝えたりしてしまう。また，テストでは解答欄を間違えるなどのうっかりミスが多い。
- 昆虫など小動物が好きで，校庭で見つけると捕まえてくるが，突然，友達の目の前に突き付けて驚かせる。
- 遊びやゲームなどを面白くする工夫やルールを提案することが得意だが，唐突にルールを変えようとする傾向がある。
- 人や物にぶつかることが多いが，ぶつかったことに気付かないためにけんかになることがある。
- 体を動かすことは好きだが，球技など道具を操作する活動が苦手で，ゲームの途中で投げ出してしまうことがある。
- 約束や決まりを聞いて覚えるより，必要事項を紙面で見ながら説明を聞く方が理解しやすいようである。
- 突発的な発言で友達を泣かせたことを指摘されてもなかなか謝ることができないことが多いが，落ち着いてから話すと「泣かせたのは僕が悪かったかもしれない」と言う。
- 最近，失敗した後に「なぜ，うまくいかないのだろう」と失敗した自分を責めるような場面が見られる。
- 1枚のプリントに数多くの問題があるとすぐに投げ出そうとするが，細かく区切って提示すると最後まで解くことができた。
- 役割を与えられたり，取組を認められたりすると熱心に活動する。

②-1　収集した情報（①）を自立活動の区分に即して整理する段階

| 健康の保持 | 心理的な安定 | 人間関係の形成 | 環境の把握 | 身体の動き | コミュニケーション |
|---|---|---|---|---|---|
|  | ・前向きで活動的であるが，最近，少しできない自分を責めるような発言が見られる。<br>・穏やかに話しかけると興奮することが少ない。 | ・他者のために役立ちたい，他者と関わりたいという気持ちは強い。<br>・落ち着いていれば相手の心情を理解できるが，その前に行動してしまう。 | ・聞くより見る方が理解しやすい。 | ・人や物にぶつかる，道具を使用することが苦手など，意識的に身体操作をすることに困難がある。 | ・相手の立場を意識することが難しく，自分の興味・関心を優先してしまう。 |

②-2　収集した情報（①）を学習上又は生活上の困難や，これまでの学習状況の視点から整理する段階

- 学習に関しては高い理解力があり，解答欄を間違うなどのうっかりミスが多い以外は特に問題はない。しかし今後，学習において複雑な思考や過程を必要とする場面が増えることが予想され，できないことや失敗が繰り返されることにより，学習に対する意欲が低下する恐れもある。（心）
- 生活に関しては，周囲の状況を判断することなく興味本位の活動をしてしまい失敗することや，集団や授業におけるルールの大切さが理解できていても，実際の場面では守れないことが問題となっている。（人，環，コ）

②-3　収集した情報（①）を○○年後の姿の観点から整理する段階

- 保護者は，衝動的な言動により，高い理解力を生かし切ることができないことや，また，友達との距離が離れてしまうことを心配している。（心，人）
- 叱責や失敗体験が成功体験を上回ると，学習や生活に対する意欲や自信が低下することが考えられる。（心，人）
- 本人の特性に応じた配慮が続けられれば，中学校に行っても本来持っている力を発揮することができるだろう。（人，環）

③ ①をもとに②-1，②-2，②-3で整理した情報から課題を抽出する段階

- 自分の行動がどのような影響を及ぼすのかを想像したり，周囲の人の表情や口調等から読み取ったりして，適切に判断して行動することやルールを守ることなどが難しい。（心・人・環）
- ルールは知っていても，よくないと気づいた時にすぐに謝罪することが難しい。（人・コ）

図13　注意欠陥多動性障害

図13は，注意欠陥多動性障害があり，衝動性等により学級のルール等を守ることが苦手である小学校第3学年の児童に対して，集団の中における感情や行動を自分でコントロールする力を高める指導を行うための具体的な指導内容を設定するまでの例である。

　まず，①に示すように，実態把握を行い必要な情報を収集した。その際，学習面や対人関係の困難さと共に，本人がうまく対応できた具体的場面を踏まえて情報を収集するようにした。対象児童は，学級のルール等について，内容は理解しているものの実際の場面になると，自分がしたいことを優先してしまうことがある。また，教科学習の理解はよく，習得は速いが，出し抜けに答えたり，友達に伝えたりしてしまう。また，テストでは解答欄を間違うなどのうっかりミスが多い。約束や決まりを聞いて覚えるより，必要事項を紙面で見ながら説明を聞く方が理解しやすく，役割を与えられたり，取組を認められたりすると熱心に活動する。

　次に，①で示している収集した情報を，②－1から②－3までに示す三つの観点から整理した。対象児童の場合は，②－1の観点から，「心理的安定」では，前向きで活動的であるが，最近，少しできない自分を責めるような発言が見られる。また，穏やかに話しかけると興奮することが少ない。「人間関係の形成」では，他者のために役立ちたい，他者と関わりたいという気持ちは強い。落ち着いていれば相手の心情を理解できるが，相手の心情を考える前に行動してしまうことがある。「環境の把握」では，聞くより見る方が理解しやすいという傾向がある。「身体の動き」では，人や物にぶつかる，道具を使用することが苦手など，意識的に身体操作をすることに困難がある。「コミュニケーション」では，相手の立場を意識することが難しく，自分の興味・関心を優先してしまう。

　②－2の観点から，学習上又は生活上の困難の視点で整理した。対象児童は，学習に関しては特に問題はない。しかし生活に関しては，周囲の状況を把握することはできても，それをもとに判断する前に行動したり，興味本位の言動をして失敗したりしてしまう。また，集団や授業におけるルールの大切さが理解できていても実際の場面では守れないことなどが問題となっている。そのような失敗体験が多いことから，学習や生活に対する意欲や自信が低下する恐れがある。

　②－3の観点から，中学校進学後を想定して整理した。保護者は，衝動的な言動により，高い理解力を生かし切ることができないこと，また，友達との距離が離れてしまうことを心配している。今後，本人の特性に応じた配慮が継続されることにより，中学校でも本来持っている力を発揮できることが期待できる。

　上記で把握できた実態をもとに，③に示すように，指導すべき課題を抽出した。対象児童の場合は，自分の行動がどのような影響を及ぼすのかを想像したり，周囲の人の表情や口調等から読み取ったりして，適切に判断して行動することや

| | ④ ③で整理した課題同士がどのように関連しているかを整理し，中心的な課題を導き出す段階 |
|---|---|
| | ・落ち着いた状況であれば，相手の表情や口調等から適切な判断ができることが多く，取組を認められると熱心に取り組むことから，衝動的な言動をコントロールできたときにすぐに褒めることにより，徐々に自分の言動をコントロールできるようになることが期待できる。現段階では，落ち着いた場面では適切な行動ができる場面が多くみられるが，少しずつ自信や意欲を失くしかけている場面もみられることから，個別指導や小集団場面で，望ましい行動をとった場面や望ましくない行動をとらなかった場面で，指導者が本人の意欲が高まる方法で適切に評価することが，まずは大切である。<br>・視覚的な情報からルールを守ることの大切さを知るとともに，ルールを守ったり衝動的な言動を減らしたりすることで楽しい活動ができる経験を多く積み，自分の身体をコントロールすることで気持ちを安定させる方法を学ぶなどして，衝動的な言動を自分でコントロールする力を高める。 |

| 課題同士の関係を整理する中で今指導すべき目標として | ⑤ ④に基づき設定した指導目標を記す段階 |
|---|---|
| | ・通級による指導の場において，成功体験を実感することのできる学習環境の中で，衝動的な言動をコントロールしながら，望ましいコミュニケーションや円滑な集団参加ができる。 |

| 指導目標を達成するために必要な項目の選定 | ⑥ ⑤を達成するために必要な項目を選定する段階 | | | | | |
|---|---|---|---|---|---|---|
| | 健康の保持 | 心理的な安定 | 人間関係の形成 | 環境の把握 | 身体の動き | コミュニケーション |
| | | (3)障害による学習上又は生活上の困難を改善・克服する意欲に関すること。 | (2)他者の意図や感情の理解に関すること。<br>(3)自己の理解と行動の調整に関すること。 | | | (5)状況に応じたコミュニケーションに関すること。 |

| ⑦ 項目と項目を関連付ける際のポイント |
|---|
| ・個別や小集団の落ち着いた雰囲気の中で他者とのやり取りができ，適切な評価を受けることができることから，（心）(3)と（人）(3)と（コ）(5)を関連付けて設定した具体的な指導内容が，⑧アである。<br>・望ましい言動や自分の言動を客観的に見る経験が少ないことから，（人）(2)と（コ）(5)を関連付けて設定した具体的な指導内容が，⑧イである。<br>・常に自分の気持ちを安定させたり，衝動的になりそうな場面で落ち着いたりする方法を知り，自分に合った方法を身に付けるために，（心）(3)と（人）(2)(3)を関連付けて設定した具体的な指導内容が，⑧ウである。 |

| 選定した項目を関連付けて具体的な指導内容を設定 | ⑧ 具体的な指導内容を設定する段階 | | |
|---|---|---|---|
| | ア 小集団において，ルールを守ることや負けた時の対応方法などを身に付けるため，簡単なルールのあるゲーム等に取り組む。 | イ 学校の中で起こる様々な場面をビデオや絵で見て，その場面を，登場人物の気持ちを考えながら演じたり，ビデオ撮影等で自分の言動を客観的に見たりしながら，適切な行動を，その理由と共に話し合う中で理解する。 | ウ 気持ちを安定させるために，身体を自分で適切にコントロールできるようになる。 |

図13 注意欠陥多動性障害

ルールを守ること，またルールを知っていても，よくないと気づいた時にすぐに謝罪することが難しいことを課題として抽出した。

　さらに，③で示している抽出した指導すべき課題同士の関連を整理し，④に示すように，中心的な課題を導き出した。対象児童の場合，落ち着いた場面では適切な行動ができる場面が多くみられたり，取組を認められると熱心に取り組んだりすることができる。一方，少しずつ自信や意欲を失くしかけている場面もみられることから，個別指導や小集団の指導において，適切に自分の言動をコントロールできた場面を捉え，指導者が本人の意欲が高まる方法で適切に評価することが，まずは大切である。本人が理解しやすい視覚的な情報を使って，ルールを守ることの大切さを知るとともに，ルールを守ったり衝動的な言動を減らしたりすることで楽しい活動ができる経験を多く積み，自分の身体をコントロールすることで気持ちを安定させる方法を学ぶなどして，衝動的な言動を自分でコントロールする力を高めることを中心的な課題とした。

　これまでの手続きを経て，⑤に示すように，「通級による指導の場において，成功体験を実感することのできる学習環境の中で，衝動的な言動をコントロールしながら，望ましいコミュニケーションや円滑な集団参加ができる」という目標を設定した。

　この指導目標を達成するためには，衝動的な言動を自分自身でコントロールする方法を知り，取り組む力をつけることが必要であることから，⑥に示すように，「心理的安定」の「(3)障害による学習上又は生活上の困難を改善・克服する意欲に関すること。」，「人間関係の形成」の「(2)他者の意図や感情の理解に関すること。」，「(3)自己の理解と行動の調整に関すること。」，「コミュニケーション」の「(5)状況に応じたコミュニケーションに関すること。」を選定した。

　⑥で示している選定した項目を相互に関連付けて，具体的な指導内容を設定した。対象児童の場合，⑦に示すように，個別や小集団の落ち着いた雰囲気の中で指導すれば，他者とのやり取りができ，適切な評価を与えることができると考えられる。そこで，「心理的な安定」の(3)，「人間関係の形成」の(2)(3)及び「コミュニケーション」の(5)とを関連付けて，⑧アに示すように「小集団において，ルールを守ることや負けた時の対応方法などを身に付けるため，簡単なルールのあるゲーム等に取り組む」という具体的な指導内容を設定した。また，さらに，自分の気持ちを安定させたり，衝動的になりそうな場面で落ち着いたりする方法を知り，自分に合った方法を身に付けるために，「心理的な安定」の(3)と「人間関係の形成」の(2)(3)とを関連付けて，⑧ウに示すように「気持ちを安定させるために，身体を自分で適切にコントロールできるようになる」という具体的な指導内容を設定した。

| 学校・学年 | 小学校・第5学年 |
|---|---|
| 障害の種類・程度や状態等 | 高機能自閉症　知的発達に遅れはなく，他者の意図や感情の理解が苦手である。 |
| 事例の概要 | 人との関わりへの自信と意欲を取り戻し，コミュニケーションの力を高める指導 |

第7章
自立活動の個別の
指導計画の作成と
内容の取扱い

| ①　障害の状態，発達や経験の程度，興味・関心，学習や生活の中で見られる長所やよさ，課題等について情報収集 |
|---|
| ・教科学習の内容はおおむね定着しているが，場面から登場人物の心情を推察することは苦手としている。4年生で「ごんぎつね」の学習をした時には，「ごんぎつねは悪いことばかりをしていたので，兵十に退治された」と主張した。<br>・忘れ物はほとんどなく，宿題は丁寧に仕上げてくる。<br>・係活動では進行表があれば，司会を上手に務めることができた。その後，次第に進行表がなくてもできるようになった。<br>・最近になってエプロンの紐を後ろで結ぶことや，髪を一人で洗ったり後ろで束ねたりすることが，家庭でできるようになった。<br>・急に寒くなっても薄着のまま登校するなど，暑さや寒さなどの感覚が他の児童と違うと感じる場面がある。<br>・とめはねはらいを強調した独特の字を書く。<br>・学級の友達に「その服，似合ってないね」と言って，相手を泣かせたことがあった。その場では謝っていたが，相手を傷つけるようなことを言ってしまったということが理解できないようで，後で「ほんとうのことを言っただけ」と日記に書いていた。<br>・普段の生活ではあまりトラブルを起こすことはない。<br>・低学年の頃は休み時間等にクラスメイトと遊ぶ場面が見られたが，最近は一人で図書室に行って好きな本を読んでいることが増えてきた。<br>・自分の興味・関心に従い，クラスメイトがあまり興味のない内容の話をしても聞いてくれないことがあり，「この頃，仲間外れにされている」と訴えてきたが，友達が使う流行語なども分からないようだった。 |

| ②-1　収集した情報（①）を自立活動の区分に即して整理する段階 ||||||
|---|---|---|---|---|---|
| 健康の保持 | 心理的な安定 | 人間関係の形成 | 環境の把握 | 身体の動き | コミュニケーション |
| ・寒暖に合わせて服装を調節することはできない。 | ・友達とうまく関われていないことを自覚していて，不安が強くなってきている。 | ・相手の表情や態度から総合的に判断するのではなく，言葉や文字情報に依存して判断する傾向がある。 | ・視覚面では全体より部分を細かくとらえる傾向がある。<br>・気温の変化を感じ取ることは苦手である。 | ・指先の巧緻性が徐々に身に付いてきている。 | ・これから思春期に向かうが，その年齢に応じたコミュニケーション能力はまだ身についていない。 |

| ②-2　収集した情報（①）を学習上又は生活上の困難や，これまでの学習状況の視点から整理する段階 |
|---|
| ・学習上の困難は主として心情理解が困難であることに起因しており，教科学習全般には意欲的でありよく理解している。（人）<br>・普段の人間関係において，相手の心情理解が不十分なことによる困難が増しつつある。状況に応じて周囲の人の気持ちを推測することができないことや，興味・関心が同年代の子供と異なるために，すれ違いが大きくなってきている。（人，コ） |

| ②-3　収集した情報（①）を〇〇年後の姿の観点から整理する段階 |
|---|
| ・低学年の時に仲の良かった友達とも距離ができたことを感じていて，今後ますます一人になりそうなことを心配している。（心）<br>・母親も仲の良い友達がいないことを聞き，心配している。今後，思春期を迎えるにあたり，対人関係が大きな課題となることに不安を感じている。（人，コ）<br>・人間関係が複雑になる中学，高等学校生活の前に，苦手なことや不安なことを相談する力を育てていく必要がある。（コ） |

| ③　①をもとに②-1，②-2，②-3で整理した情報から課題を抽出する段階 |
|---|
| ・周囲の様子や相手の表情，声の調子など，多くの情報を統合し，状況や心情を推測することが難しい。（人）<br>・コミュニケーションを続けるための言葉や動作，援助の求め方，相談の仕方などの基本的なコミュニケーションの能力が不十分である。（コ）<br>・人と関わる自信と意欲の低下が見られる。（心）<br>・年齢相応に身の回りを整えるためには，手先の巧緻性を高めていく必要がある。（身） |

図14　高機能自閉症（アスペルガー症候群を含む）

図14は，高機能自閉症があり，知的発達に遅れはないが他者の意図や心情の理解に困難が見られる小学校第5学年の児童に対して，人との関わりへの自信と意欲を取り戻しながらコミュニケーションの力を高める指導を行うための具体的な指導内容を設定するまでの例である。

　まず，①に示すように，実態把握を行い必要な情報を収集した。その際，学習や対人関係のエピソード，本児・保護者の思いを収集することで対象児童の特徴をつかむようにした。対象児童は，教科学習の内容は概ね定着していて，学習にも意欲的に取り組むが，登場人物の心情理解を苦手としている。無意識に相手を傷つけることを言ってしまうが，そのことを指導しても十分に理解できていない様子が見られる。興味の幅が狭いため，同学年の同性の友達の会話に入れず，すれ違いや孤独感を感じるようになってきている

　次に，①で示している収集した情報を，②－1から②－3までに示す三つの観点から整理した。対象児童の場合は，②－1の観点から，「人間関係の形成」では，相手の状況や心情を，表情や態度も含めて総合的に判断するのではなく，話し言葉や文字情報に依存して判断する傾向がみられる。「環境の把握」では，全体より部分を優先することや気温の変化を感じ取る感覚面での鈍感さもその傾向を強めていると考えられる。このことが，本児の困難の中心的な課題となっている。一方，一度身に付けたことは実行するので，周囲の状況に影響されずに行動できるよさがある。「心理的な安定」では，状況の理解が苦手で，刻々と変わる人間関係や暗黙の了解について理解することが難しい様子が見られる。そのため，最近は，グループ活動への参加は受け身になりがちである。「身体の動き」では，指先を細かく動かす作業は苦手であり，年齢相応に身だしなみを整えることの困難に繋がっている。②－2の観点から，学習上又は生活上の困難の視点で整理した。対象児童は，周囲の状況や相手の心情を理解することが難しいだけでなく，興味・関心が同年代の児童と異なることがすれ違いを大きくしていると考えられる。また，成長とともに自身がこのことを自覚するようになり，同年代の友達との関わりに自信を無くし，消極的になってきている。一方で，自分の立場やするべきことが明確になっていれば協調的に活動でき，人との関わりを保つことができると思われる。②－3の観点から，思春期を迎えるにあたり，保護者は，対象児童の個性を尊重しながらも，孤立せずに学校生活を送れるよう，必要最小限の社会性と同年代の友達と関わる意欲を育てたいと願っている。

　上記で把握できた実態をもとに，③に示すように，指導すべき課題を抽出した。対象児童の場合は，感覚を活用し，複数の情報を整理して状況や心情を推測することが苦手なことによる年齢相応のコミュニケーションの困難，更に，友達との関わりへの不安に起因した人との関わりへの自信と意欲の低下及び手先の巧緻性

| | ④ ③で整理した課題同士がどのように関連しているかを整理し，中心的な課題を導き出す段階 |
|---|---|
| | ・心情や状況の理解に関しては，未発達な面もあるが，論理的に説明することで理解できることもあるので，理解が進むことは期待できる。現段階では，人との関わりへの自信と意欲を失いつつあること，体験的に学んでいくことが般化には必要であることから，興味・関心が共通している同年代の友達と協力して活動する中で，まずは，人と関わることへの自信や意欲を育てていく。その際，個別指導で基礎的なコミュニケーションスキルを学び，同年代の小集団においては，複数の教師による指導体制により，場に応じた言動を考え適切なやりとりができるようにすることで，心情や状況の理解を促す。<br>・暗黙の了解として社会的に通用していることが分からない場合は，「分かっているはず」と片付けずに，丁寧に説明をすることで理解を促す。その際，自ら分からないことを質問したり，助けを求めたりする力も併せて育てる。<br>・身体の動きに関しては，発達段階を考え，興味のもてることや趣味，余暇，年齢相応の身だしなみなどにつながることを通して，巧緻性を高める。 |

| 課題同士の関係を整理する中で今指導すべき目標として | ⑤ ④に基づき設定した指導目標を記す段階 |
|---|---|
| | ・誘う，断る，励ます，説明する，質問するなど，人と関わるために必要なコミュニケーションの仕方を知り，通級指導担当の教師に対して，相手の心情を考えて使用すると共に，手先の巧緻性を高め，髪の毛や衣服の紐や留め具を一人で整えることができる。 |

| 指導目標を達成するために必要な項目の選定 | ⑥ ⑤を達成するために必要な項目を選定する段階 ||||||
|---|---|---|---|---|---|---|
| | 健康の保持 | 心理的な安定 | 人間関係の形成 | 環境の把握 | 身体の動き | コミュニケーション |
| | | (1)情緒の安定に関すること。<br>(2)状況の理解と変化への対応に関すること。 | (2)他者の意図や感情の理解に関すること。 | | (3)日常生活に必要な基本動作に関すること。 | (2)言語の受容と表出に関すること。<br>(5)状況に応じたコミュニケーションに関すること。 |

| | ⑦ 項目と項目を関連付ける際のポイント |
|---|---|
| | ・安心できる環境で体験的に学ぶことが有効なので，（心）(1)と（人）(2)と（コ）(5)を関連付けて設定した具体的な指導内容が，⑧アである。<br>・情緒の安定を図りながら手先の巧緻性を高められるように，（心）(1)と（身）(3)を関連付けて設定した具体的な指導内容が，⑧イである。<br>・自己理解を高め，主体的に相談するスキルを身に付けるために，（心）(1)(2)と（コ）(2)(5)を関連付けて設定した具体的な指導内容が，⑧ウである。 |

| 選定した項目を関連付けて具体的な指導内容を設定 | ⑧ 具体的な指導内容を設定する段階 |||
|---|---|---|---|
| | ア 少人数の安心できるグループで，人と関わる自信と意欲を育てながら，話し合ったり協力したりしながら進める課題に取り組む。 | イ 思いや願いを引き出しながら，年齢に見合った身だしなみや制作（裁縫など）など，手先の巧緻性を高める課題に取り組む。 | ウ 一週間の出来事をシンボルや簡単な絵などで視覚化しながら聞き取り，気持ちや状況を整理しながら言語化する。 |

図14 高機能自閉症（アスペルガー症候群を含む）

を抽出した。

　さらに、③で示している抽出した指導すべき課題同士の関連を整理し、④に示すように、中心的な課題を導き出した。対象児童の場合、抽出した課題は、同年代の友達との関係を築いていくことと関連している。特に、関わる意欲の低下は、経験の場や状況を判断したり相手の表情を見て行動を調整したりする体験的な学びが少なくなることから、中心的な課題とした。また、身の回りを自分で整える技能は、社会性を育てていく土台となる。さらに、対象児童の特性は自己の努力だけでは改善することが難しい面があり、援助を求めたり相談したりする力を育てていくことも中心的な課題とした。

　これまでの手続きを経て、⑤に示すように、「誘う、断る、励ます、説明する、質問するなど、人と関わるために必要なコミュニケーションの仕方を知り、通級による指導の場において、グループメンバーや通級指導担当の教師に対して、相手の心情を考えて使用すると共に、手先の巧緻性を高め、髪の毛や衣服の紐や留め具を一人で整えることができる。」という目標を設定した。

　この指導目標を達成するためには、心理的な安定を図りながら、具体的に人との関わり方を身に付け、できることを増やしていくことが必要であることから、⑥に示すように、自立活動の内容から、「心理的な安定」の「(1)情緒の安定に関すること。」、「(2)状況の理解と変化への対応に関すること。」、「人間関係の形成」の「(2)他者の意図や感情の理解に関すること。」、「身体の動き」の「(3)日常生活に必要な基本動作に関すること。」、「コミュニケーション」の「(2)言語の受容と表出に関すること。」と「(5)状況に応じたコミュニケーションに関すること。」を選定した。

　⑥で示している選定した項目を相互に関連付けて、具体的な指導内容を設定した。対象児童の場合、⑦に示すように、「心理的な安定」の(1)と「人間関係の形成」の(2)と「コミュニケーション」の(5)を関連付けて、⑧のアに示すように、少人数の安心できるグループで、人と関わる自信と意欲を育てながら、話し合ったり協力したりしながら進める課題に取り組むという具体的な指導内容を設定した。また、情緒の安定を図りながら手先の巧緻性を高め、できることを増やしていくことが必要なことから、「心理的な安定」の(1)と「身体の動き」の(3)を関連付けて、⑧のイに示すように、思いや願いを引き出しながら、裁縫など、手先の巧緻性を高める課題に取り組むという具体的な指導内容を設定した。さらに、自己理解を高め、主体的に相談するスキルを身に付けるために、「心理的な安定」の(1)(2)と「コミュニケーション」の(2)(5)を関連付けて、⑧のウに示すように、一週間の出来事をシンボルや簡単な絵などで視覚化しながら聞き取り、気持ちや状況を整理しながら言語化するという具体的な指導内容を設定した。これらを小集団での指導と個別指導を効果的に組み合わせて指導していく。

実態把握から具体的な指導内容を設定するまでの例示

| 学部・学年 | 中学部・第3学年 |
|---|---|
| 障害の種類・程度や状態等 | 知的障害を併せ有する盲ろう |
| 事例の概要 | 身振りサインなどを用いて教師とやりとりができるようにするための指導 |

① 障害の状態，発達や経験の程度，興味・関心，学習や生活の中で見られる長所やよさ，課題等について情報収集

- 知的障害を併せ有する先天性の盲ろう障害の生徒である。
- 視覚障害については，原因は不明で測定不可である。晴れた日に屋外に出た時にまぶしがる様子が見られるなど行動観察で光覚が認められるが，物に目を近づけて見ようとする様子は見られない。
- 聴覚障害については，90dBの音に無反応との結果だった。現在も音や声に反応する様子は見られない。行動観察で音や声に反応する場面は見られない。
- 教室内は自力での移動が可能であるが，教室外の移動は教師の手引きが必要である。
- 家族や教師とのやり取りは，これから行う活動と直接関係のある体の部位を使っての身振りサインやオブジェクトキュー（活動をイメージする具体物等）を用いており，生徒からの自発的な発信は10種類程度，受信して理解できるのは30種類程度である。
- いつも関わる教師の働き掛けに対して，「わかった」，「やりたくない」などの返答や自分のやりたいことを伝えるなどごく簡単なやりとりができる。
- トランポリン，水遊びなど体を動かす遊びのほか，棒やブロック，木材等を組み合わせる遊びなどを楽しむ。
- 活動の見通しをもつことが難しく，特に自分の意に反する活動に対する切り替えが難しい。
- 想定外のことや自分の思いが通らないようなことが起きると，怒ったり，その場から動かなくなったりする。

②-1 収集した情報（①）を自立活動の区分に即して整理する段階

| 健康の保持 | 心理的な安定 | 人間関係の形成 | 環境の把握 | 身体の動き | コミュニケーション |
|---|---|---|---|---|---|
| ・健康面は良好で，体調は安定している。 | ・突然の出来事や自分の思い通りにならないことに対して，怒って拒否的になる。 | ・いつも接する教師からの働きかけは受け止めている。 | ・視覚と聴覚からの情報がほとんど入らない。<br>・いつも使用している教室内の配置はかなり把握していて，ほぼ自由に動くことができる。 | ・限られた空間では，身体を動かす遊びを好んで行っている。 | ・身振りサインやオブジェクトキューを用いて，簡単なコミュニケーションをとっている。 |

②-2 収集した情報（①）を学習上又は生活上の困難や，これまでの学習状況の視点から整理する段階

- 得られる情報は直接触れることのできる非常に限られた範囲であり，情報量も極めて少ない。（環）
- 周囲の状況を理解すること（環），学習や生活の見通しを持つことが難しい。（心）
- 自分の思い通りにならないことに対して，気持ちを調整することが難しい。（心）
- 身振りサインやオブジェクトキューの種類を増やすことが，豊かな学校生活につながっていくと考えられる。（コ）

②-3 収集した情報（①）を○○年後の姿の観点から整理する段階

- 保護者は，見通しをもって生活をしていと望んでいる。（心）
- 保護者は，自分の思いを表出し，相手の思いも受けとめ，気持ちや行動をコントロールできるようになってほしいと望んでいる。（心）
- 学校卒業後，関わる人と身振りサインなどを使ったコミュニケーションがとれることが大切である。（人・コ）

③ ①をもとに②-1，②-2，②-3で整理した情報から課題を抽出する段階

- 周囲の状況や学校生活の流れを理解し，生活の見通しをもつ。（環・心）
- 身振りサインやオブジェクトキューを使って，自分の思いを伝えたり，教師からの働きかけも受け止めたりし，お互いの思いの伝え合いや感情を共有する。（人・コ）
- 周囲の関わる人とのコミュニケーション力を育てる。（人・コ）

図15 盲ろう

図15は，知的障害を併せ有する先天性の盲ろう障害（視覚と聴覚）の中学部第3学年の生徒に対して，身振りサインやオブジェクトキューを用いて教師とやりとりができるようにするための具体的な指導内容を設定するまでの例である。

　まず，①に示すように，実態把握を行い必要な情報を収集した。その際，盲ろう障害の場合，情報や意思などの伝達と受容の仕方，その内容などコミュニケーションの方法に関する実態を把握することが重要であることから，情報伝達とコミュニケーションの方法等に関する情報を中心に収集するようにした。

　対象生徒は，視覚については，光覚以外には視覚を活用している様子は見られない。行動観察で聴覚を活用する場面は見られず，視覚と聴覚の両方から情報がほとんど入らない状況である。このため，対象生徒が自ら得ることのできる情報は，直接触れることのできる触覚や，嗅覚や味覚からのものに限定されている。また，これらのわずかな断片的な情報を統合させることの難しさもある。運動機能に問題はなく，身体を動かす遊びを楽しみ，教室内など限られた空間での移動は可能である。コミュニケーション手段は，身振りサインやオブジェクトキューを用いており，ごく簡単なやりとりができる。

　次に，①で示している収集した情報を，②－1から②－3までに示す三つの観点から整理した。対象生徒の場合は，盲ろう障害に知的障害を併せ有することから，人間として遂行する基本的な活動を，②－1の観点から，自立活動の区分に即して整理すると，「身体の動き」では，限られた空間では身体を動かす遊びを楽しんでいる。「心理的な安定」では，突然の出来事や自分の思い通りにならないことを受け止めたり，応じようとしたりする気持ちに切り替えることが難しい。「コミュニケーション」では，いつも関わる教師とは，身振りサインやオブジェクトキューを用いて，簡単なコミュニケーションがとれていることなどが整理できた。②－2の観点から，学習上又は生活上の困難な視点から整理をすると，視覚と聴覚の両方から情報がほとんど入らないという状況により，相手とのやりとりや周囲の出来事の把握など，人及び環境との相互交渉に著しい制限があること，得られる情報も直接触れることのできるものに限定されており，学習や生活の場面で活用できる情報量が極めて少ないこと，身振りサインやオブジェクトキューを使用し，簡単なコミュニケーションを図れるが，お互いの思いの伝え合いや感情の共有など双方向でのやりとりが成立する段階には至っていないこと，そのため，周囲の状況や学習や生活の見通しをもち，自分のやりたいことと教師の働きかけに対して，気持ちを調整することが難しいことが整理できた。あわせて，②－3の観点により，高等部を卒業した「卒業後の姿」として，特定の人だけではなく，対象生徒が関わる人とコミュニケーションをとって，見通しをもった生活をすることを将来の姿として描いた。

実態把握から具体的な指導内容を設定するまでの例示

| ④ ③で整理した課題同士がどのように関連しているかを整理し，中心的な課題を導き出す段階 | |
|---|---|
| | 非常に限られた情報，経験や知識の中では，興味・関心の幅が狭く，物事がどのように推移してきたか，これから何が始まるのかといった周囲の状況を把握したり，変化を受け入れたりすることは難しい。また，受信及び発信できる身振りサインやオブジェクトキューが限られているため，教師からの働きかけを受け止めて，自分の考えを伝えるといったやりとりが難しい。<br>　そのため，自立活動の時間だけではなく，学校生活全般にわたって，教師との信頼関係を基盤に心理的な安定を図り，丁寧なコミュニケーションをとっていくことで，双方向でのやりとりや感情の共有が生まれ，気持ちをコントロールしたり，見通しをもったりすることもできるようになると考えられる。したがって，中心的な課題を「身振りサインやオブジェクトキューなどを用いて教師とのやりとりをする」こととした。 |

| 課題同士の関係を整理する中で今指導すべき指導目標として | ⑤　④に基づき設定した指導目標を記す段階 |
|---|---|
| | お互いの思いの伝え合いや感情の共有を図れるよう，身振りサインやオブジェクトキューなどを用いて，教師と双方向のコミュニケーションをとることができる。 |

| 指導目標を達成するために必要な項目の選定 | ⑥　⑤を達成するために必要な項目を選定する段階 | | | | |
|---|---|---|---|---|---|
| | 健康の保持 | 心理的な安定 | 人間関係の形成 | 環境の把握 | 身体の動き | コミュニケーション |
| | | (1)情緒の安定に関すること。<br>(2)状況の理解と変化への対応に関すること。 | (1)他者とのかかわりの基礎に関すること。<br>(2)他者の意図や感情の理解に関すること。 | (1)保有する感覚の活用に関すること。<br>(4)感覚を総合的に活用した周囲の状況についての把握と状況に応じた行動に関すること。 | (3)日常生活に必要な基本動作に関すること。<br>(4)身体の移動能力に関すること。 | (1)コミュニケーションの基礎的能力に関すること。<br>(2)言語の受容と表出に関すること。 |

| ⑦　項目と項目を関連付ける際のポイント |
|---|
| 　身振りサインやオブジェクトキューなどを用いた教師と双方向のコミュニケーションをとるために，(心)(1)，(人)(1)(2)，(環)(1)，(コ)(1)(2)を関連付けて設定した具体的な指導内容が，⑧アである。この目標を達成するためには，活用できるサインやオブジェクトキューを増やしていくことが必要である。このため，⑧イを設定し，(心)(2)，(人)(1)(2)，(環)(4)，(身)(3)(4)，(コ)(1)(2)を関連付けて指導するとともに，(心)(1)，(人)(1)(2)，(コ)(1)(2)を関連付けて，設定した具体的な指導内容が，⑧ウである。 |

| 選定した項目を関連付けて具体的な指導内容を設定 | ⑧　具体的な指導内容を設定する段階 | | |
|---|---|---|---|
| | ア　活動の予告や教師の働きかけに対して，意思を表出したり，やりたいことを伝えたりする。 | イ　楽しめることや好きな活動を広げ，活動の中で，理解し活用できる身振りサインやオブジェクトキューを増やしていく。 | ウ　「うれしい」「楽しい」「くやしい」「悲しい」といった感情を教師と共有し，感情に名前があることを知る。 |

図 15　盲ろう

上記で把握できた実態をもとに，③に示すように，指導すべき課題を抽出した。対象生徒の場合は，「周囲の状況や学校生活の流れを理解し，生活の見通しをもつ（環境の把握）（心理的な安定）」，「身振りサインやオブジェクトキューを使って，自分の思いを伝え，教師からの働きかけも受けとめ，お互いの思いの伝え合いや感情を共有する（人間関係の形成）（コミュニケーション）」，「周囲の関わる人とのコミュニケーション力を育てる（人間関係の形成）（コミュニケーション）」を抽出した。

　さらに，③で示している抽出した指導すべき課題同士の関連を整理し，④に示すよう中心的な課題を導き出した。対象生徒の場合，周囲の人の話し声など自然に得られる情報が少ないため，意図的に情報を提供し，コミュニケーションを図る必要があることから，あらゆる時間において，教師との信頼関係を基盤に心理的な安定を図り，丁寧なコミュニケーションをとっていくことで，双方向でのやりとりや感情の共有が生まれ，気持ちをコントロールしたり，見通しをもったりすることもできるようになると考えられことから，「身振りサインやオブジェクトキューなどを用いて教師とのやりとりをする」を中心的な課題とした。

　これらの手続きを経て，⑤に示すように，「お互いの思いの伝え合いや感情の共有を図れるよう，身振りサインやオブジェクトキューなどを用いて，教師と双方向のコミュニケーションをとることができる。」という指導目標を設定した。

　この指導目標を達成するためには，お互いの思いの伝え合いや感情の共有ができるようにすることが必要であることから，⑥に示すように，自立活動の内容から「心理的な安定」の(1)(2)，「人間関係の形成」の(1)(2)，「環境の把握」の(1)(4)，「身体の動き」の(3)(4)，「コミュニケーション」の(1)(2)を選定した。

　⑥で示している選定した項目同士を関連付けて，具体的な指導内容を設定した。対象生徒の場合，⑦に示すように，身振りサインやオブジェクトキューなどを用いて教師と双方向のコミュニケーションをとる指導が必要であることから，「心理的な安定」の(1)，「人間関係の形成」の(1)(2)，「環境の把握」の(1)，「コミュニケーション」の(1)(2)を関連付けて，⑧のアに示すように，「活動の予告や教師の働きかけに対して，意思を表出したり，やりたいことを伝えたりする。」という具体的な指導内容を設定した。また，活用できる身振りサインやオブジェクトキューを増やしていくことが必要であることから，「心理的な安定」(2)，「人間関係の形成」の(1)(2)，「環境の把握」の(4)，「身体の動き」の(4)，「コミュニケーション」の(1)(2)を関連付けて⑧のイの具体的な指導内容を設定した。そして，活動の場面において，対象生徒の表情や様子を読み取り，感情に名前をつけ，フィードバックすること，感情を共有することが必要である。このため，⑧のイ及び⑧のウを関連付けて指導することとした。

実態把握から具体的な指導内容を設定するまでの例示

# 付録

## 目次

- 付録1：参考法令
  - 教育基本法
  - 学校教育法（抄）
  - 学校教育法施行規則（抄）
  - 学校教育法施行規則の一部を改正する省令
  - 学校教育法施行規則の一部を改正する省令の一部を改正する省令
- 付録2：特別支援学校幼稚部教育要領（総則）
- 付録3：特別支援学校小学部・中学部学習指導要領（総則）
- 付録4：幼稚園教育要領，小学校学習指導要領，中学校学習指導要領における障害のある幼児児童生徒の指導に関する規定（抜粋）

# 教育基本法

平成十八年十二月二十二日法律第百二十号

　我々日本国民は，たゆまぬ努力によって築いてきた民主的で文化的な国家を更に発展させるとともに，世界の平和と人類の福祉の向上に貢献することを願うものである。

　我々は，この理想を実現するため，個人の尊厳を重んじ，真理と正義を希求し，公共の精神を尊び，豊かな人間性と創造性を備えた人間の育成を期するとともに，伝統を継承し，新しい文化の創造を目指す教育を推進する。

　ここに，我々は，日本国憲法の精神にのっとり，我が国の未来を切り拓く教育の基本を確立し，その振興を図るため，この法律を制定する。

## 第一章　教育の目的及び理念

（教育の目的）

第一条　教育は，人格の完成を目指し，平和で民主的な国家及び社会の形成者として必要な資質を備えた心身ともに健康な国民の育成を期して行われなければならない。

（教育の目標）

第二条　教育は，その目的を実現するため，学問の自由を尊重しつつ，次に掲げる目標を達成するよう行われるものとする。

　一　幅広い知識と教養を身に付け，真理を求める態度を養い，豊かな情操と道徳心を培うとともに，健やかな身体を養うこと。

　二　個人の価値を尊重して，その能力を伸ばし，創造性を培い，自主及び自律の精神を養うとともに，職業及び生活との関連を重視し，勤労を重んずる態度を養うこと。

　三　正義と責任，男女の平等，自他の敬愛と協力を重んずるとともに，公共の精神に基づき，主体的に社会の形成に参画し，その発展に寄与する態度を養うこと。

　四　生命を尊び，自然を大切にし，環境の保全に寄与する態度を養うこと。

　五　伝統と文化を尊重し，それらをはぐくんできた我が国と郷土を愛するとともに，他国を尊重し，国際社会の平和と発展に寄与する態度を養うこと。

（生涯学習の理念）

第三条　国民一人一人が，自己の人格を磨き，豊かな人生を送ることができるよう，その生涯にわたって，あらゆる機会に，あらゆる場所において学習することができ，その成果を適切に生かすことのできる社会の実現が図られなければならない。

（教育の機会均等）

第四条　すべて国民は，ひとしく，その能力に応じた教育を受ける機会を与えられなければならず，人種，信条，性別，社会的身分，経済的地位又は門地によって，教育上差別されない。

2　国及び地方公共団体は，障害のある者が，その障害の状態に応じ，十分な教育を受けられるよう，教育上必要な支援を講じなければならない。

3　国及び地方公共団体は，能力があるにもかかわらず，経済的理由によって修学が困難な者に対して，奨学の措置を講じなければならない。

## 第二章　教育の実施に関する基本

（義務教育）

第五条　国民は，その保護する子に，別に法律で定めるところにより，普通教育を受けさせる義務を負う。

2　義務教育として行われる普通教育は，各個人の有する能力を伸ばしつつ社会において自立的に生きる基礎を培い，また，国家及び社会の形成者として必要とされる基本的な資質を養うことを目的として行われるものとする。

3　国及び地方公共団体は，義務教育の機会を保障し，その水準を確保するため，適切な役割分担及び相互の協力の下，その実施に責任を負う。

4　国又は地方公共団体の設置する学校における義務教育については，授業料を徴収しない。

（学校教育）

第六条　法律に定める学校は，公の性質を有するものであって，国，地方公共団体及び法律に定める法人のみが，これを設置することができる。

2　前項の学校においては，教育の目標が達成されるよう，教育を受ける者の心身の発達に応じて，体系的な教育が組織的に行われなければならない。この場合において，教育を受ける者が，学校生活を営む上で必要な規律を重んずるとともに，自ら進んで学習に取り組む意欲を高めることを重視して行われなければならない。

（大学）

第七条　大学は，学術の中心として，高い教養と専門的能力を培うとともに，深く真理を探究して新たな知見を創造し，これらの成果を広く社会に提供することにより，社会の発展に寄与するものとする。

2　大学については，自主性，自律性その他の大学における教育及び研究の特性が尊重されなければならない。

（私立学校）

第八条　私立学校の有する公の性質及び学校教育において果たす重要な役割にかんがみ，国及び地方公共団体は，その自主性を尊重しつつ，助成その他の適当な方法によって私立学校教育の振興に努めなければならない。

（教員）

第九条　法律に定める学校の教員は，自己の崇高な使命を深く自覚し，絶えず研究と修養に励み，その職責の遂行に努めなければならない。

2　前項の教員については，その使命と職責の重要性にかんがみ，その身分は尊重され，待遇の適正が期せられるとともに，養成と研修の充実が図られなければならない。

（家庭教育）

第十条　父母その他の保護者は，子の教育について第一義的責任を有するものであって，生活のために必要な習慣を身に付けさせるとともに，自立心を育成し，心身の調和のとれた発達を図るよう努めるものとする。

2　国及び地方公共団体は，家庭教育の自主性を尊重しつつ，保護者に対する学習の機会及び情報の提供その他の家庭教育を支援するために必要な施策を講ずるよう努めなければならない。

（幼児期の教育）

第十一条　幼児期の教育は，生涯にわたる人格形成の基礎を培う重要なものであることにかんがみ，国及び地方公共団体は，幼児の健やかな成長に資する良好な環境の整備その他適当な方法によって，その振興に努めなければならない。

（社会教育）
第十二条　個人の要望や社会の要請にこたえ，社会において行われる教育は，国及び地方公共団体によって奨励されなければならない。
2　国及び地方公共団体は，図書館，博物館，公民館その他の社会教育施設の設置，学校の施設の利用，学習の機会及び情報の提供その他の適当な方法によって社会教育の振興に努めなければならない。
（学校，家庭及び地域住民等の相互の連携協力）
第十三条　学校，家庭及び地域住民その他の関係者は，教育におけるそれぞれの役割と責任を自覚するとともに，相互の連携及び協力に努めるものとする。
（政治教育）
第十四条　良識ある公民として必要な政治的教養は，教育上尊重されなければならない。
2　法律に定める学校は，特定の政党を支持し，又はこれに反対するための政治教育その他政治的活動をしてはならない。
（宗教教育）
第十五条　宗教に関する寛容の態度，宗教に関する一般的な教養及び宗教の社会生活における地位は，教育上尊重されなければならない。
2　国及び地方公共団体が設置する学校は，特定の宗教のための宗教教育その他宗教的活動をしてはならない。

## 第三章　教育行政

（教育行政）
第十六条　教育は，不当な支配に服することなく，この法律及び他の法律の定めるところにより行われるべきものであり，教育行政は，国と地方公共団体との適切な役割分担及び相互の協力の下，公正かつ適正に行われなければならない。
2　国は，全国的な教育の機会均等と教育水準の維持向上を図るため，教育に関する施策を総合的に策定し，実施しなければならない。
3　地方公共団体は，その地域における教育の振興を図るため，その実情に応じた教育に関する施策を策定し，実施しなければならない。
4　国及び地方公共団体は，教育が円滑かつ継続的に実施されるよう，必要な財政上の措置を講じなければならない。
（教育振興基本計画）
第十七条　政府は，教育の振興に関する施策の総合的かつ計画的な推進を図るため，教育の振興に関する施策についての基本的な方針及び講ずべき施策その他必要な事項について，基本的な計画を定め，これを国会に報告するとともに，公表しなければならない。
2　地方公共団体は，前項の計画を参酌し，その地域の実情に応じ，当該地方公共団体における教育の振興のための施策に関する基本的な計画を定めるよう努めなければならない。

## 第四章　法令の制定

第十八条　この法律に規定する諸条項を実施するため，必要な法令が制定されなければならない。

# 学校教育法（抄）

昭和二十二年三月三十一日法律第二十六号

## 第二章　義務教育

第二十一条　義務教育として行われる普通教育は，教育基本法（平成十八年法律第百二十号）第五条第二項に規定する目的を実現するため，次に掲げる目標を達成するよう行われるものとする。
　一　学校内外における社会的活動を促進し，自主，自律及び協同の精神，規範意識，公正な判断力並びに公共の精神に基づき主体的に社会の形成に参画し，その発展に寄与する態度を養うこと。
　二　学校内外における自然体験活動を促進し，生命及び自然を尊重する精神並びに環境の保全に寄与する態度を養うこと。
　三　我が国と郷土の現状と歴史について，正しい理解に導き，伝統と文化を尊重し，それらをはぐくんできた我が国と郷土を愛する態度を養うとともに，進んで外国の文化の理解を通じて，他国を尊重し，国際社会の平和と発展に寄与する態度を養うこと。
　四　家族と家庭の役割，生活に必要な衣，食，住，情報，産業その他の事項について基礎的な理解と技能を養うこと。
　五　読書に親しませ，生活に必要な国語を正しく理解し，使用する基礎的な能力を養うこと。
　六　生活に必要な数量的な関係を正しく理解し，処理する基礎的な能力を養うこと。
　七　生活にかかわる自然現象について，観察及び実験を通じて，科学的に理解し，処理する基礎的な能力を養うこと。
　八　健康，安全で幸福な生活のために必要な習慣を養うとともに，運動を通じて体力を養い，心身の調和的発達を図ること。
　九　生活を明るく豊かにする音楽，美術，文芸その他の芸術について基礎的な理解と技能を養うこと。
　十　職業についての基礎的な知識と技能，勤労を重んずる態度及び個性に応じて将来の進路を選択する能力を養うこと。

## 第四章　小学校

第二十九条　小学校は，心身の発達に応じて，義務教育として行われる普通教育のうち基礎的なものを施すことを目的とする。
第三十条　小学校における教育は，前条に規定する目的を実現するために必要な程度において第二十一条各号に掲げる目標を達成するよう行われるものとする。
②　前項の場合においては，生涯にわたり学習する基盤が培われるよう，基礎的な知識及び技能を習得させるとともに，これらを活用して課題を解決するために必要な思考力，判断力，表現力その他の能力をはぐくみ，主体的に学習に取り組む態度を養うことに，特に意を用いなければならない。
第三十一条　小学校においては，前条第一項の規定による目標の達成に資するよう，教育指導を行うに当たり，児童の体験的な学習活動，特にボランティア活動など社会奉仕体験活動，自然体験活動その他の体験活動の充実に努めるものとする。この場合において，社会教育関係団体その他の関係団体及び関係機関との連携に十分配慮しなければならない。

## 第五章　中学校

第四十五条　中学校は，小学校における教育の基礎の上に，心身の発達に応じて，義務教育として行われる普通教育を施すことを目的とする。

第四十六条　中学校における教育は，前条に規定する目的を実現するため，第二十一条各号に掲げる目標を達成するよう行われるものとする。

## 第八章　特別支援教育

第七十二条　特別支援学校は，視覚障害者，聴覚障害者，知的障害者，肢体不自由者又は病弱者（身体虚弱者を含む。以下同じ。）に対して，幼稚園，小学校，中学校又は高等学校に準ずる教育を施すとともに，障害による学習上又は生活上の困難を克服し自立を図るために必要な知識技能を授けることを目的とする。

第七十四条　特別支援学校においては，第七十二条に規定する目的を実現するための教育を行うほか，幼稚園，小学校，中学校，義務教育学校，高等学校又は中等教育学校の要請に応じて，第八十一条第一項に規定する幼児，児童又は生徒の教育に関し必要な助言又は援助を行うよう努めるものとする。

第七十七条　特別支援学校の幼稚部の教育課程その他の保育内容，小学部及び中学部の教育課程又は高等部の学科及び教育課程に関する事項は，幼稚園，小学校，中学校又は高等学校に準じて，文部科学大臣が定める。

第八十一条　幼稚園，小学校，中学校，義務教育学校，高等学校及び中等教育学校においては，次項各号のいずれかに該当する幼児，児童及び生徒その他教育上特別の支援を必要とする幼児，児童及び生徒に対し，文部科学大臣の定めるところにより，障害による学習上又は生活上の困難を克服するための教育を行うものとする。

②　小学校，中学校，義務教育学校，高等学校及び中等教育学校には，次の各号のいずれかに該当する児童及び生徒のために，特別支援学級を置くことができる。
　一　知的障害者
　二　肢体不自由者
　三　身体虚弱者
　四　弱視者
　五　難聴者
　六　その他障害のある者で，特別支援学級において教育を行うことが適当なもの

③　前項に規定する学校においては，疾病により療養中の児童及び生徒に対して，特別支援学級を設け，又は教員を派遣して，教育を行うことができる。

付録1

# 学校教育法施行規則（抄）

昭和二十二年五月二十三日文部省令第十一号

## 第四章　小学校

### 第二節　教育課程

第五十条　小学校の教育課程は，国語，社会，算数，理科，生活，音楽，図画工作，家庭及び体育の各教科（以下この節において「各教科」という。），道徳，外国語活動，総合的な学習の時間並びに特別活動によつて編成するものとする。

2　私立の小学校の教育課程を編成する場合は，前項の規定にかかわらず，宗教を加えることができる。この場合においては，宗教をもつて前項の道徳に代えることができる。

第五十一条　小学校（第五十二条の二第二項に規定する中学校連携型小学校及び第七十九条の九第二項に規定する中学校併設型小学校を除く。）の各学年における各教科，道徳，外国語活動，総合的な学習の時間及び特別活動のそれぞれの授業時数並びに各学年におけるこれらの総授業時数は，別表第一に定める授業時数を標準とする。

第五十二条　小学校の教育課程については，この節に定めるもののほか，教育課程の基準として文部科学大臣が別に公示する小学校学習指導要領によるものとする。

第五十三条　小学校においては，必要がある場合には，一部の各教科について，これらを合わせて授業を行うことができる。

第五十四条　児童が心身の状況によつて履修することが困難な各教科は，その児童の心身の状況に適合するように課さなければならない。

第五十五条　小学校の教育課程に関し，その改善に資する研究を行うため特に必要があり，かつ，児童の教育上適切な配慮がなされていると文部科学大臣が認める場合においては，文部科学大臣が別に定めるところにより，第五十条第一項，第五十一条（中学校連携型小学校にあつては第五十二条の三，第七十九条の九第二項に規定する中学校併設型小学校にあつては第七十九条の十二において準用する第七十九条の五第一項）又は第五十二条の規定によらないことができる。

第五十五条の二　文部科学大臣が，小学校において，当該小学校又は当該小学校が設置されている地域の実態に照らし，より効果的な教育を実施するため，当該小学校又は当該地域の特色を生かした特別の教育課程を編成して教育を実施する必要があり，かつ，当該特別の教育課程について，教育基本法（平成十八年法律第百二十号）及び学校教育法第三十条第一項の規定等に照らして適切であり，児童の教育上適切な配慮がなされているものとして文部科学大臣が定める基準を満たしていると認める場合においては，文部科学大臣が別に定めるところにより，第五十条第一項，第五十一条（中学校連携型小学校にあつては第五十二条の三，第七十九条の九第二項に規定する中学校併設型小学校にあつては第七十九条の十二において準用する第七十九条の五第一項）又は第五十二条の規定の全部又は一部によらないことができる。

第五十六条　小学校において，学校生活への適応が困難であるため相当の期間小学校を欠席し引き続き欠席すると認められる児童を対象として，その実態に配慮した特別の教育課程を編成して教育を実施する必要があると文部科学大臣が認める場合においては，文部科学大臣が別に定めるところにより，第五十条第一項，第五十一条（中学校連携型小学校にあつては第五十二条の三，第七十九条の九第二項に規定する中学校併設型小学校にあつては第七十九条の十二において準用する第七十九条の五第一項）又は第五十二条の規定によらないことができる。

第五十六条の二　小学校において，日本語に通じない児童のうち，当該児童の日本語を理解し，使用

する能力に応じた特別の指導を行う必要があるものを教育する場合には，文部科学大臣が別に定めるところにより，第五十条第一項，第五十一条（中学校連携型小学校にあつては第五十二条の三，第七十九条の九第二項に規定する中学校併設型小学校にあつては第七十九条の十二において準用する第七十九条の五第一項）及び第五十二条の規定にかかわらず，特別の教育課程によることができる。

第五十六条の三　前条の規定により特別の教育課程による場合においては，校長は，児童が設置者の定めるところにより他の小学校，義務教育学校の前期課程又は特別支援学校の小学部において受けた授業を，当該児童の在学する小学校において受けた当該特別の教育課程に係る授業とみなすことができる。

## 第五章　中学校

第七十二条　中学校の教育課程は，国語，社会，数学，理科，音楽，美術，保健体育，技術・家庭及び外国語の各教科（以下本章及び第七章中「各教科」という。），道徳，総合的な学習の時間並びに特別活動によつて編成するものとする。

第七十三条　中学校（併設型中学校，第七十四条の二第二項に規定する小学校連携型中学校，第七十五条第二項に規定する連携型中学校及び第七十九条の九第二項に規定する小学校併設型中学校を除く。）の各学年における各教科，道徳，総合的な学習の時間及び特別活動のそれぞれの授業時数並びに各学年におけるこれらの総授業時数は，別表第二に定める授業時数を標準とする。

第七十四条　中学校の教育課程については，この章に定めるもののほか，教育課程の基準として文部科学大臣が別に公示する中学校学習指導要領によるものとする。

第七十九条　第四十一条から第四十九条まで，第五十条第二項，第五十四条から第六十八条までの規定は，中学校に準用する。この場合において，第四十二条中「五学級」とあるのは「二学級」と，第五十五条から第五十六条の二まで及び第五十六条の四の規定中「第五十条第一項」とあるのは「第七十二条」と，「第五十一条（中学校連携型小学校にあつては第五十二条の三，第七十九条の九第二項に規定する中学校併設型小学校にあつては第七十九条の十二において準用する第七十九条の五第一項）」とあるのは「第七十三条（併設型中学校にあつては第百十七条において準用する第百七条，小学校連携型中学校にあつては第七十四条の三，連携型中学校にあつては第七十六条，第七十九条の九第二項に規定する小学校併設型中学校にあつては第七十九条の十二において準用する第七十九条の五第二項）」と，「第五十二条」とあるのは「第七十四条」と，第五十五条の二中「第三十条第一項」とあるのは「第四十六条」と，第五十六条の三中「他の小学校，義務教育学校の前期課程又は特別支援学校の小学部」とあるのは「他の中学校，義務教育学校の後期課程，中等教育学校の前期課程又は特別支援学校の中学部」と読み替えるものとする。

## 第八章　特別支援教育

第百二十六条　特別支援学校の小学部の教育課程は，国語，社会，算数，理科，生活，音楽，図画工作，家庭及び体育の各教科，道徳，外国語活動，総合的な学習の時間，特別活動並びに自立活動によつて編成するものとする。

2　前項の規定にかかわらず，知的障害者である児童を教育する場合は，生活，国語，算数，音楽，図画工作及び体育の各教科，道徳，特別活動並びに自立活動によつて教育課程を編成するものとする。

第百二十七条　特別支援学校の中学部の教育課程は，国語，社会，数学，理科，音楽，美術，保健体育，技術・家庭及び外国語の各教科，道徳，総合的な学習の時間，特別活動並びに自立活動によつ

て編成するものとする。
2　前項の規定にかかわらず，知的障害者である生徒を教育する場合は，国語，社会，数学，理科，音楽，美術，保健体育及び職業・家庭の各教科，道徳，総合的な学習の時間，特別活動並びに自立活動によって教育課程を編成するものとする。ただし，必要がある場合には，外国語科を加えて教育課程を編成することができる。

第百二十九条　特別支援学校の幼稚部の教育課程その他の保育内容並びに小学部，中学部及び高等部の教育課程については，この章に定めるもののほか，教育課程その他の保育内容又は教育課程の基準として文部科学大臣が別に公示する特別支援学校幼稚部教育要領，特別支援学校小学部・中学部学習指導要領及び特別支援学校高等部学習指導要領によるものとする。

第百三十条　特別支援学校の小学部，中学部又は高等部においては，特に必要がある場合は，第百二十六条から第百二十八条までに規定する各教科（次項において「各教科」という。）又は別表第三及び別表第五に定める各教科に属する科目の全部又は一部について，合わせて授業を行うことができる。

2　特別支援学校の小学部，中学部又は高等部においては，知的障害者である児童若しくは生徒又は複数の種類の障害を併せ有する児童若しくは生徒を教育する場合において特に必要があるときは，各教科，道徳，外国語活動，特別活動及び自立活動の全部又は一部について，合わせて授業を行うことができる。

第百三十一条　特別支援学校の小学部，中学部又は高等部において，複数の種類の障害を併せ有する児童若しくは生徒を教育する場合又は教員を派遣して教育を行う場合において，特に必要があるときは，第百二十六条から第百二十九条までの規定にかかわらず，特別の教育課程によることができる。

2　前項の規定により特別の教育課程による場合において，文部科学大臣の検定を経た教科用図書又は文部科学省が著作の名義を有する教科用図書を使用することが適当でないときは，当該学校の設置者の定めるところにより，他の適切な教科用図書を使用することができる。

第百三十二条　特別支援学校の小学部，中学部又は高等部の教育課程に関し，その改善に資する研究を行うため特に必要があり，かつ，児童又は生徒の教育上適切な配慮がなされていると文部科学大臣が認める場合においては，文部科学大臣が別に定めるところにより，第百二十六条から第百二十九条までの規定によらないことができる。

第百三十二条の二　文部科学大臣が，特別支援学校の小学部，中学部又は高等部において，当該特別支援学校又は当該特別支援学校が設置されている地域の実態に照らし，より効果的な教育を実施するため，当該特別支援学校又は当該地域の特色を生かした特別の教育課程を編成して教育を実施する必要があり，かつ，当該特別の教育課程について，教育基本法及び学校教育法第七十二条の規定等に照らして適切であり，児童又は生徒の教育上適切な配慮がなされているものとして文部科学大臣が定める基準を満たしていると認める場合においては，文部科学大臣が別に定めるところにより，第百二十六条から第百二十九条までの規定の一部又は全部によらないことができる。

第百三十二条の三　特別支援学校の小学部又は中学部において，日本語に通じない児童又は生徒のうち，当該児童又は生徒の日本語を理解し，使用する能力に応じた特別の指導を行う必要があるものを教育する場合には，文部科学大臣が別に定めるところにより，第百二十六条，第百二十七条及び第百二十九条の規定にかかわらず，特別の教育課程によることができる。

第百三十二条の四　前条の規定により特別の教育課程による場合においては，校長は，児童又は生徒が設置者の定めるところにより他の小学校，中学校，義務教育学校，中等教育学校の前期課程又は特別支援学校の小学部若しくは中学部において受けた授業を，当該児童又は生徒の在学する特別支援学校の小学部又は中学部において受けた当該特別の教育課程に係る授業とみなすことができる。

第百三十八条　小学校，中学校若しくは義務教育学校又は中等教育学校の前期課程における特別支

学級に係る教育課程については，特に必要がある場合は，第五十条第一項（第七十九条の六第一項において準用する場合を含む。），第五十一条，第五十二条（第七十九条の六第一項において準用する場合を含む。），第五十二条の三，第七十二条（第七十九条の六第二項及び第百八条第一項において準用する場合を含む。），第七十三条，第七十四条（第七十九条の六第二項及び第百八条第一項において準用する場合を含む。），第七十四条の三，第七十六条，第七十九条の五（第七十九条の十二において準用する場合を含む。）及び第百七条（第百十七条において準用する場合を含む。）の規定にかかわらず，特別の教育課程によることができる。

第百四十条　小学校，中学校若しくは義務教育学校又は中等教育学校の前期課程において，次の各号のいずれかに該当する児童又は生徒（特別支援学級の児童及び生徒を除く。）のうち当該障害に応じた特別の指導を行う必要があるものを教育する場合には，文部科学大臣が別に定めるところにより，第五十条第一項（第七十九条の六第一項において準用する場合を含む。），第五十一条，第五十二条（第七十九条の六第一項において準用する場合を含む。），第五十二条の三，第七十二条（第七十九条の六第二項及び第百八条第一項において準用する場合を含む。），第七十三条，第七十四条（第七十九条の六第二項及び第百八条第一項において準用する場合を含む。），第七十四条の三，第七十六条，第七十九条の五（第七十九条の十二において準用する場合を含む。）及び第百七条（第百十七条において準用する場合を含む。）の規定にかかわらず，特別の教育課程によることができる。

一　言語障害者
二　自閉症者
三　情緒障害者
四　弱視者
五　難聴者
六　学習障害者
七　注意欠陥多動性障害者
八　その他障害のある者で，この条の規定により特別の教育課程による教育を行うことが適当なもの

第百四十一条　前条の規定により特別の教育課程による場合においては，校長は，児童又は生徒が，当該小学校，中学校，義務教育学校又は中等教育学校の設置者の定めるところにより他の小学校，中学校，義務教育学校，中等教育学校の前期課程又は特別支援学校の小学部若しくは中学部において受けた授業を，当該小学校，中学校若しくは義務教育学校又は中等教育学校の前期課程において受けた当該特別の教育課程に係る授業とみなすことができる。

# 学校教育法施行規則の一部を改正する省令

平成二十七年三月二十七日
文部科学省令第十一号

　学校教育法施行規則（昭和二十二年文部省令第十一号）の一部を次のように改正する。
　第五十条，第五十一条，第七十二条，第七十三条，第七十六条，第百七条，第百二十六条及び第百二十七条中「道徳」を「特別の教科である道徳」に改める。
　第百二十八条第二項中「，道徳」を「及び道徳」に改める。
　第百三十条第二項中「道徳」を「特別の教科である道徳（特別支援学校の高等部にあつては，前条に規定する特別支援学校高等部学習指導要領で定める道徳）」に改める。
　別表第一，別表第二及び別表第四中「道徳」を「特別の教科である道徳」に改める。

## 附　則

（施行期日）
1　この省令の規定は，次の各号に掲げる区分に応じ，それぞれ当該各号に定める日から施行する。
　一　第五十条，第五十一条，第百二十六条及び別表第一の改正規定並びに次項の規定　平成三十年四月一日
　二　第七十二条，第七十三条，第七十六条，第百七条，第百二十七条，第百二十八条第二項，第百三十条第二項，別表第二及び別表第四の改正規定　平成三十一年四月一日

（経過措置）
2　平成三十年四月一日から平成三十一年三月三十一日までの間における学校教育法施行規則第百三十条第二項の適用については，同項中「道徳」とあるのは「道徳（特別支援学校の小学部にあつては，特別の教科である道徳）」とする。

付録1

# 学校教育法施行規則の一部を改正する省令(抄)

平成二十九年三月三十一日
文部科学省令第二十号

学校教育法施行規則（昭和二十二年文部省令第十一号）の一部を次のように改正する。

第五十条第一項中「及び体育」を「，体育及び外国語」に改める。

別表第一を次のように改める。

別表第一（第五十一条関係）

| 区分 | | 第1学年 | 第2学年 | 第3学年 | 第4学年 | 第5学年 | 第6学年 |
|---|---|---|---|---|---|---|---|
| 各教科の授業時数 | 国語 | 306 | 315 | 245 | 245 | 175 | 175 |
| | 社会 | | | 70 | 90 | 100 | 105 |
| | 算数 | 136 | 175 | 175 | 175 | 175 | 175 |
| | 理科 | | | 90 | 105 | 105 | 105 |
| | 生活 | 102 | 105 | | | | |
| | 音楽 | 68 | 70 | 60 | 60 | 50 | 50 |
| | 図画工作 | 68 | 70 | 60 | 60 | 50 | 50 |
| | 家庭 | | | | | 60 | 55 |
| | 体育 | 102 | 105 | 105 | 105 | 90 | 90 |
| | 外国語 | | | | | 70 | 70 |
| 特別の教科である道徳の授業時数 | | 34 | 35 | 35 | 35 | 35 | 35 |
| 外国語活動の授業時数 | | | | 35 | 35 | | |
| 総合的な学習の時間の授業時数 | | | | 70 | 70 | 70 | 70 |
| 特別活動の授業時数 | | 34 | 35 | 35 | 35 | 35 | 35 |
| 総授業時数 | | 850 | 910 | 980 | 1015 | 1015 | 1015 |

備考
一　この表の授業時数の一単位時間は，四十五分とする。
二　特別活動の授業時数は，小学校学習指導要領で定める学級活動（学校給食に係るものを除く。）に充てるものとする。
三　第五十条第二項の場合において，特別の教科である道徳のほかに宗教を加えるときは，宗教の授業時数をもつてこの表の特別の教科である道徳の授業時数の一部に代えることができる。（別表第二から別表第二の三まで及び別表第四の場合においても同様とする。）

## 附　則

この省令は，平成三十二年四月一日から施行する。

# 学校教育法施行規則の一部を改正する省令

平成二十九年四月二十八日
文部科学省令第二十七号

　学校教育法施行規則（昭和二十二年文部省令第十一号）の一部を次のように改正する。
　第百二十六条第一項中「及び体育」を「，体育及び外国語」に改め，同条第二項に次のただし書を加える。
　ただし，必要がある場合には，外国語活動を加えて教育課程を編成することができる。

## 附　則

　この省令は，平成三十二年四月一日から施行する。

# 学校教育法施行規則の一部を改正する省令の一部を改正する省令

平成二十九年七月七日文部科学省令第二十九号

　学校教育法施行規則の一部を改正する省令（平成二十九年文部科学省令第二十号）の一部を次のように改正する。

　附則に次のただし書を加える。

　ただし，次項及び附則第三項の規定は平成三十年四月一日から施行する。

　附則を附則第一項とし，附則に次の二項を加える。

2　平成三十年四月一日から平成三十二年三月三十一日までの間，小学校の各学年における外国語活動の授業時数及び総授業時数は，学校教育法施行規則別表第一の規定にかかわらず，附則別表第一に定める外国語活動の授業時数及び総授業時数を標準とする。ただし，同表に定める外国語活動の授業時数の授業の実施のために特に必要がある場合には，総合的な学習の時間の授業時数及び総授業時数から十五を超えない範囲内の授業時数を減じることができることとする。

3　（略）

## 附　則

　この省令は，公布の日から施行する。

附則別表第一（附則第二項関係）

| 区分 | 第1学年 | 第2学年 | 第3学年 | 第4学年 | 第5学年 | 第6学年 |
|---|---|---|---|---|---|---|
| 外国語活動の授業時数 | — | — | 15 | 15 | 50 | 50 |
| 総授業時数 | 850 | 910 | 960 | 995 | 995 | 995 |

　備考　この表の授業時数の一単位時間は，四十五分とする。

附則別表第二（附則第三項関係）

　（略）

　備考

　　一　この表の授業時数の一単位時間は，四十五分とする。

　　二　（略）

# 学校教育法施行規則の一部を改正する省令の一部を改正する省令

平成二十九年十二月二十七日文部科学省令第四十二号

学校教育法施行規則の一部を改正する省令（平成二十九年文部科学省令第二十七号）の一部を次のように改める。

附則に次のただし書を加える。

ただし，第百二十六条第二項の改正規定については，平成三十年四月一日から施行する。

## 附　則

この省令は，公布の日から施行する。

# 特別支援学校幼稚部教育要領　第1章　総則

## ● 第1　幼稚部における教育の基本

　幼児期の教育は，生涯にわたる人格形成の基礎を培う重要なものであり，幼稚部における教育は，学校教育法第72条に規定する目的を達成するため，幼児期の特性を踏まえ，環境を通して行うものであることを基本とする。

　このため教師は，幼児との信頼関係を十分に築き，幼児が身近な環境に主体的に関わり，環境との関わり方や意味に気付き，これらを取り込もうとして，試行錯誤したり，考えたりするようになる幼児期の教育における見方・考え方を生かし，幼児と共によりよい教育環境を創造するように努めるものとする。これらを踏まえ，次に示す事項を重視して教育を行わなければならない。

1　幼児は安定した情緒の下で自己を十分に発揮することにより発達に必要な体験を得ていくものであることを考慮して，幼児の主体的な活動を促し，幼児期にふさわしい生活が展開されるようにすること。

2　幼児の自発的な活動としての遊びは，心身の調和のとれた発達の基礎を培う重要な学習であることを考慮して，遊びを通しての指導を中心として第2章に示すねらいが総合的に達成されるようにすること。

3　幼児の発達は，心身の諸側面が相互に関連し合い，多様な経過をたどって成し遂げられていくものであること，また，幼児の生活経験がそれぞれ異なることなどを考慮して，幼児一人一人の特性に応じ，発達の課題に即した指導を行うようにすること。

　その際，教師は，幼児の主体的な活動が確保されるよう幼児一人一人の行動の理解と予想に基づき，計画的に環境を構成しなければならない。この場合において，教師は，幼児と人やものとの関わりが重要であることを踏まえ，教材を工夫し，物的・空間的環境を構成しなければならない。また，幼児一人一人の活動の場面に応じて，様々な役割を果たし，その活動を豊かにしなければならない。

## ● 第2　幼稚部における教育の目標

　幼稚部では，家庭との連携を図りながら，幼児の障害の状態や特性及び発達の程度等を考慮し，この章の第1に示す幼稚部における教育の基本に基づいて展開される学校生活を通して，生きる力の基礎を育成するよう次の目標の達成に努めなければならない。

1　学校教育法第23条に規定する幼稚園教育の目標

2　障害による学習上又は生活上の困難を改善・克服し自立を図るために必要な態度や習慣などを育て，心身の調和的発達の基盤を培うようにすること

## ● 第3　幼稚部における教育において育みたい資質・能力及び「幼児期の終わりまでに育ってほしい姿」

1　幼稚部においては，生きる力の基礎を育むため，この章の第1に示す幼稚部における教育の基本を踏まえ，次に掲げる資質・能力を一体的に育むよう努めるものとする。

（1）豊かな体験を通じて，感じたり，気付いたり，分かったり，できるようになったりする「知識及び技能の基礎」

（2）気付いたことや，できるようになったことなどを使い，考えたり，試したり，工夫したり，

表現したりする「思考力，判断力，表現力等の基礎」
　(3) 心情，意欲，態度が育つ中で，よりよい生活を営もうとする「学びに向かう力，人間性等」
2　1に示す資質・能力は，第2章に示すねらい及び内容に基づく活動全体によって育むものである。
3　次に示す「幼児期の終わりまでに育ってほしい姿」は，第2章に示すねらい及び内容に基づく活動全体を通して資質・能力が育まれている幼児の幼稚部修了時の具体的な姿であり，幼児の障害の状態や特性及び発達の程度等に応じて，教師が指導を行う際に考慮するものである。
　(1) 健康な心と体
　　　幼稚部における生活の中で，充実感をもって自分のやりたいことに向かって心と体を十分に働かせ，見通しをもって行動し，自ら健康で安全な生活をつくり出すようになる。
　(2) 自立心
　　　身近な環境に主体的に関わり様々な活動を楽しむ中で，しなければならないことを自覚し，自分の力で行うために考えたり，工夫したりしながら，諦めずにやり遂げることで達成感を味わい，自信をもって行動するようになる。
　(3) 協同性
　　　友達と関わる中で，互いの思いや考えなどを共有し，共通の目的の実現に向けて，考えたり，工夫したり，協力したりし，充実感をもってやり遂げるようになる。
　(4) 道徳性・規範意識の芽生え
　　　友達と様々な体験を重ねる中で，してよいことや悪いことが分かり，自分の行動を振り返ったり，友達の気持ちに共感したりし，相手の立場に立って行動するようになる。また，きまりを守る必要性が分かり，自分の気持ちを調整し，友達と折り合いを付けながら，きまりをつくったり，守ったりするようになる。
　(5) 社会生活との関わり
　　　家族を大切にしようとする気持ちをもつとともに，地域の身近な人と触れ合う中で，人との様々な関わり方に気付き，相手の気持ちを考えて関わり，自分が役に立つ喜びを感じ，地域に親しみをもつようになる。また，学校内外の様々な環境に関わる中で，遊びや生活に必要な情報を取り入れ，情報に基づき判断したり，情報を伝え合ったり，活用したりするなど，情報を役立てながら活動するようになるとともに，公共の施設を大切に利用するなどして，社会とのつながりなどを意識するようになる。
　(6) 思考力の芽生え
　　　身近な事象に積極的に関わる中で，物の性質や仕組みなどを感じ取ったり，気付いたりし，考えたり，予想したり，工夫したりするなど，多様な関わりを楽しむようになる。また，友達の様々な考えに触れる中で，自分と異なる考えがあることに気付き，自ら判断したり，考え直したりするなど，新しい考えを生み出す喜びを味わいながら，自分の考えをよりよいものにするようになる。
　(7) 自然との関わり・生命尊重
　　　自然に触れて感動する体験を通して，自然の変化などを感じ取り，好奇心や探究心をもって考え言葉などで表現しながら，身近な事象への関心が高まるとともに，自然への愛情や畏敬の念をもつようになる。また，身近な動植物に心を動かされる中で，生命の不思議さや尊さに気付き，身近な動植物への接し方を考え，命あるものとしていたわり，大切にする気持ちをもって関わるようになる。
　(8) 数量や図形，標識や文字などへの関心・感覚
　　　遊びや生活の中で，数量や図形，標識や文字などに親しむ体験を重ねたり，標識や文字の役割に気付いたりし，自らの必要感に基づきこれらを活用し，興味や関心，感覚をもつよう

付録2

になる。
- (9) 言葉による伝え合い

    先生や友達と心を通わせる中で，絵本や物語などに親しみながら，豊かな言葉や表現を身に付け，経験したことや考えたことなどを言葉で伝えたり，相手の話を注意して聞いたりし，言葉による伝え合いを楽しむようになる。
- (10) 豊かな感性と表現

    心を動かす出来事などに触れ感性を働かせる中で，様々な素材の特徴や表現の仕方などに気付き，感じたことや考えたことを自分で表現したり，友達同士で表現する過程を楽しんだりし，表現する喜びを味わい，意欲をもつようになる。

## ● 第4　教育課程の役割と編成等

1　教育課程の役割

　各学校においては，教育基本法及び学校教育法その他の法令並びにこの特別支援学校幼稚部教育要領の示すところに従い，創意工夫を生かし，幼児の障害の状態や特性及び発達の程度等並びに学校や地域の実態に即応した適切な教育課程を編成するものとする。

　また，各学校においては，6に示す全体的な計画にも留意しながら，「幼児期の終わりまでに育ってほしい姿」を踏まえ教育課程を編成すること，教育課程の実施状況を評価してその改善を図っていくこと，教育課程の実施に必要な人的又は物的な体制を確保するとともにその改善を図っていくことなどを通して，教育課程に基づき組織的かつ計画的に各幼稚部における教育活動の質の向上を図っていくこと（以下「カリキュラム・マネジメント」という。）に努めるものとする。

　その際，幼児に何が身に付いたかという学習の成果を的確に捉え，第1章の第5の1に示す個別の指導計画の実施状況の評価と改善を，教育課程の評価と改善につなげていくよう工夫すること。

2　各学校における教育目標と教育課程の編成

　教育課程の編成に当たっては，幼稚部における教育において育みたい資質・能力を踏まえつつ，各学校の教育目標を明確にするとともに，教育課程の編成についての基本的な方針が家庭や地域とも共有されるよう努めるものとする。

3　教育課程の編成上の基本事項
- (1) 幼稚部における生活の全体を通して第2章に示すねらいが総合的に達成されるよう，教育課程に係る教育期間や幼児の生活経験や発達の過程などを考慮して具体的なねらいと内容を組織するものとする。この場合においては，特に，自我が芽生え，他者の存在を意識し，自己を抑制しようとする気持ちが生まれる幼児期の発達の特性を踏まえ，入学から修了に至るまでの長期的な視野をもって充実した生活が展開できるように配慮するものとする。
- (2) 幼稚部の毎学年の教育課程に係る教育週数は，39週を標準とし，幼児の障害の状態や特性及び発達の程度等を考慮して適切に定めるものとする。
- (3) 幼稚部の1日の教育課程に係る教育時間は，4時間を標準とする。ただし，幼児の障害の状態や特性及び発達の程度等や季節などに適切に配慮するものとする。

4　教育課程の編成上の留意事項

　教育課程の編成に当たっては，次の事項に留意するものとする。
- (1) 幼児の生活は，入学当初の一人一人の遊びや教師との触れ合いを通して幼稚部における生活に親しみ，安定していく時期から，他の幼児との関わりの中で幼児の主体的な活動が深まり，幼児が互いに必要な存在であることを認識するようになり，やがて幼児同士や学級全体

で目的をもって協同して幼稚部における生活を展開し，深めていく時期などに至るまでの過程を様々に経ながら広げられていくものであることを考慮し，活動がそれぞれの時期にふさわしく展開されるようにすること。

(2) 入学当初，特に，3歳児の入学については，家庭との連携を緊密にし，生活のリズムや安全面に十分配慮すること。また，満3歳児については，学年の途中から入学することを考慮し，幼児が安心して幼稚部における生活を過ごすことができるよう配慮すること。

(3) 幼稚部における生活が幼児にとって安全なものとなるよう，教職員による協力体制の下，幼児の主体的な活動を大切にしつつ，校庭や校舎などの環境の配慮や指導の工夫を行うこと。

5 小学部における教育又は小学校教育との接続に当たっての留意事項

(1) 学校においては，幼稚部における教育が，小学部又は小学校以降の生活や学習の基盤の育成につながることに配慮し，幼児期にふさわしい生活を通して，創造的な思考や主体的な生活態度などの基礎を培うようにするものとする。

(2) 幼稚部における教育において育まれた資質・能力を踏まえ，小学部における教育又は小学校教育が円滑に行われるよう，小学部又は小学校の教師との意見交換や合同の研究の機会などを設け，「幼児期の終わりまでに育ってほしい姿」を共有するなど連携を図り，幼稚部における教育と小学部における教育又は小学校教育との円滑な接続を図るよう努めるものとする。

6 全体的な計画の作成

各学校においては，教育課程と，学校保健計画，学校安全計画などとを関連させ，一体的に教育活動が展開されるよう全体的な計画を作成するものとする。

## ● 第5 指導計画の作成と幼児理解に基づいた評価

1 指導計画の考え方

幼稚部における教育は，幼児が自ら意欲をもって環境と関わることによりつくり出される具体的な活動を通して，その目標の達成を図るものである。

学校においてはこのことを踏まえ，幼児期にふさわしい生活が展開され，適切な指導が行われるよう，それぞれの学校の教育課程に基づき，調和のとれた組織的，発展的な指導計画を作成し，幼児の活動に沿った柔軟な指導を行わなければならない。

その際，幼児の障害の状態や特性及び発達の程度等に応じた効果的な指導を行うため，一人一人の幼児の実態を的確に把握し，個別の指導計画を作成するとともに，個別の指導計画に基づいて行われた活動の状況や結果を適切に評価し，指導の改善に努めること。

2 指導計画の作成上の基本的事項

(1) 指導計画は，幼児の発達に即して一人一人の幼児が幼児期にふさわしい生活を展開し，必要な体験を得られるようにするために，具体的に作成するものとする。

(2) 指導計画の作成に当たっては，次に示すところにより，具体的なねらい及び内容を明確に設定し，適切な環境を構成することなどにより活動が選択・展開されるようにするものとする。

ア 具体的なねらい及び内容は，幼稚部における生活において，幼児の発達の過程を見通し，幼児の生活の連続性，季節の変化などを考慮して，幼児の障害の状態や特性及び発達の程度等や，経験の程度，興味や関心などに応じて設定すること。

イ 環境は，具体的なねらいを達成するために適切なものとなるように構成し，幼児が自らその環境に関わることにより様々な活動を展開しつつ必要な体験を得られるようにすること。その際，幼児の生活する姿や発想を大切にし，常にその環境が適切なものとなるよう

にすること。
　ウ　幼児の行う具体的な活動は，生活の流れの中で様々に変化するものであることに留意し，幼児が望ましい方向に向かって自ら活動を展開していくことができるよう必要な援助をすること。

　その際，幼児の実態及び幼児を取り巻く状況の変化などに即して指導の過程についての評価を適切に行い，常に指導計画の改善を図るものとする。

3　指導計画の作成上の留意事項

　指導計画の作成に当たっては，次の事項に留意するものとする。

(1) 長期的に発達を見通した年，学期，月などにわたる長期の指導計画やこれとの関連を保ちながらより具体的な幼児の生活に即した週，日などの短期の指導計画を作成し，適切な指導が行われるようにすること。特に，週，日などの短期の指導計画については，幼児の生活のリズムに配慮し，幼児の意識や興味の連続性のある活動が相互に関連して幼稚部における生活の自然な流れの中に組み込まれるようにすること。

(2) 幼児が様々な人やものとの関わりを通して，多様な体験をし，心身の調和のとれた発達を促すようにしていくこと。その際，幼児の発達に即して主体的・対話的で深い学びが実現するようにするとともに，心を動かされる体験が次の活動を生み出すことを考慮し，一つ一つの体験が相互に結び付き，幼稚部における生活が充実するようにすること。

(3) 言語に関する能力の発達と思考力等の発達が関連していることを踏まえ，幼稚部における生活全体を通して，幼児の障害の状態や特性及び発達の程度等や，経験の程度を踏まえた言語環境を整え，言語活動の充実を図ること。

(4) 幼児が次の活動への期待や意欲をもつことができるよう，幼児の障害の状態や特性及び発達の程度等を踏まえながら，教師や他の幼児と共に遊びや生活の中で見通しをもったり，振り返ったりするよう工夫すること。

(5) 行事の指導に当たっては，幼稚部における生活の自然の流れの中で生活に変化や潤いを与え，幼児が主体的に楽しく活動できるようにすること。なお，それぞれの行事についてはその教育的価値を十分検討し，適切なものを精選し，幼児の負担にならないようにすること。

(6) 幼児期は直接的な体験が重要であることを踏まえ，視聴覚教材やコンピュータなど情報機器を活用する際には，幼稚部における生活では得難い体験を補完するなど，幼児の体験との関連を考慮すること。

(7) 幼児の主体的な活動を促すためには，教師が多様な関わりをもつことが重要であることを踏まえ，教師は，理解者，共同作業者など様々な役割を果たし，幼児の発達に必要な豊かな体験が得られるよう，活動の場面に応じて，適切な指導を行うようにすること。

(8) 幼児の行う活動は，個人，グループ，学級全体などで多様に展開されるものであることを踏まえ，学校全体の教師による協力体制を作りながら，一人一人の幼児が興味や欲求を十分に満足させるよう適切な援助を行うようにすること。

4　幼児理解に基づいた評価の実施

　幼児一人一人の発達の理解に基づいた評価の実施に当たっては，次の事項に配慮するものとする。

(1) 指導の過程を振り返りながら幼児の理解を進め，幼児一人一人のよさや可能性などを把握し，指導の改善に生かすようにすること。その際，他の幼児との比較や一定の基準に対する達成度についての評定によって捉えるものではないことに留意すること。

(2) 評価の妥当性や信頼性が高められるよう創意工夫を行い，組織的かつ計画的な取組を推進するとともに，次年度又は小学部若しくは小学校等にその内容が適切に引き継がれるように

すること。

## 第6 特に留意する事項

1　幼児の指導に当たっては，その障害の状態や特性及び発達の程度等に応じて具体的な指導内容の設定を工夫すること。
2　複数の種類の障害を併せ有するなどの幼児の指導に当たっては，専門的な知識や技能を有する教師間の協力の下に指導を行ったり，必要に応じて専門の医師及びその他の専門家の指導・助言を求めたりするなどして，全人的な発達を促すようにすること。
3　家庭及び地域並びに医療，福祉，保健等の業務を行う関係機関との連携を図り，長期的な視点で幼児への教育的支援を行うために，個別の教育支援計画を作成し，活用すること。
4　幼児の障害の状態や特性及び発達の程度等に応じた適切な指導を行うため，次の事項に留意すること。
（1）視覚障害者である幼児に対する教育を行う特別支援学校においては，早期からの教育相談との関連を図り，幼児が聴覚，触覚及び保有する視覚などを十分に活用して周囲の状況を把握できるように配慮することで，安心して活発な活動が展開できるようにすること。また，身の回りの具体的な事物・事象及び動作と言葉とを結び付けて基礎的な概念の形成を図るようにすること。
（2）聴覚障害者である幼児に対する教育を行う特別支援学校においては，早期からの教育相談との関連を図り，保有する聴覚や視覚的な情報などを十分に活用して言葉の習得と概念の形成を図る指導を進めること。また，言葉を用いて人との関わりを深めたり，日常生活に必要な知識を広げたりする態度や習慣を育てること。
（3）知的障害者である幼児に対する教育を行う特別支援学校においては，幼児の活動内容や環境の設定を創意工夫し，活動への主体的な意欲を高めて，発達を促すようにすること。また，ゆとりや見通しをもって活動に取り組めるよう配慮するとともに，周囲の状況に応じて安全に行動できるようにすること。
（4）肢体不自由者である幼児に対する教育を行う特別支援学校においては，幼児の姿勢保持や上下肢の動き等に応じ，進んで身体を動かそうとしたり，活動に参加しようとしたりする態度や習慣を身に付け，集団への参加ができるようにすること。また，体験的な活動を通して，基礎的な概念の形成を図るようにすること。
（5）病弱者である幼児に対する教育を行う特別支援学校においては，幼児の病気の状態等を十分に考慮し，負担過重にならない範囲で，様々な活動が展開できるようにすること。また，健康状態の維持・改善に必要な生活習慣を身に付けることができるようにすること。
5　海外から帰国した幼児や生活に必要な日本語の習得に困難のある幼児の学校生活への適応
　　海外から帰国した幼児や生活に必要な日本語の習得に困難のある幼児については，安心して自己を発揮できるよう配慮するなど個々の幼児の実態に応じ，指導内容や指導方法の工夫を組織的かつ計画的に行うものとする。

## 第7 幼稚部に係る学校運営上の留意事項

1　各学校においては，校長の方針の下に，校務分掌に基づき教職員が適切に役割を分担しつつ，相互に連携しながら，教育課程や指導の改善を図るものとする。また，各学校が行う学校評価については，教育課程の編成，実施，改善が教育活動や学校運営の中核となることを踏まえ，カリキュラム・マネジメントと関連付けながら実施するよう留意するものとする。

付録2

2 幼児の生活は，家庭を基盤として地域社会を通じて次第に広がりをもつものであることに留意し，家庭との連携を十分に図るなど，幼稚部における生活が家庭や地域社会と連続性を保ちつつ展開されるようにするものとする。その際，地域の自然，高齢者や異年齢の子供などを含む人材，行事や公共施設などの地域の資源を積極的に活用し，幼児が豊かな生活体験を得られるように工夫するものとする。また，家庭との連携に当たっては，保護者との情報交換の機会を設けたり，保護者と幼児との活動の機会を設けたりなどすることを通じて，保護者の幼児期の教育に関する理解が深まるよう配慮するものとする。

3 学校医等との連絡を密にし，幼児の障害の状態や特性及び発達の程度等に応じた保健及び安全に十分留意するものとする。

4 学校や地域の実態等により，特別支援学校間に加え，保育所，幼保連携型認定こども園，幼稚園，小学校，中学校及び高等学校などとの間の連携や交流を図るものとする。特に，幼稚部における教育と小学部における教育又は小学校教育の円滑な接続のため，幼稚部の幼児と小学部又は小学校の児童との交流の機会を積極的に設けるようにするものとする。また，障害のない幼児児童生徒との交流及び共同学習の機会を設け，組織的かつ計画的に行うものとし，共に尊重し合いながら協働して生活していく態度を育むよう努めるものとする。

5 幼稚部の運営に当たっては，幼稚園等の要請により，障害のある幼児又は当該幼児の教育を担当する教師等に対して必要な助言又は援助を行ったり，地域の実態や家庭の要請等により障害のある乳幼児又はその保護者に対して早期からの教育相談を行ったりするなど，各学校の教師の専門性や施設・設備を生かした地域における特別支援教育のセンターとしての役割を果たすよう努めること。その際，学校として組織的に取り組むよう校内体制を整備するとともに，他の特別支援学校や地域の幼稚園等との連携を図ること。

## ● 第8 教育課程に係る教育時間終了後等に行う教育活動など

各学校は，教育課程に係る教育時間の終了後等に行う教育活動について，学校教育法に規定する目的並びにこの章の第1に示す幼稚部における教育の基本及び第2に示す幼稚部における教育の目標を踏まえ，全体的な計画を作成して実施するものとする。その際，幼児の心身の負担に配慮したり，家庭との緊密な連携を図ることに留意したりし，適切な責任体制と指導体制を整備した上で行うようにするものとする。また，幼稚部における教育の目標の達成に資するため，幼児の生活全体が豊かなものとなるよう家庭や地域における幼児期の教育の支援に努めるものとする。

# 特別支援学校小学部・中学部学習指導要領　第1章　総則

## 第1節　教育目標

小学部及び中学部における教育については，学校教育法第72条に定める目的を実現するために，児童及び生徒の障害の状態や特性及び心身の発達の段階等を十分考慮して，次に掲げる目標の達成に努めなければならない。

1　小学部においては，学校教育法第30条第1項に規定する小学校教育の目標
2　中学部においては，学校教育法第46条に規定する中学校教育の目標
3　小学部及び中学部を通じ，児童及び生徒の障害による学習上又は生活上の困難を改善・克服し自立を図るために必要な知識，技能，態度及び習慣を養うこと。

## 第2節　小学部及び中学部における教育の基本と教育課程の役割

1　各学校においては，教育基本法及び学校教育法その他の法令並びにこの章以下に示すところに従い，児童又は生徒の人間として調和のとれた育成を目指し，児童又は生徒の障害の状態や特性及び心身の発達の段階等並びに学校や地域の実態を十分考慮して，適切な教育課程を編成するものとし，これらに掲げる目標を達成するよう教育を行うものとする。
2　学校の教育活動を進めるに当たっては，各学校において，第4節の1に示す主体的・対話的で深い学びの実現に向けた授業改善を通して，創意工夫を生かした特色ある教育活動を展開する中で，次の(1)から(4)までに掲げる事項の実現を図り，児童又は生徒に生きる力を育むことを目指すものとする。
(1)　基礎的・基本的な知識及び技能を確実に習得させ，これらを活用して課題を解決するために必要な思考力，判断力，表現力等を育むとともに，主体的に学習に取り組む態度を養い，個性を生かし多様な人々との協働を促す教育の充実に努めること。その際，児童又は生徒の発達の段階を考慮して，児童又は生徒の言語活動など，学習の基盤をつくる活動を充実するとともに，家庭との連携を図りながら，児童又は生徒の学習習慣が確立するよう配慮すること。
(2)　道徳教育や体験活動，多様な表現や鑑賞の活動等を通して，豊かな心や創造性の涵養を目指した教育の充実に努めること。

　学校における道徳教育は，特別の教科である道徳（以下「道徳科」という。）を要として学校の教育活動全体を通じて行うものであり，道徳科はもとより，各教科，外国語活動，総合的な学習の時間，特別活動及び自立活動のそれぞれの特質に応じて，児童又は生徒の発達の段階を考慮して，適切な指導を行うこと。

　道徳教育は，教育基本法及び学校教育法に定められた教育の根本精神に基づき，小学部においては，自己の生き方を考え，中学部においては，人間としての生き方を考え，主体的な判断の下に行動し，自立した人間として他者と共によりよく生きるための基盤となる道徳性を養うことを目標とすること。

　道徳教育を進めるに当たっては，人間尊重の精神と生命に対する畏敬の念を家庭，学校，その他社会における具体的な生活の中に生かし，豊かな心をもち，伝統と文化を尊重し，それらを育んできた我が国と郷土を愛し，個性豊かな文化の創造を図るとともに，平和で民主的な国家及び社会の形成者として，公共の精神を尊び，社会及び国家の発展に努め，他国を

尊重し，国際社会の平和と発展や環境の保全に貢献し未来を拓く主体性のある日本人の育成に資することとなるよう特に留意すること。

(3) 学校における体育・健康に関する指導を，児童又は生徒の発達の段階を考慮して，学校の教育活動全体を通じて適切に行うことにより，健康で安全な生活と豊かなスポーツライフの実現を目指した教育の充実に努めること。特に，学校における食育の推進並びに体力の向上に関する指導，安全に関する指導及び心身の健康の保持増進に関する指導については，小学部の体育科や家庭科（知的障害者である児童に対する教育を行う特別支援学校においては生活科），中学部の保健体育科や技術・家庭科（知的障害者である生徒に対する教育を行う特別支援学校においては職業・家庭科）及び特別活動の時間はもとより，各教科，道徳科，外国語活動，総合的な学習の時間及び自立活動などにおいてもそれぞれの特質に応じて適切に行うよう努めること。また，それらの指導を通して，家庭や地域社会との連携を図りながら，日常生活において適切な体育・健康に関する活動の実践を促し，生涯を通じて健康・安全で活力ある生活を送るための基礎が培われるよう配慮すること。

(4) 学校における自立活動の指導は，障害による学習上又は生活上の困難を改善・克服し，自立し社会参加する資質を養うため，自立活動の時間はもとより，学校の教育活動全体を通じて適切に行うものとする。特に，自立活動の時間における指導は，各教科，道徳科，外国語活動，総合的な学習の時間及び特別活動と密接な関連を保ち，個々の児童又は生徒の障害の状態や特性及び心身の発達の段階等を的確に把握して，適切な指導計画の下に行うよう配慮すること。

3 2の(1)から(4)までに掲げる事項の実現を図り，豊かな創造性を備え持続可能な社会の創り手となることが期待される児童又は生徒に，生きる力を育むことを目指すに当たっては，学校教育全体並びに各教科，道徳科，外国語活動，総合的な学習の時間，特別活動（ただし，第3節の3の(2)のイ及びカにおいて，特別活動については学級活動（学校給食に係るものを除く。）に限る。）及び自立活動の指導を通してどのような資質・能力の育成を目指すのかを明確にしながら，教育活動の充実を図るものとする。その際，児童又は生徒の障害の状態や特性及び心身の発達の段階等を踏まえつつ，次に掲げることが偏りなく実現できるようにするものとする。

(1) 知識及び技能が習得されるようにすること。

(2) 思考力，判断力，表現力等を育成すること。

(3) 学びに向かう力，人間性等を涵養すること。

4 各学校においては，児童又は生徒や学校，地域の実態を適切に把握し，教育の目的や目標の実現に必要な教育の内容等を教科等横断的な視点で組み立てていくこと，教育課程の実施状況を評価してその改善を図っていくこと，教育課程の実施に必要な人的又は物的な体制を確保するとともにその改善を図っていくことなどを通して，教育課程に基づき組織的かつ計画的に各学校の教育活動の質の向上を図っていくこと（以下「カリキュラム・マネジメント」という。）に努めるものとする。その際，児童又は生徒に何が身に付いたかという学習の成果を的確に捉え，第3節の3の(3)のイに示す個別の指導計画の実施状況の評価と改善を，教育課程の評価と改善につなげていくよう工夫すること。

## 第3節　教育課程の編成

1　各学校の教育目標と教育課程の編成

教育課程の編成に当たっては，学校教育全体や各教科等における指導を通して育成を目指す資質・能力を踏まえつつ，各学校の教育目標を明確にするとともに，教育課程の編成について

の基本的な方針が家庭や地域とも共有されるよう努めるものとする。その際，小学部は小学校学習指導要領の第5章総合的な学習の時間の第2の1，中学部は中学校学習指導要領の第4章総合的な学習の時間の第2の1に基づき定められる目標との関連を図るものとする。

2 教科等横断的な視点に立った資質・能力の育成
 (1) 各学校においては，児童又は生徒の障害の状態や特性及び心身の発達の段階等を考慮し，言語能力，情報活用能力（情報モラルを含む。），問題発見・解決能力等の学習の基盤となる資質・能力を育成していくことができるよう，各教科等の特質を生かし，教科等横断的な視点から教育課程の編成を図るものとする。
 (2) 各学校においては，児童又は生徒や学校，地域の実態並びに児童又は生徒の障害の状態や特性及び心身の発達の段階等を考慮し，豊かな人生の実現や災害等を乗り越えて次代の社会を形成することに向けた現代的な諸課題に対応して求められる資質・能力を，教科等横断的な視点で育成していくことができるよう，各学校の特色を生かした教育課程の編成を図るものとする。

3 教育課程の編成における共通的事項
 (1) 内容等の取扱い
  ア 第2章以下に示す各教科，道徳科，外国語活動，特別活動及び自立活動の内容に関する事項は，特に示す場合を除き，いずれの学校においても取り扱わなければならない。
  イ 学校において特に必要がある場合には，第2章以下に示していない内容を加えて指導することができる。また，第2章以下に示す内容の取扱いのうち内容の範囲や程度等を示す事項は，全ての児童又は生徒に対して指導するものとする内容の範囲や程度等を示したものであり，学校において特に必要がある場合には，この事項にかかわらず加えて指導することができる。ただし，これらの場合には，第2章以下に示す各教科，道徳科，外国語活動，特別活動及び自立活動の目標や内容並びに各学年や各段階，各分野又は各言語の目標や内容（知的障害者である児童又は生徒に対する教育を行う特別支援学校においては，外国語科及び外国語活動の各言語の内容）の趣旨を逸脱したり，児童又は生徒の負担過重となったりすることのないようにしなければならない。
  ウ 第2章以下に示す各教科，道徳科，外国語活動，特別活動及び自立活動の内容並びに各学年，各段階，各分野又は各言語の内容に掲げる事項の順序は，特に示す場合を除き，指導の順序を示すものではないので，学校においては，その取扱いについて適切な工夫を加えるものとする。
  エ 視覚障害者，聴覚障害者，肢体不自由者又は病弱者である児童に対する教育を行う特別支援学校の小学部において，学年の内容を2学年まとめて示した教科及び外国語活動の内容は，2学年間かけて指導する事項を示したものである。各学校においては，これらの事項を児童や学校，地域の実態に応じ，2学年間を見通して計画的に指導することとし，特に示す場合を除き，いずれかの学年に分けて，又はいずれの学年においても指導するものとする。
  オ 視覚障害者，聴覚障害者，肢体不自由者又は病弱者である生徒に対する教育を行う特別支援学校の中学部においては，生徒や学校，地域の実態を考慮して，生徒の特性等に応じた多様な学習活動が行えるよう，第2章に示す各教科や，特に必要な教科を，選択教科として開設し生徒に履修させることができる。その場合にあっては，全ての生徒に指導すべき内容との関連を図りつつ，選択教科の授業時数及び内容を適切に定め選択教科の指導計画を作成し，生徒の負担過重となることのないようにしなければならない。また，特に必要な教科の名称，目標，内容などについては，各学校が適切に定めるものとする。
  カ 知的障害者である児童に対する教育を行う特別支援学校の小学部においては，生活，国

付録3

語，算数，音楽，図画工作及び体育の各教科，道徳科，特別活動並びに自立活動については，特に示す場合を除き，全ての児童に履修させるものとする。また，外国語活動については，児童や学校の実態を考慮し，必要に応じて設けることができる。

キ 知的障害者である生徒に対する教育を行う特別支援学校の中学部においては，国語，社会，数学，理科，音楽，美術，保健体育及び職業・家庭の各教科，道徳科，総合的な学習の時間，特別活動並びに自立活動については，特に示す場合を除き，全ての生徒に履修させるものとする。また，外国語科については，生徒や学校の実態を考慮し，必要に応じて設けることができる。

ク 知的障害者である児童又は生徒に対する教育を行う特別支援学校において，各教科の指導に当たっては，各教科の段階に示す内容を基に，児童又は生徒の知的障害の状態や経験等に応じて，具体的に指導内容を設定するものとする。その際，小学部は6年間，中学部は3年間を見通して計画的に指導するものとする。

ケ 知的障害者である生徒に対する教育を行う特別支援学校の中学部においては，生徒や学校，地域の実態を考慮して，特に必要がある場合には，その他特に必要な教科を選択教科として設けることができる。その他特に必要な教科の名称，目標，内容などについては，各学校が適切に定めるものとする。その際，第2章第2節第2款の第2に示す事項に配慮するとともに，生徒の負担過重となることのないようにしなければならない。

コ 道徳科を要として学校の教育活動全体を通じて行う道徳教育の内容は，小学部においては第3章特別の教科道徳において準ずるものとしている小学校学習指導要領第3章特別の教科道徳の第2に示す内容，中学部においては第3章特別の教科道徳において準ずるものとしている中学校学習指導要領第3章特別の教科道徳の第2に示す内容とし，その実施に当たっては，第7節に示す道徳教育に関する配慮事項を踏まえるものとする。

(2) 授業時数等の取扱い

ア 小学部又は中学部の各学年における第2章以下に示す各教科（知的障害者である生徒に対する教育を行う特別支援学校の中学部において，外国語科を設ける場合を含む。以下同じ。），道徳科，外国語活動（知的障害者である児童に対する教育を行う特別支援学校の小学部において，外国語活動を設ける場合を含む。以下同じ。），総合的な学習の時間，特別活動（学級活動（学校給食に係る時間を除く。）に限る。以下，この項，イ及びカにおいて同じ。）及び自立活動（以下「各教科等」という。）の総授業時数は，小学校又は中学校の各学年における総授業時数に準ずるものとする。この場合，各教科等の目標及び内容を考慮し，それぞれの年間の授業時数を適切に定めるものとする。

イ 小学部又は中学部の各教科等の授業は，年間35週（小学部第1学年については34週）以上にわたって行うよう計画し，週当たりの授業時数が児童又は生徒の負担過重にならないようにするものとする。ただし，各教科等（中学部においては，特別活動を除く。）や学習活動の特質に応じ効果的な場合には，夏季，冬季，学年末等の休業日の期間に授業日を設定する場合を含め，これらの授業を特定の期間に行うことができる。

ウ 小学部又は中学部の各学年の総合的な学習の時間に充てる授業時数は，児童又は生徒の障害の状態や特性及び心身の発達の段階等を考慮して，視覚障害者，聴覚障害者，肢体不自由者又は病弱者である児童又は生徒に対する教育を行う特別支援学校については，小学部第3学年以上及び中学部の各学年において，知的障害者である生徒に対する教育を行う特別支援学校については，中学部の各学年において，それぞれ適切に定めるものとする。

エ 特別活動の授業のうち，小学部の児童会活動，クラブ活動及び学校行事並びに中学部の生徒会活動及び学校行事については，それらの内容に応じ，年間，学期ごと，月ごとなどに適切な授業時数を充てるものとする。

オ 小学部又は中学部の各学年の自立活動の時間に充てる授業時数は，児童又は生徒の障害の状態や特性及び心身の発達の段階等に応じて，適切に定めるものとする。

カ 各学校の時間割については，次の事項を踏まえ適切に編成するものとする。

(ア) 小学部又は中学部の各教科等のそれぞれの授業の1単位時間は，各学校において，各教科等の年間授業時数を確保しつつ，児童又は生徒の障害の状態や特性及び心身の発達の段階等並びに各教科等や学習活動の特質を考慮して適切に定めること。

(イ) 各教科等の特質に応じ，10分から15分程度の短い時間を活用して特定の教科等の指導を行う場合において，当該教科等を担当する教師が，単元や題材など内容や時間のまとまりを見通した中で，その指導内容の決定や指導の成果の把握と活用等を責任をもって行う体制が整備されているときは，その時間を当該教科等の年間授業時数に含めることができること。

(ウ) 給食，休憩などの時間については，各学校において工夫を加え，適切に定めること。

(エ) 各学校において，児童又は生徒や学校，地域の実態及び各教科等や学習活動の特質等に応じて，創意工夫を生かした時間割を弾力的に編成できること。

キ 総合的な学習の時間における学習活動により，特別活動の学校行事に掲げる各行事の実施と同様の成果が期待できる場合においては，総合的な学習の時間における学習活動をもって相当する特別活動の学校行事に掲げる各行事の実施に替えることができる。

(3) 指導計画の作成等に当たっての配慮事項

ア 各学校においては，次の事項に配慮しながら，学校の創意工夫を生かし，全体として，調和のとれた具体的な指導計画を作成するものとする。

(ア) 各教科等の各学年，各段階，各分野又は各言語の指導内容については，(1)のアを踏まえつつ，単元や題材など内容や時間のまとまりを見通しながら，そのまとめ方や重点の置き方に適切な工夫を加え，第4節の1に示す主体的・対話的で深い学びの実現に向けた授業改善を通して資質・能力を育む効果的な指導ができるようにすること。

(イ) 各教科等及び各学年相互間の関連を図り，系統的，発展的な指導ができるようにすること。

(ウ) 視覚障害者，聴覚障害者，肢体不自由者又は病弱者である児童に対する教育を行う特別支援学校の小学部において，学年の内容を2学年まとめて示した教科及び外国語活動については，当該学年間を見通して，児童や学校，地域の実態に応じ，児童の障害の状態や特性及び心身の発達の段階等を考慮しつつ，効果的，段階的に指導するようにすること。

(エ) 小学部においては，児童の実態等を考慮し，指導の効果を高めるため，児童の障害の状態や特性及び心身の発達の段階等並びに指導内容の関連性等を踏まえつつ，合科的・関連的な指導を進めること。

(オ) 知的障害者である児童又は生徒に対する教育を行う特別支援学校において，各教科，道徳科，外国語活動，特別活動及び自立活動の一部又は全部を合わせて指導を行う場合，各教科，道徳科，外国語活動，特別活動及び自立活動に示す内容を基に，児童又は生徒の知的障害の状態や経験等に応じて，具体的に指導内容を設定するものとする。また，各教科等の内容の一部又は全部を合わせて指導を行う場合には，授業時数を適切に定めること。

イ 各教科等の指導に当たっては，個々の児童又は生徒の実態を的確に把握し，次の事項に配慮しながら，個別の指導計画を作成すること。

(ア) 児童又は生徒の障害の状態や特性及び心身の発達の段階等並びに学習の進度等を考慮して，基礎的・基本的な事項に重点を置くこと。

(イ) 児童又は生徒が，基礎的・基本的な知識及び技能の習得も含め，学習内容を確実に身に付けることができるよう，それぞれの児童又は生徒に作成した個別の指導計画や学校の実態に応じて，指導方法や指導体制の工夫改善に努めること。その際，児童又は生徒の障害の状態や特性及び心身の発達の段階等並びに学習の進度等を考慮して，個別指導を重視するとともに，グループ別指導，繰り返し指導，学習内容の習熟の程度に応じた学習，児童又は生徒の興味・関心等に応じた課題学習，補充的な学習や発展的な学習などの学習活動を取り入れることや，教師間の協力による指導体制を確保することなど，指導方法や指導体制の工夫改善により，個に応じた指導の充実を図ること。その際，第4節の1の(3)に示す情報手段や教材・教具の活用を図ること。

4 学部段階間及び学校段階等間の接続

教育課程の編成に当たっては，次の事項に配慮しながら，学部段階間及び学校段階等間の接続を図るものとする。

(1) 小学部においては，幼児期の終わりまでに育ってほしい姿を踏まえた指導を工夫することにより，特別支援学校幼稚部教育要領及び幼稚園教育要領等に基づく幼児期の教育を通して育まれた資質・能力を踏まえて教育活動を実施し，児童が主体的に自己を発揮しながら学びに向かうことが可能となるようにすること。

また，低学年における教育全体において，例えば生活科において育成する自立し生活を豊かにしていくための資質・能力が，他教科等の学習においても生かされるようにするなど，教科等間の関連を積極的に図り，幼児期の教育及び中学年以降の教育との円滑な接続が図られるよう工夫すること。特に，小学部入学当初においては，幼児期において自発的な活動としての遊びを通して育まれてきたことが，各教科等における学習に円滑に接続されるよう，生活科を中心に，合科的・関連的な指導や弾力的な時間割の設定など，指導の工夫や指導計画の作成を行うこと。

(2) 小学部においては，特別支援学校小学部・中学部学習指導要領又は中学校学習指導要領及び特別支援学校高等部学習指導要領又は高等学校学習指導要領を踏まえ，中学部における教育又は中学校教育及びその後の教育との円滑な接続が図られるよう工夫すること。

(3) 中学部においては，特別支援学校小学部・中学部学習指導要領又は小学校学習指導要領を踏まえ，小学部における教育又は小学校教育までの学習の成果が中学部における教育に円滑に接続され，義務教育段階の終わりまでに育成することを目指す資質・能力を，生徒が確実に身に付けることができるよう工夫すること。

(4) 中学部においては，特別支援学校高等部学習指導要領又は高等学校学習指導要領を踏まえ，高等部における教育又は高等学校教育及びその後の教育との円滑な接続が図られるよう工夫すること。

## 第4節　教育課程の実施と学習評価

1 主体的・対話的で深い学びの実現に向けた授業改善

各教科等の指導に当たっては，次の事項に配慮するものとする。

(1) 第2節の3の(1)から(3)までに示すことが偏りなく実現されるよう，単元や題材など内容や時間のまとまりを見通しながら，児童又は生徒の主体的・対話的で深い学びの実現に向けた授業改善を行うこと。

特に，各教科等において身に付けた知識及び技能を活用したり，思考力，判断力，表現力等や学びに向かう力，人間性等を発揮させたりして，学習の対象となる物事を捉え思考する

ことにより，各教科等の特質に応じた物事を捉える視点や考え方（以下「見方・考え方」という。）が鍛えられていくことに留意し，児童又は生徒が各教科等の特質に応じた見方・考え方を働かせながら，知識を相互に関連付けてより深く理解したり，情報を精査して考えを形成したり，問題を見いだして解決策を考えたり，思いや考えを基に創造したりすることに向かう過程を重視した学習の充実を図ること。

(2) 第3節の2の(1)に示す言語能力の育成を図るため，各学校において必要な言語環境を整えるとともに，国語科を要としつつ各教科等の特質に応じて，児童又は生徒の言語活動を充実すること。あわせて，(7)に示すとおり読書活動を充実すること。

(3) 第3節の2の(1)に示す情報活用能力の育成を図るため，各学校において，コンピュータや情報通信ネットワークなどの情報手段を活用するために必要な環境を整え，これらを適切に活用した学習活動の充実を図ること。また，各種の統計資料や新聞，視聴覚教材や教育機器などの教材・教具の適切な活用を図ること。

あわせて，小学部においては，各教科等の特質に応じて，次の学習活動を計画的に実施すること。

ア　児童がコンピュータで文字を入力するなどの学習の基盤として必要となる情報手段の基本的な操作を習得するための学習活動

イ　児童がプログラミングを体験しながら，コンピュータに意図した処理を行わせるために必要な論理的思考力を身に付けるための学習活動

(4) 児童又は生徒が学習の見通しを立てたり学習したことを振り返ったりする活動を，計画的に取り入れるよう工夫すること。

(5) 児童又は生徒が生命の有限性や自然の大切さ，主体的に挑戦してみることや多様な他者と協働することの重要性などを実感しながら理解することができるよう，各教科等の特質に応じた体験活動を重視し，家庭や地域社会と連携しつつ体系的・継続的に実施できるよう工夫すること。

(6) 児童又は生徒が自ら学習課題や学習活動を選択する機会を設けるなど，児童又は生徒の興味・関心を生かした自主的，自発的な学習が促されるよう工夫すること。

(7) 学校図書館を計画的に利用しその機能の活用を図り，児童又は生徒の主体的・対話的で深い学びの実現に向けた授業改善に生かすとともに，児童又は生徒の自主的，自発的な学習活動や読書活動を充実すること。また，地域の図書館や博物館，美術館，劇場，音楽堂等の施設の活用を積極的に図り，資料を活用した情報の収集や鑑賞等の学習活動を充実すること。

2　障害のため通学して教育を受けることが困難な児童又は生徒に対して，教員を派遣して教育を行う場合については，障害の状態や学習環境等に応じて，指導方法や指導体制を工夫し，学習活動が効果的に行われるようにすること。

3　学習評価の充実

学習評価の実施に当たっては，次の事項に配慮するものとする。

(1) 児童又は生徒のよい点や可能性，進歩の状況などを積極的に評価し，学習したことの意義や価値を実感できるようにすること。また，各教科等の目標の実現に向けた学習状況を把握する観点から，単元や題材など内容や時間のまとまりを見通しながら評価の場面や方法を工夫して，学習の過程や成果を評価し，指導の改善や学習意欲の向上を図り，資質・能力の育成に生かすようにすること。

(2) 各教科等の指導に当たっては，個別の指導計画に基づいて行われた学習状況や結果を適切に評価し，指導目標や指導内容，指導方法の改善に努め，より効果的な指導ができるようにすること。

(3) 創意工夫の中で学習評価の妥当性や信頼性が高められるよう，組織的かつ計画的な取組を

推進するとともに，学年や学校段階を越えて児童又は生徒の学習の成果が円滑に接続されるよう工夫すること。

## 第5節　児童又は生徒の調和的な発達の支援

1　児童又は生徒の調和的な発達を支える指導の充実
　教育課程の編成及び実施に当たっては，次の事項に配慮するものとする。
（1）学習や生活の基盤として，教師と児童又は生徒との信頼関係及び児童又は生徒相互のよりよい人間関係を育てるため，日頃から学級経営の充実を図ること。また，主に集団の場面で必要な指導や援助を行うガイダンスと，個々の児童又は生徒の多様な実態を踏まえ，一人一人が抱える課題に個別に対応した指導を行うカウンセリングの双方により，児童又は生徒の発達を支援すること。
　　あわせて，小学部の低学年，中学年，高学年の学年の時期の特長を生かした指導の工夫を行うこと。
（2）児童又は生徒が，自己の存在感を実感しながら，よりよい人間関係を形成し，有意義で充実した学校生活を送る中で，現在及び将来における自己実現を図っていくことができるよう，児童理解又は生徒理解を深め，学習指導と関連付けながら，生徒指導の充実を図ること。
（3）児童又は生徒が，学ぶことと自己の将来とのつながりを見通しながら，社会的・職業的自立に向けて必要な基盤となる資質・能力を身に付けていくことができるよう，特別活動を要としつつ各教科等の特質に応じて，キャリア教育の充実を図ること。その中で，中学部においては，生徒が自らの生き方を考え主体的に進路を選択することができるよう，学校の教育活動全体を通じ，組織的かつ計画的な進路指導を行うこと。
（4）児童又は生徒が，学校教育を通じて身に付けた知識及び技能を活用し，もてる能力を最大限伸ばすことができるよう，生涯学習への意欲を高めるとともに，社会教育その他様々な学習機会に関する情報の提供に努めること。また，生涯を通じてスポーツや芸術文化活動に親しみ，豊かな生活を営むことができるよう，地域のスポーツ団体，文化芸術団体及び障害者福祉団体等と連携し，多様なスポーツや文化芸術活動を体験することができるよう配慮すること。
（5）家庭及び地域並びに医療，福祉，保健，労働等の業務を行う関係機関との連携を図り，長期的な視点で児童又は生徒への教育的支援を行うために，個別の教育支援計画を作成すること。
（6）複数の種類の障害を併せ有する児童又は生徒（以下「重複障害者」という。）については，専門的な知識，技能を有する教師や特別支援学校間の協力の下に指導を行ったり，必要に応じて専門の医師やその他の専門家の指導・助言を求めたりするなどして，学習効果を一層高めるようにすること。
（7）学校医等との連絡を密にし，児童又は生徒の障害の状態等に応じた保健及び安全に十分留意すること。
2　海外から帰国した児童又は生徒などの学校生活への適応や，日本語の習得に困難のある児童又は生徒に対する日本語指導
（1）海外から帰国した児童又は生徒などについては，学校生活への適応を図るとともに，外国における生活経験を生かすなどの適切な指導を行うものとする。
（2）日本語の習得に困難のある児童又は生徒については，個々の児童又は生徒の実態に応じた指導内容や指導方法の工夫を組織的かつ計画的に行うものとする。特に，通級による日本語

指導については，教師間の連携に努め，指導についての計画を個別に作成することなどにより，効果的な指導に努めるものとする。
3 学齢を経過した者への配慮
(1) 中学部において，夜間その他の特別の時間に授業を行う課程において学齢を経過した者を対象として特別の教育課程を編成する場合には，学齢を経過した者の年齢，経験又は勤労状況その他の実情を踏まえ，中学部における教育の目的及び目標並びに第2章第2節以下に示す各教科等の目標に照らして，中学部における教育を通じて育成を目指す資質・能力を身に付けることができるようにするものとする。
(2) 学齢を経過した者を教育する場合には，個別学習やグループ別学習など指導方法や指導体制の工夫改善に努めるものとする。

# 第6節　学校運営上の留意事項

1 教育課程の改善と学校評価等，教育課程外の活動との連携等
(1) 各学校においては，校長の方針の下に，校務分掌に基づき教職員が適切に役割を分担しつつ，相互に連携しながら，各学校の特色を生かしたカリキュラム・マネジメントを行うよう努めるものとする。また，各学校が行う学校評価については，教育課程の編成，実施，改善が教育活動や学校運営の中核となることを踏まえ，カリキュラム・マネジメントと関連付けながら実施するよう留意するものとする。
(2) 教育課程の編成及び実施に当たっては，学校保健計画，学校安全計画，食に関する指導の全体計画，いじめの防止等のための対策に関する基本的な方針など，各分野における学校の全体計画等と関連付けながら，効果的な指導が行われるよう留意するものとする。
(3) 中学部において，教育課程外の学校教育活動と教育課程との関連が図られるよう留意するものとする。特に，生徒の自主的，自発的な参加により行われる部活動については，スポーツや文化，科学等に親しませ，学習意欲の向上や責任感，連帯感の涵養等，学校教育が目指す資質・能力の育成に資するものであり，学校教育の一環として，教育課程との関連が図られるよう留意すること。その際，学校や地域の実態に応じ，地域の人々の協力，社会教育施設や社会教育関係団体等の各種団体との連携などの運営上の工夫を行い，持続可能な運営体制が整えられるようにするものとする。
2 家庭や地域社会との連携及び協働と学校間の連携
　教育課程の編成及び実施に当たっては，次の事項に配慮するものとする。
(1) 学校がその目的を達成するため，学校や地域の実態等に応じ，教育活動の実施に必要な人的又は物的な体制を家庭や地域の人々の協力を得ながら整えるなど，家庭や地域社会との連携及び協働を深めること。また，高齢者や異年齢の子供など，地域における世代を越えた交流の機会を設けること。
(2) 他の特別支援学校や，幼稚園，認定こども園，保育所，小学校，中学校，高等学校などとの間の連携や交流を図るとともに，障害のない幼児児童生徒との交流及び共同学習の機会を設け，共に尊重し合いながら協働して生活していく態度を育むようにすること。
　　特に，小学部の児童又は中学部の生徒の経験を広げて積極的な態度を養い，社会性や豊かな人間性を育むために，学校の教育活動全体を通じて，小学校の児童又は中学校の生徒などと交流及び共同学習を計画的，組織的に行うとともに，地域の人々などと活動を共にする機会を積極的に設けること。
　3 小学校又は中学校等の要請により，障害のある児童若しくは生徒又は当該児童若しくは生

付録3

徒の教育を担当する教師等に対して必要な助言又は援助を行ったり，地域の実態や家庭の要請等により保護者等に対して教育相談を行ったりするなど，各学校の教師の専門性や施設・設備を生かした地域における特別支援教育のセンターとしての役割を果たすよう努めること。その際，学校として組織的に取り組むことができるよう校内体制を整備するとともに，他の特別支援学校や地域の小学校又は中学校等との連携を図ること。

## 第7節　道徳教育に関する配慮事項

　道徳教育を進めるに当たっては，道徳教育の特質を踏まえ，前項までに示す事項に加え，次の事項に配慮するものとする。
1　各学校においては，第2節の2の(2)に示す道徳教育の目標を踏まえ，道徳教育の全体計画を作成し，校長の方針の下に，道徳教育の推進を主に担当する教師（以下「道徳教育推進教師」という。）を中心に，全教師が協力して道徳教育を展開すること。なお，道徳教育の全体計画の作成に当たっては，児童又は生徒や学校，地域の実態を考慮して，学校の道徳教育の重点目標を設定するとともに，道徳科の指導方針，第3章特別の教科道徳に示す内容との関連を踏まえた各教科，外国語活動，総合的な学習の時間，特別活動及び自立活動における指導の内容及び時期並びに家庭や地域社会との連携の方法を示すこと。
2　小学部においては，児童の障害の状態や特性及び心身の発達の段階等を踏まえ，指導内容の重点化を図ること。その際，各学年を通じて，自立心や自律性，生命を尊重する心や他者を思いやる心を育てることに留意すること。また，各学年段階においては，次の事項に留意すること。
(1) 第1学年及び第2学年においては，挨拶などの基本的な生活習慣を身に付けること，善悪を判断し，してはならないことをしないこと，社会生活上のきまりを守ること。
(2) 第3学年及び第4学年においては，善悪を判断し，正しいと判断したことを行うこと，身近な人々と協力し助け合うこと，集団や社会のきまりを守ること。
(3) 第5学年及び第6学年においては，相手の考え方や立場を理解して支え合うこと，法やきまりの意義を理解して進んで守ること，集団生活の充実に努めること，伝統と文化を尊重し，それらを育んできた我が国と郷土を愛するとともに，他国を尊重すること。
3　小学部においては，学校や学級内の人間関係や環境を整えるとともに，集団宿泊活動やボランティア活動，自然体験活動，地域の行事への参加などの豊かな体験を充実すること。また，道徳教育の指導内容が，児童の日常生活に生かされるようにすること。その際，いじめの防止や安全の確保等にも資することとなるよう留意すること。
4　中学部においては，生徒の障害の状態や特性及び心身の発達の段階等を踏まえ，指導内容の重点化を図ること。その際，小学部における道徳教育の指導内容を更に発展させ，自立心や自律性を高め，規律ある生活をすること，生命を尊重する心や自らの弱さを克服して気高く生きようとする心を育てること，法やきまりの意義に関する理解を深めること，自らの将来の生き方を考え主体的に社会の形成に参画する意欲と態度を養うこと，伝統と文化を尊重し，それらを育んできた我が国と郷土を愛するとともに，他国を尊重すること，国際社会に生きる日本人としての自覚を身に付けることに留意すること。
5　中学部においては，学校や学級内の人間関係や環境を整えるとともに，職場体験活動やボランティア活動，自然体験活動，地域の行事への参加などの豊かな体験を充実すること。また，道徳教育の指導内容が，生徒の日常生活に生かされるようにすること。その際，いじめの防止や安全の確保等にも資することとなるよう留意すること。

6　学校の道徳教育の全体計画や道徳教育に関する諸活動などの情報を積極的に公表したり，道徳教育の充実のために家庭や地域の人々の積極的な参加や協力を得たりするなど，家庭や地域社会との共通理解を深め，相互の連携を図ること。

## 第8節　重複障害者等に関する教育課程の取扱い

1　児童又は生徒の障害の状態により特に必要がある場合には，次に示すところによるものとする。その際，各教科，道徳科，外国語活動及び特別活動の当該各学年より後の各学年（知的障害者である児童又は生徒に対する教育を行う特別支援学校においては，各教科の当該各段階より後の各段階）又は当該各学部より後の各学部の目標の系統性や内容の関連に留意しなければならない。
(1)　各教科及び外国語活動の目標及び内容に関する事項の一部を取り扱わないことができること。
(2)　各教科の各学年の目標及び内容の一部又は全部を，当該各学年より前の各学年の目標及び内容の一部又は全部によって，替えることができること。また，道徳科の各学年の内容の一部又は全部を，当該各学年より前の学年の内容の一部又は全部によって，替えることができること。
(3)　視覚障害者，聴覚障害者，肢体不自由者又は病弱者である児童に対する教育を行う特別支援学校の小学部の外国語科については，外国語活動の目標及び内容の一部を取り入れることができること。
(4)　中学部の各教科及び道徳科の目標及び内容に関する事項の一部又は全部を，当該各教科に相当する小学部の各教科及び道徳科の目標及び内容に関する事項の一部又は全部によって，替えることができること。
(5)　中学部の外国語科については，小学部の外国語活動の目標及び内容の一部を取り入れることができること。
(6)　幼稚部教育要領に示す各領域のねらい及び内容の一部を取り入れることができること。
2　知的障害者である児童に対する教育を行う特別支援学校の小学部に就学する児童のうち，小学部の3段階に示す各教科又は外国語活動の内容を習得し目標を達成している者については，小学校学習指導要領第2章に示す各教科及び第4章に示す外国語活動の目標及び内容の一部を取り入れることができるものとする。

　また，知的障害者である生徒に対する教育を行う特別支援学校の中学部の2段階に示す各教科の内容を習得し目標を達成している者については，中学校学習指導要領第2章に示す各教科の目標及び内容並びに小学校学習指導要領第2章に示す各教科及び第4章に示す外国語活動の目標及び内容の一部を取り入れることができるものとする。
3　視覚障害者，聴覚障害者，肢体不自由者又は病弱者である児童又は生徒に対する教育を行う特別支援学校に就学する児童又は生徒のうち，知的障害を併せ有する者については，各教科の目標及び内容に関する事項の一部又は全部を，当該各教科に相当する第2章第1節第2款若しくは第2節第2款に示す知的障害者である児童又は生徒に対する教育を行う特別支援学校の各教科の目標及び内容の一部又は全部によって，替えることができるものとする。また，小学部の児童については，外国語活動の目標及び内容の一部又は全部を第4章第2款に示す知的障害者である児童に対する教育を行う特別支援学校の外国語活動の目標及び内容の一部又は全部によって，替えることができるものとする。したがって，この場合，小学部の児童については，外国語科及び総合的な学習の時間を，中学部の生徒については，外国語科を設けないことがで

付録3

きるものとする。
4 　重複障害者のうち，障害の状態により特に必要がある場合には，各教科，道徳科，外国語活動若しくは特別活動の目標及び内容に関する事項の一部又は各教科，外国語活動若しくは総合的な学習の時間に替えて，自立活動を主として指導を行うことができるものとする。
5 　障害のため通学して教育を受けることが困難な児童又は生徒に対して，教員を派遣して教育を行う場合については，上記1から4に示すところによることができるものとする。
6 　重複障害者，療養中の児童若しくは生徒又は障害のため通学して教育を受けることが困難な児童若しくは生徒に対して教員を派遣して教育を行う場合について，特に必要があるときは，実情に応じた授業時数を適切に定めるものとする。

付録3

# 幼稚園教育要領，小学校学習指導要領，中学校学習指導要領における障害のある幼児児童生徒の指導に関する規定（抜粋）

● 幼稚園教育要領解説の抜粋

第1章　総説
第5節　特別な配慮を必要とする幼児への指導
1　障害のある幼児などへの指導

> 障害のある幼児などの指導に当たっては，集団の中で生活することを通して全体的な発達を促していくことに配慮し，特別支援学校などの助言又は援助を活用しつつ，個々の幼児の障害の状態などに応じた指導内容や指導方法の工夫を組織的かつ計画的に行うものとする。また，家庭，地域及び医療や福祉，保健等の業務を行う関係機関との連携を図り，長期的な視点で幼児への教育的支援を行うために，個別の教育支援計画を作成し活用することに努めるとともに，個々の幼児の実態を的確に把握し，個別の指導計画を作成し活用することに努めるものとする。

（1）障害のある幼児などへの指導

学校教育法第81条第1項では，幼稚園，小学校，中学校，高等学校等において，障害のある児童生徒等に対し，障害による学習上又は生活上の困難を克服するための教育を行うことが規定されている。

また，我が国においては，「障害者の権利に関する条約」に掲げられている教育の理念の実現に向けて，障害のある子供の就学先決定の仕組みの改正なども踏まえ，各幼稚園では，障害のある幼児のみならず，教育上特別の支援を必要とする幼児が在籍している可能性があることを前提に，全ての教職員が特別支援教育の目的や意義について十分に理解することが不可欠である。

幼稚園は，適切な環境の下で幼児が教師や多くの幼児と集団で生活することを通して，幼児一人一人に応じた指導を行うことにより，将来にわたる生きる力の基礎を培う経験を積み重ねていく場である。友達をはじめ様々な人々との出会いを通して，家庭では味わうことのできない多様な体験をする場でもある。

これらを踏まえ，幼稚園において障害のある幼児を指導する場合には，幼稚園教育の機能を十分生かして，幼稚園生活の場の特性と人間関係を大切にし，その幼児の障害の状態や特性および発達の程度等（以下，「障害の状態等」という。）に応じて，発達を全体的に促していくことが大切である。

障害のある幼児などには，視覚障害，聴覚障害，知的障害，肢体不自由，病弱・身体虚弱，言語障害，情緒障害，自閉症，ADHD（注意欠陥多動性障害）などのほか，行動面などにおいて困難のある幼児で発達障害の可能性のある者も含まれている。このような障害の種類や程度を的確に把握した上で，障害のある幼児などの「困難さ」に対する「指導上の工夫の意図」を理解し，個に応じた様々な「手立て」を検討し，指導に当たっていく必要がある。その際に，幼稚園教育要領のほか，文部科学省が作成する「教育支援資料」（平成25年10月　文部科学省初等中等教育局特別支援教育課）などを参考にしながら，全ての教師が障害に関する知識や配慮等についての正しい理解と認識を深め，障害のある幼児などに対する組織的な対応ができるようにしていくことが重要である。

例えば，弱視の幼児がぬり絵をするときには輪郭を太くするなどの工夫をしたり，難聴の幼児に絵本を読むときには教師が近くに座るようにして声がよく聞こえるようにしたり，肢体不自由の幼児が興味や関心をもって進んで体を動かそうとする気持ちがもてるように工夫したりするなど，その幼児の障害の種類や程度に応じた配慮をする必要がある。

このように障害の種類や程度を十分に理解して指導方法の工夫を行うことが大切である。

一方，障害の種類や程度によって一律に指導内容や指導方法が決まるわけではない。特別支援教育において大切な視点は，一人一人の障害の状態等により，生活上などの困難が異なることに十分留意

付録4

し，個々の幼児の障害の状態等に応じた指導内容や指導方法の工夫を検討し，適切な指導を行うことであるといえる。

そこで，園長は，特別支援教育実施の責任者として，園内委員会を設置して，特別支援教育コーディネーターを指名し，園務分掌に明確に位置付けるなど，園全体の特別支援教育の体制を充実させ，効果的な幼稚園運営に努める必要がある。その際，各幼稚園において，幼児の障害の状態等に応じた指導を充実させるためには，特別支援学校等に対し専門的な助言又は援助を要請するなどして，計画的，組織的に取り組むことが重要である。

こうした点を踏まえ，指導計画に基づく内容や方法を見通した上で，個に応じた指導内容や指導方法を計画的に検討し実施することが大切である。

例えば，幼稚園における個に応じた指導内容や指導方法については次のようなものが考えられる。

- 自分の身体各部位を意識して動かすことが難しい場合，様々な遊びに安心して取り組むことができるよう，当該幼児が容易に取り組める遊具を活用した遊びで，より基本的な動きから徐々に複雑な動きを体験できるよう活動内容を用意し，成功体験が積み重ねられるようにするなどの配慮をする。
- 幼稚園における生活の見通しがもちにくく，気持ちや行動が安定しにくい場合，自ら見通しをもって安心して行動ができるよう，当該幼児が理解できる情報（具体物，写真，絵，文字など）を用いたり，教師や仲の良い友達をモデルにして行動を促したりするなどの配慮をする。
- 集団の中でざわざわした声などを不快に感じ，集団活動に参加することが難しい場合，集団での活動に慣れるよう，最初から全ての時間に参加させるのではなく，短い時間から始め，徐々に時間を延ばして参加させたり，イヤーマフなどで音を遮断して活動に参加させたりするなどの配慮をする。

さらに，障害のある幼児などの指導に当たっては，全教職員において，個々の幼児に対する配慮等の必要性を共通理解するとともに，全教職員の連携に努める必要がある。その際，教師は，障害のある幼児などのありのままの姿を受け止め，幼児が安心して，ゆとりをもって周囲の環境と十分に関わり，発達していくようにすることが大切である。また，障害のある幼児など一人一人の特性等に応じた必要な配慮等を行う際は，教師の理解の在り方や指導の姿勢が，他の幼児に大きく影響することに十分留意し，学級内において温かい人間関係づくりに努めながら，幼児が互いを認め合う肯定的な関係をつくっていくことが大切である。

(2) 個別の教育支援計画，個別の指導計画の作成・活用

個別の教育支援計画及び個別の指導計画は，障害のある幼児など一人一人に対するきめ細やかな指導や支援を組織的・継続的かつ計画的に行うために重要な役割を担っている。

今回の改訂では，障害のある幼児などの指導に当たっては，個別の教育支援計画及び個別の指導計画を作成し，活用に努めることとした。

そこで，個別の教育支援計画及び個別の指導計画について，それぞれの意義，位置付け及び作成や活用上の留意点などについて示す。

① 個別の教育支援計画

平成15年度から実施された障害者基本計画においては，教育，医療，福祉，労働等の関係機関が連携・協力を図り，障害のある子供の生涯にわたる継続的な支援体制を整え，それぞれの年代における子供の望ましい成長を促すため，個別の支援計画を作成することが示された。この個別の支援計画のうち，幼児児童生徒に対して，教育機関が中心となって作成するものを，個別の教育支援計画という。

障害のある幼児などは，学校生活だけでなく家庭生活や地域での生活を含め，長期的な視点で幼児期から学校卒業後までの一貫した支援を行うことが重要である。このため，教育関係者のみならず，

家庭や医療，福祉などの関係機関と連携するため，それぞれの側面からの取組を示した個別の教育支援計画を作成し活用していくことが考えられる。具体的には，障害のある幼児などが生活の中で遭遇する制約や困難を改善・克服するために，本人及び保護者の願いや将来の希望などを踏まえ，在籍園のみならず，例えば，家庭，医療機関における療育事業及び福祉機関における児童発達支援事業において，実際にどのような支援が必要で可能であるか，支援の目標を立て，それぞれが提供する支援の内容を具体的に記述し，支援の内容を整理したり，関連付けたりするなど関係機関の役割を明確にすることとなる。

このように，個別の教育支援計画の作成を通して，幼児に対する支援の目標を長期的な視点から設定することは，幼稚園が教育課程の編成の基本的な方針を明らかにする際，全教職員が共通理解をすべき大切な情報となる。また，在籍園において提供される教育的支援の内容については，個々の幼児の障害の状態等に応じた指導内容や指導方法の工夫を検討する際の情報として個別の指導計画に生かしていくことが重要である。

個別の教育支援計画の活用に当たっては，例えば，適切な支援の目的や教育的支援の内容を設定したり，就学先である小学校に在園中の支援の目的や教育的支援の内容を伝えたりするなど，切れ目ない支援に生かすことが大切である。その際，個別の教育支援計画には，多くの関係者が関与することから，保護者の同意を事前に得るなど個人情報の適切な取扱いと保護に十分留意することが必要である。

② 個別の指導計画

個別の指導計画は，個々の幼児の実態に応じて適切な指導を行うために学校で作成されるものである。個別の指導計画は，教育課程を具体化し，障害のある幼児など一人一人の指導目標，指導内容及び指導方法を明確にして，きめ細やかに指導するために作成するものである。

そのため，障害のある幼児などの指導に当たっては，適切かつ具体的な個別の指導計画の作成に努める必要がある。

各幼稚園においては，個別の教育支援計画と個別の指導計画を作成する目的や活用の仕方に違いがあることに留意し，二つの計画の位置付けや作成の手続きなどを整理し，共通理解を図ることが必要である。また，個別の教育支援計画及び個別の指導計画については，実施状況を適宜評価し改善を図っていくことも不可欠である。

こうした個別の教育支援計画と個別の指導計画の作成・活用システムを幼稚園内で構築していくためには，障害のある幼児などを担任する教師や特別支援教育コーディネーターだけに任せるのではなく，全ての教師の理解と協力が必要である。園の運営上の特別支援教育の位置付けを明確にし，園の組織の中で担任が孤立することのないよう留意する必要がある。このためには，園長のリーダーシップの下，幼稚園の教職員全体の協力体制づくりを進めたり，二つの計画についての正しい理解と認識を深めたりして，全教職員の連携に努めていく必要がある。

また，障害のある幼児の発達の状態は，家庭での生活とも深く関わっている。そのため，保護者との密接な連携の下に指導を行うことが重要である。幼稚園においては，保護者が，来園しやすく相談できるような雰囲気や場所を用意したり，教師は，幼児への指導と併せて，保護者が我が子の障害を理解できるようにしたり，将来の見通しについての不安を取り除くようにしたり，自然な形で幼児との関わりができるようにしたりするなど，保護者の思いを受け止めて精神的な援助や養育に対する支援を適切に行うように努めることが大切である。

付録4

## ●小学校学習指導要領解説総則編の抜粋

### 第3章 教育課程の編成及び実施
### 第4節 児童の発達の支援
2 特別な配慮を必要とする児童への指導
(1) 障害のある児童などへの指導
① 児童の障害の状態等に応じた指導の工夫（第1章第4の2の(1)のア）

> ア　障害のある児童などについては，特別支援学校等の助言又は援助を活用しつつ，個々の児童の障害の状態等に応じた指導内容や指導方法の工夫を組織的かつ計画的に行うものとする。

　学校教育法第81条第1項では，幼稚園，小学校，中学校，高等学校等において，障害のある児童生徒等に対し，障害による学習上又は生活上の困難を克服するための教育を行うことが規定されている。

　また，我が国においては，「障害者の権利に関する条約」に掲げられている教育の理念の実現に向けて，障害のある児童の就学先決定の仕組みの改正なども踏まえ，通常の学級にも，障害のある児童のみならず，教育上特別の支援を必要とする児童が在籍している可能性があることを前提に，全ての教職員が特別支援教育の目的や意義について十分に理解することが不可欠である。

　そこで，今回の改訂では，特別支援教育に関する教育課程編成の基本的な考え方や個に応じた指導を充実させるための教育課程実施上の留意事項などが一体的に分かるよう，学習指導要領の示し方について充実を図ることとした。

　障害のある児童などには，視覚障害，聴覚障害，知的障害，肢体不自由，病弱・身体虚弱，言語障害，情緒障害，自閉症，ＬＤ（学習障害），ＡＤＨＤ（注意欠陥多動性障害）などのほか，学習面又は行動面において困難のある児童で発達障害の可能性のある者も含まれている。このような障害の種類や程度を的確に把握した上で，障害のある児童などの「困難さ」に対する「指導上の工夫の意図」を理解し，個に応じた様々な「手立て」を検討し，指導に当たっていく必要がある。また，このような考え方は学習状況の評価に当たって児童一人一人の状況をきめ細かに見取っていく際にも参考となる。その際に，小学校学習指導要領解説の各教科等編のほか，文部科学省が作成する「教育支援資料」などを参考にしながら，全ての教師が障害に関する知識や配慮等についての正しい理解と認識を深め，障害のある児童などに対する組織的な対応ができるようにしていくことが重要である。

　例えば，弱視の児童についての体育科におけるボール運動の指導や理科における観察・実験の指導，難聴や言語障害の児童についての国語科における音読の指導や音楽科における歌唱の指導，肢体不自由の児童についての体育科における実技の指導や家庭科における実習の指導，病弱・身体虚弱の児童についての図画工作科や体育科におけるアレルギー等に配慮した指導など，児童の障害の状態や特性及び心身の発達の段階等（以下，「障害の状態等」という。）に応じて個別的に特別な配慮が必要である。また，読み書きや計算などに困難があるＬＤ（学習障害）の児童についての国語科における書き取りや，算数科における筆算や暗算の指導などの際に，活動の手順を示したシートを手元に配付するなどの配慮により対応することが必要である。さらに，ＡＤＨＤ（注意欠陥多動性障害）や自閉症の児童に対して，話して伝えるだけでなく，メモや絵などを付加する指導などの配慮も必要である。

　このように障害の種類や程度を十分に理解して指導方法の工夫を行うことが大切である。

　一方，障害の種類や程度によって一律に指導内容や指導方法が決まるわけではない。特別支援教育において大切な視点は，児童一人一人の障害の状態や特性及び心身の発達の段階等（以下，「障害の状態等」という。）により，学習上又は生活上の困難が異なることに十分留意し，個々の児童の障害の状態等に応じた指導内容や指導方法の工夫を検討し，適切な指導を行うことであると言える。

そこで，校長は，特別支援教育実施の責任者として，校内委員会を設置して，特別支援教育コーディネーターを指名し，校務分掌に明確に位置付けるなど，学校全体の特別支援教育の体制を充実させ，効果的な学校運営に努める必要がある。その際，各学校において，児童の障害の状態等に応じた指導を充実させるためには，特別支援学校等に対し専門的な助言又は援助を要請するなどして，計画的，組織的に取り組むことが重要である。

　こうした点を踏まえ，各教科等の指導計画に基づく内容や方法を見通した上で，個に応じた指導内容や指導方法を計画的に検討し実施することが大切である。

　さらに，障害のある児童などの指導に当たっては，担任を含む全ての教師間において，個々の児童に対する配慮等の必要性を共通理解するとともに，教師間の連携に努める必要がある。また，集団指導において，障害のある児童など一人一人の特性等に応じた必要な配慮等を行う際は，教師の理解の在り方や指導の姿勢が，学級内の児童に大きく影響することに十分留意し，学級内において温かい人間関係づくりに努めながら，「特別な支援の必要性」の理解を進め，互いの特徴を認め合い，支え合う関係を築いていくことが大切である。

　なお，今回の改訂では，総則のほか，各教科等においても，「第3　指導計画の作成と内容の取扱い」に当該教科等の指導における障害のある児童などに対する学習活動を行う場合に生じる困難さに応じた指導内容や指導方法の工夫を計画的，組織的に行うことが規定されたことに留意する必要がある。

　② 特別支援学級における特別の教育課程（第1章第4の2の(1)のイ）

> イ　特別支援学級において実施する特別の教育課程については，次のとおり編成するものとする。
> 　(ｱ)　障害による学習上又は生活上の困難を克服し自立を図るため，特別支援学校小学部・中学部学習指導要領第7章に示す自立活動を取り入れること。
> 　(ｲ)　児童の障害の程度や学級の実態等を考慮の上，各教科の目標や内容を下学年の教科の目標や内容に替えたり，各教科を，知的障害者である児童に対する教育を行う特別支援学校の各教科に替えたりするなどして，実態に応じた教育課程を編成すること。

　特別支援学級は，学校教育法第81条第2項の規定による，知的障害者，肢体不自由者，身体虚弱者，弱視者，難聴者，その他障害のある者で，特別支援学級において教育を行うことが適当なものである児童を対象とする学級であるとともに，小学校の学級の一つであり，学校教育法に定める小学校の目的及び目標を達成するものでなければならない。

　ただし，対象となる児童の障害の種類や程度等によっては，障害のない児童に対する教育課程をそのまま適用することが必ずしも適当でない場合があることから，学校教育法施行規則第138条では，「小学校，中学校若しくは義務教育学校又は中等教育学校の前期課程における特別支援学級に係る教育課程については，特に必要がある場合は，第50条第1項，第51条，第52条，第52条の3，第72条，第73条，第74条，第74条の3，第76条，第79条の5及び第107条の規定にかかわらず，特別の教育課程によることができる。」と規定している。

　今回の改訂では，特別支援学級において実施する特別の教育課程の編成に係る基本的な考え方について新たに示した。

　(ｱ)では，児童が自立を目指し，障害による学習上又は生活上の困難を主体的に改善・克服するために必要な知識及び技能，態度及び習慣を養い，もって心身の調和的発達の基盤を培うことをねらいとした，特別支援学校小学部・中学部学習指導要領第7章に示す自立活動を取り入れることを規定している。特別支援学校小学部・中学部学習指導要領では，自立活動の内容として，「健康の保持」，「心理的な安定」，「人間関係の形成」，「環境の把握」，「身体の動き」及び「コミュニケーション」の六つの区分の下に27項目を設けている。自立活動の内容は，各教科等のようにその全てを取り扱うものではなく，個々の児童の障害の状態等の的確な把握に基づき，障害による学習上又は生活上の困難を

付録4

主体的に改善・克服するために必要な項目を選定して取り扱うものである。よって，児童一人一人に個別の指導計画を作成し，それに基づいて指導を展開する必要がある。

　個別の指導計画の作成の手順や様式は，それぞれの学校が児童の障害の状態，発達や経験の程度，興味・関心，生活や学習環境などの実態を的確に把握し，自立活動の指導の効果が最もあがるように考えるべきものである。したがって，ここでは，手順の一例を示すこととする。

> （手順の一例）
> a　個々の児童の実態を的確に把握する。
> b　実態把握に基づいて得られた指導すべき課題や課題相互の関連を整理する。
> c　個々の実態に即した指導目標を設定する。
> d　特別支援学校小学部・中学部学習指導要領第7章第2の内容から，個々の児童の指導目標を達成させるために必要な項目を選定する。
> e　選定した項目を相互に関連付けて具体的な指導内容を設定する。

　今回の改訂を踏まえ，自立活動における個別の指導計画の作成について更に理解を促すため，「特別支援学校学習指導要領解説　自立活動編」においては，上記の各過程において，どのような観点で整理していくか，発達障害を含む多様な障害に対する児童等の例を充実し解説しているので参照することも大切である。

　(イ)では，学級の実態や児童の障害の状態等を考慮の上，特別支援学校小学部・中学部学習指導要領第1章の第8節「重複障害者等に関する教育課程の取扱い」を参考にし，各教科の目標や内容を下学年の教科の目標に替えたり，学校教育法施行規則第126条の2を参考にし，各教科を，知的障害者である児童に対する教育を行う特別支援学校の各教科に替えたりするなどして，実態に応じた教育課程を編成することを規定した。

　これらの特別の教育課程に関する規定を参考にする際には，特別支援学級は，小学校の学級の一つであり，通常の学級と同様，第1章総則第1の1の目標を達成するために，第2章以下に示す各教科，道徳科，外国語活動及び特別活動の内容に関する事項は，特に示す場合を除き，いずれの学校においても取り扱うことが前提となっていることを踏まえる必要がある。その上で，なぜ，その規定を参考にするということを選択したのか，保護者等に対する説明責任を果たしたり，指導の継続性を担保したりする観点から，理由を明らかにしながら教育課程の編成を工夫することが大切であり，教育課程を評価し改善する上でも重要である。ここでは，知的障害者である児童の実態に応じた各教科の目標を設定するための手続きの例を示すこととする。

> （各教科の目標設定に至る手続きの例）
> a　小学校学習指導要領の第2章各教科に示されている目標及び内容について，次の手順で児童の習得状況や既習事項を確認する。
> 　・当該学年の各教科の目標及び内容について
> 　・当該学年より前の各学年の各教科の目標及び内容について
> b　aの学習が困難又は不可能な場合，特別支援学校小学部・中学部学習指導要領の第2章第2款第1に示されている知的障害者である児童を教育する特別支援学校小学部の各教科の目標及び内容についての取扱いを検討する。
> c　児童の習得状況や既習事項を踏まえ，小学校卒業までに育成を目指す資質・能力を検討し，在学期間に提供すべき教育内容を十分見極める。
> d　各教科の目標及び内容の系統性を踏まえ，教育課程を編成する。

　なお，特別支援学級について，特別の教育課程を編成する場合であって，文部科学大臣の検定を経た教科用図書を使用することが適当でない場合には，当該特別支援学級を置く学校の設置者の定める

ところにより，他の適切な教科用図書を使用することができるようになっている（学校教育法施行規則第139条）。

③ 通級による指導における特別の教育課程（第1章第4の2の(1)のウ）

> ウ 障害のある児童に対して，通級による指導を行い，特別の教育課程を編成する場合には，特別支援学校小学部・中学部学習指導要領第7章に示す自立活動の内容を参考とし，具体的な目標や内容を定め，指導を行うものとする。その際，効果的な指導が行われるよう，各教科等と通級による指導との関連を図るなど，教師間の連携に努めるものとする。

　通級による指導は，小学校の通常の学級に在籍している障害のある児童に対して，各教科等の大部分の授業を通常の学級で行いながら，一部の授業について当該児童の障害に応じた特別の指導を特別の指導の場（通級指導教室）で行う教育形態である。

　通級による指導の対象となる者は，学校教育法施行規則第140条各号の一に該当する児童（特別支援学級の児童を除く。）で，具体的には，言語障害者，自閉症者，情緒障害者，弱視者，難聴者，学習障害者，注意欠陥多動性障害者，肢体不自由者，病弱者及び身体虚弱者である。

　通級による指導を行う場合には，学校教育法施行規則第50条第1項（第79条の6第1項において準用する場合を含む。），第51条，第52条（第79条の6第1項において準用する場合を含む。），第52条の3，第72条（第79条の6第2項及び第108条第1項において準用する場合を含む。），第73条，第74条（第79条の6第2項及び第108条第1項において準用する場合を含む。），第74条の3，第76条，第79条の5（第79条の12において準用する場合を含む。），第83条及び第84条（第108条第2項において準用する場合を含む。）並びに第107条（第117条において準用する場合を含む。）の規定にかかわらず，特別の教育課程によることができ，障害による特別の指導を，小学校の教育課程に加え，又は，その一部に替えることができる（学校教育法施行規則第140条，平成5年文部省告示第7号，平成18年文部科学省告示第54号，平成19年文部科学省告示第146号，平成28年文部科学省告示第176号）。

　今回の改訂では，通級による指導を行い，特別の教育課程を編成する場合について，「特別支援学校小学部・中学部学習指導要領第7章に示す自立活動の内容を参考とし，具体的な目標や内容を定め，指導を行うものとする。」という規定が新たに加わった。したがって，指導に当たっては，特別支援学校小学部・中学部学習指導要領第7章に示す自立活動の6区分27項目の内容を参考とし，上記本解説第3章第4節の2(1)②で述べたとおり，児童一人一人に，障害の状態等の的確な把握に基づいた自立活動における個別の指導計画を作成し，具体的な指導目標や指導内容を定め，それに基づいて指導を展開する必要がある。

　なお，「学校教育法施行規則第140条の規定による特別の教育課程について定める件の一部を改正する告示」（平成28年文部科学省告示第176条）において，それまで「特に必要があるときは，障害の状態に応じて各教科の内容を補充するための特別の指導を含むものとする。」と規定されていた趣旨が，単に各教科の学習の遅れを取り戻すための指導など，通級による指導とは異なる目的で指導を行うことができると解釈されることのないよう「特に必要があるときは，障害の状態に応じて各教科の内容を取り扱いながら行うことができる」と改正された。つまり，通級による指導の内容について，各教科の内容を取り扱う場合であっても，障害による学習上又は生活上の困難の改善又は克服を目的とする指導であるとの位置付けが明確化されたところである。

　通級による指導に係る授業時数は，年間35単位時間から280単位時間までを標準としているほか，学習障害者及び注意欠陥多動性障害者については，年間10単位時間から280単位時間までを標準としている。

　また，「その際，効果的な指導が行われるよう，各教科等と通級による指導との関連を図るなど，

付録4

教師間の連携に努めるものとする。」とは，児童が在籍する通常の学級の担任と通級による指導の担当教師とが随時，学習の進捗状況等について情報交換を行うとともに，通級による指導の効果が，通常の学級においても波及することを目指していくことが重要である。

児童が在籍校以外の小学校又は特別支援学校の小学部において特別の指導を受ける場合には，当該児童が在籍する小学校の校長は，これら他校で受けた指導を，特別の教育課程に係る授業とみなすことができる（学校教育法施行規則第141条）。このように児童が他校において指導を受ける場合には，当該児童が在籍する小学校の校長は，当該特別の指導を行う学校の校長と十分協議の上で，教育課程を編成するとともに，定期的に情報交換を行うなど，学校間及び担当教師間の連携を密に教育課程の編成，実施，評価，改善を行っていく必要がある。

なお，公立義務教育諸学校の学級編制及び教職員定数の標準に関する法律の一部改正（平成29年3月）により，通級による指導のための基礎定数が新設され，指導体制の充実が図られている。

④ 個別の教育支援計画や個別の指導計画の作成と活用（第1章第4の2の(1)のエ）

> エ 障害のある児童などについては，家庭，地域及び医療や福祉，保健，労働等の業務を行う関係機関との連携を図り，長期的な視点で児童への教育的支援を行うために，個別の教育支援計画を作成し活用することに努めるとともに，各教科等の指導に当たって，個々の児童の実態を的確に把握し，個別の指導計画を作成し活用することに努めるものとする。特に，特別支援学級に在籍する児童や通級による指導を受ける児童については，個々の児童の実態を的確に把握し，個別の教育支援計画や個別の指導計画を作成し，効果的に活用するものとする。

個別の教育支援計画及び個別の指導計画は，障害のある児童など一人一人に対するきめ細やかな指導や支援を組織的・継続的かつ計画的に行うために重要な役割を担っている。

今回の改訂では，特別支援学級に在籍する児童や通級による指導を受ける児童に対する二つの計画の作成と活用について，これまでの実績を踏まえ，全員について作成することとした。

また，通常の学級においては障害のある児童などが在籍している。このため，通級による指導を受けていない障害のある児童などの指導に当たっては，個別の教育支援計画及び個別の指導計画を作成し，活用に努めることとした。

そこで，個別の教育支援計画及び個別の指導計画について，それぞれの意義，位置付け及び作成や活用上の留意点などについて示す。

① 個別の教育支援計画

平成15年度から実施された障害者基本計画においては，教育，医療，福祉，労働等の関係機関が連携・協力を図り，障害のある児童の生涯にわたる継続的な支援体制を整え，それぞれの年代における児童の望ましい成長を促すため，個別の支援計画を作成することが示された。この個別の支援計画のうち，幼児児童生徒に対して，教育機関が中心となって作成するものを，個別の教育支援計画という。

障害のある児童などは，学校生活だけでなく家庭生活や地域での生活を含め，長期的な視点で幼児期から学校卒業後までの一貫した支援を行うことが重要である。このため，教育関係者のみならず，家庭や医療，福祉などの関係機関と連携するため，それぞれの側面からの取組を示した個別の教育支援計画を作成し活用していくことが考えられる。具体的には，障害のある児童などが生活の中で遭遇する制約や困難を改善・克服するために，本人及び保護者の意向や将来の希望などを踏まえ，在籍校のみならず，例えば，家庭，医療機関における療育事業及び福祉機関における児童発達支援事業において，実際にどのような支援が必要で可能であるか，支援の目標を立て，それぞれが提供する支援の内容を具体的に記述し，支援の内容を整理したり，関連付けたりするなど関係機関

付録4

の役割を明確にすることとなる。
　このように，個別の教育支援計画の作成を通して，児童に対する支援の目標を長期的な視点から設定することは，学校が教育課程の編成の基本的な方針を明らかにする際，全教職員が共通理解をすべき大切な情報となる。また，在籍校において提供される教育的支援の内容については，教科等横断的な視点から個々の児童の障害の状態等に応じた指導内容や指導方法の工夫を検討する際の情報として個別の指導計画に生かしていくことが重要である。
　個別の教育支援計画の活用に当たっては，例えば，就学前に作成される個別の支援計画を引き継ぎ，適切な支援の目的や教育的支援の内容を設定したり，進路先に在学中の支援の目的や教育的支援の内容を伝えたりするなど，就学前から就学時，そして進学先まで，切れ目ない支援に生かすことが大切である。その際，個別の教育支援計画には，多くの関係者が関与することから，保護者の同意を事前に得るなど個人情報の適切な取扱いに十分留意することが必要である。

② 個別の指導計画
　個別の指導計画は，個々の児童の実態に応じて適切な指導を行うために学校で作成されるものである。個別の指導計画は，教育課程を具体化し，障害のある児童など一人一人の指導目標，指導内容及び指導方法を明確にして，きめ細やかに指導するために作成するものである。
　今回の改訂では，総則のほか，各教科等の指導において，「第3　指導計画の作成と内容の取扱い」として，当該教科等の指導における障害のある児童などに対する学習活動を行う場合に生じる困難さに応じた指導内容や指導方法の工夫を計画的，組織的に行うことが規定された。このことを踏まえ，通常の学級に在籍する障害のある児童等の各教科等の指導に当たっては，適切かつ具体的な個別の指導計画の作成に努める必要がある。
　特別支援学級における各教科等の指導に当たっては，適切かつ具体的な個別の指導計画を作成するものとする。また，各教科の一部又は全部を，知的障害者である児童に対する教育を行う特別支援学校の各教科に替えた場合，知的障害者である児童に対する教育を行う特別支援学校の各教科の各段階の目標及び内容を基にして，個別の指導計画に基づき，一人一人の実態等に応じた具体的な指導目標及び指導内容を設定することが必要である。
　なお，通級による指導において，特に，他校において通級による指導を受ける場合には，学校間及び担当教師間の連携の在り方を工夫し，個別の指導計画に基づく評価や情報交換等が円滑に行われるよう配慮する必要がある。
　各学校においては，個別の教育支援計画と個別の指導計画を作成する目的や活用の仕方に違いがあることに留意し，二つの計画の位置付けや作成の手続きなどを整理し，共通理解を図ることが必要である。また，個別の教育支援計画及び個別の指導計画については，実施状況を適宜評価し改善を図っていくことも不可欠である。
　こうした個別の教育支援計画と個別の指導計画の作成・活用システムを校内で構築していくためには，障害のある児童などを担任する教師や特別支援教育コーディネーターだけに任せるのではなく，全ての教師の理解と協力が必要である。学校運営上の特別支援教育の位置付けを明確にし，学校組織の中で担任する教師が孤立することのないよう留意する必要がある。このためには，校長のリーダーシップのもと，学校全体の協力体制づくりを進めたり，全ての教師が二つの計画についての正しい理解と認識を深めたりして，教師間の連携に努めていく必要がある。

● 中学校学習指導要領解説総則編の抜粋

第3章　教育課程の編成及び実施
第4節　生徒の発達の支援
2　特別な配慮を必要とする生徒への指導
(1) 障害のある生徒などへの指導
① 生徒の障害の状態等に応じた指導の工夫（第1章第4の2の(1)のア）

> ア　障害のある生徒などについては，特別支援学校等の助言又は援助を活用しつつ，個々の生徒の障害の状態等に応じた指導内容や指導方法の工夫を組織的かつ計画的に行うものとする。

　学校教育法第81条第1項では，幼稚園，小学校，中学校，高等学校等において，障害のある生徒等に対し，障害による学習上又は生活上の困難を克服するための教育を行うことが規定されている。
　また，我が国においては，「障害者の権利に関する条約」に掲げられている教育の理念の実現に向けて，障害のある生徒の就学先決定の仕組みの改正なども踏まえ，通常の学級にも，障害のある生徒のみならず，教育上特別の支援を必要とする生徒が在籍している可能性があることを前提に，全ての教職員が特別支援教育の目的や意義について十分に理解することが不可欠である。
　そこで，今回の改訂では，特別支援教育に関する教育課程編成の基本的な考え方や個に応じた指導を充実させるための教育課程実施上の留意事項などが一体的に分かるよう，学習指導要領の示し方について充実を図ることとした。
　障害のある生徒などには，視覚障害，聴覚障害，知的障害，肢体不自由，病弱・身体虚弱，言語障害，情緒障害，自閉症，ＬＤ（学習障害），ＡＤＨＤ（注意欠陥多動性障害）などのほか，学習面又は行動面において困難のある生徒で発達障害の可能性のある者も含まれている。このような障害の種類や程度を的確に把握した上で，障害のある生徒などの「困難さ」に対する「指導上の工夫の意図」を理解し，個に応じた様々な「手立て」を検討し，指導に当たっていく必要がある。また，このような考え方は学習状況の評価に当たって生徒一人一人の状況をきめ細かに見取っていく際にも参考となる。その際に，中学校学習指導要領解説の各教科等編のほか，文部科学省が作成する「教育支援資料」などを参考にしながら，全ての教師が障害に関する知識や配慮等についての正しい理解と認識を深め，障害のある生徒などに対する組織的な対応ができるようにしていくことが重要である。
　例えば，弱視の生徒についての保健体育科におけるボール運動の指導や理科における観察・実験の指導，難聴や言語障害の生徒についての国語科における音読の指導や音楽科における歌唱の指導，肢体不自由の生徒についての保健体育科における実技の指導や家庭科における実習の指導，病弱・身体虚弱の生徒についての美術科や保健体育科におけるアレルギー等に配慮した指導など，生徒の障害の状態や特性及び心身の発達の段階等（以下「障害の状態等」という。）に応じて個別的に特別な配慮が必要である。また，読み書きや計算などに困難があるＬＤ（学習障害）の生徒についての国語科における書くことに関する指導や，数学科における計算の指導など，教師の適切な配慮により対応することが必要である。さらに，ＡＤＨＤ（注意欠陥多動性障害）や自閉症の生徒に対して，話して伝えるだけでなく，メモや絵などを付加する指導などの配慮も必要である。
　このように障害の種類や程度を十分に理解して指導方法の工夫を行うことが大切である。
　一方，障害の種類や程度によって一律に指導内容や指導方法が決まるわけではない。特別支援教育において大切な視点は，生徒一人一人の障害の状態等により，学習上又は生活上の困難が異なることに十分留意し，個々の生徒の障害の状態等に応じた指導内容や指導方法の工夫を検討し，適切な指導を行うことであると言える。
　そこで，校長は，特別支援教育実施の責任者として，校内委員会を設置して，特別支援教育コーディ

ネーターを指名し，校務分掌に明確に位置付けるなど，学校全体の特別支援教育の体制を充実させ，効果的な学校運営に努める必要がある。その際，各学校において，生徒の障害の状態等に応じた指導を充実させるためには，特別支援学校等に対し専門的な助言又は援助を要請するなどして，計画的，組織的に取り組むことが重要である。

　こうした点を踏まえ，各教科等の指導計画に基づく内容や方法を見通した上で，個に応じた指導内容や指導方法を計画的に検討し実施することが大切である。

　さらに，障害のある生徒などの指導に当たっては，担任を含む全ての教師間において，個々の生徒に対する配慮等の必要性を共通理解するとともに，教師間の連携に努める必要がある。また，集団指導において，障害のある生徒など一人一人の特性等に応じた必要な配慮等を行う際は，教師の理解の在り方や指導の姿勢が，学級内の生徒に大きく影響することに十分留意し，学級内において温かい人間関係づくりに努めながら，全ての生徒に「特別な支援の必要性」の理解を進め，互いの特徴を認め合い，支え合う関係を築いていくことが大切である。

　なお，今回の改訂では，総則のほか，各教科等においても，「第3　指導計画の作成と内容の取扱い」に当該教科等の指導における障害のある生徒などに対する学習活動を行う場合に生じる困難さに応じた指導内容や指導方法の工夫を計画的，組織的に行うことが規定されたことに留意する必要がある。

　　②　特別支援学級における特別の教育課程（第1章第4の2の(1)のイ）

> イ　特別支援学級において実施する特別の教育課程については，次のとおり編成するものとする。
> (ｱ)　障害による学習上又は生活上の困難を克服し自立を図るため，特別支援学校小学部・中学部学習指導要領第7章に示す自立活動を取り入れること。
> (ｲ)　生徒の障害の程度や学級の実態等を考慮の上，各教科の目標や内容を下学年の教科の目標や内容に替えたり，各教科を，知的障害者である生徒に対する教育を行う特別支援学校の各教科に替えたりするなどして，実態に応じた教育課程を編成すること。

　特別支援学級は，学校教育法第81条第2項の規定による，知的障害者，肢体不自由者，身体虚弱者，弱視者，難聴者，その他障害のある者で，特別支援学級において教育を行うことが適当なものである生徒を対象とする学級であるとともに，中学校の学級の一つであり，学校教育法に定める中学校の目的及び目標を達成するものでなければならない。

　ただし，対象となる生徒の障害の種類や程度等によっては，障害のない生徒に対する教育課程をそのまま適用することが必ずしも適当でない場合があることから，学校教育法施行規則第138条では，「小学校，中学校若しくは義務教育学校又は中等教育学校の前期課程における特別支援学級に係る教育課程については，特に必要がある場合は，第50条第1項，第51条，第52条，第52条の3，第72条，第73条，第74条，第74条の3，第76条，第79条の5及び第107条の規定にかかわらず，特別の教育課程によることができる。」と規定している。

　今回の改訂では，特別支援学級において実施する特別の教育課程の編成に係る基本的な考え方について新たに示した。

　(ｱ)では，生徒が自立を目指し，障害による学習上又は生活上の困難を主体的に改善・克服するために必要な知識及び技能，態度及び習慣を養い，もって心身の調和的発達の基盤を培うことをねらいとした，特別支援学校小学部・中学部学習指導要領第7章に示す自立活動を取り入れることを規定している。特別支援学校小学部・中学部学習指導要領では，自立活動の内容として，「健康の保持」，「心理的な安定」，「人間関係の形成」，「環境の把握」，「身体の動き」及び「コミュニケーション」の六つの区分の下に27項目を設けている。自立活動の内容は，各教科等のようにその全てを取り扱うものではなく，個々の生徒の障害の状態等の的確な把握に基づき，障害による学習上又は生活上の困難を

主体的に改善・克服するために必要な項目を選定して取り扱うものである。よって，生徒一人一人に個別の指導計画を作成し，それに基づいて指導を展開する必要がある。

　個別の指導計画の作成の手順や様式は，それぞれの学校が生徒の障害の状態，発達や経験の程度，興味・関心，生活や学習環境などの実態を的確に把握し，自立活動の指導の効果が最もあがるように考えるべきものである。したがって，ここでは，手順の一例を示すこととする。

> （手順の一例）
> a　個々の生徒の実態を的確に把握する。
> b　実態把握に基づいて得られた指導すべき課題や課題相互の関連を整理する。
> c　個々の実態に即した指導目標を設定する。
> d　特別支援学校小学部・中学部学習指導要領第7章第2の内容から，個々の生徒の指導目標を達成させるために必要な項目を選定する。
> e　選定した項目を相互に関連付けて具体的な指導内容を設定する。

　今回の改訂を踏まえ，自立活動における個別の指導計画の作成について更に理解を促すため，「特別支援学校学習指導要領解説　自立活動編」においては，上記の各過程において，どのような観点で整理していくか，発達障害を含む多様な障害に対する生徒等の例を充実し解説しているので参照することも大切である。

　(イ)では，学級の実態や生徒の障害の状態等を考慮の上，特別支援学校小学部・中学部学習指導要領第1章の第8節「重複障害者等に関する教育課程の取扱い」を参考にし，各教科の目標や内容を下学年の教科の目標に替えたり，学校教育法施行規則第126条の2を参考にし，各教科を，知的障害者である生徒に対する教育を行う特別支援学校の各教科に替えたりするなどして，実態に応じた教育課程を編成することを規定した。

　これらの特別の教育課程に関する規定を参考にする際には，特別支援学級は，中学校の学級の一つであり，通常の学級と同様，第1章総則第1の1の目標を達成するために，第2章以下に示す各教科，道徳科及び特別活動の内容に関する事項は，特に示す場合を除き，いずれの学校においても取り扱うことが前提となっていることを踏まえる必要がある。その上で，なぜ，その規定を参考にするということを選択したのか，保護者等に対する説明責任を果たしたり，指導の継続性を担保したりする観点から，理由を明らかにしながら教育課程の編成を工夫することが大切であり，教育課程を評価し改善する上でも重要である。ここでは，知的障害者である生徒の実態に応じた各教科の目標を設定するための手続きの例を示すこととする。

> （各教科の目標設定に至る手続きの例）
> a　中学校学習指導要領の第2章各教科に示されている目標及び内容について，次の手順で生徒の習得状況や既習事項を確認する。
> 　・当該学年の各教科の目標及び内容について
> 　・当該学年より前の各学年の各教科の目標及び内容について
> b　aの学習が困難又は不可能な場合，特別支援学校小学部・中学部学習指導要領の第2章第2節第2款第1に示されている知的障害者である生徒を教育する特別支援学校中学部の各教科の目標及び内容についての取扱いを検討する。
> c　生徒の習得状況や既習事項を踏まえ，中学校卒業までに育成を目指す資質・能力を検討し，在学期間に提供すべき教育内容を十分見極める。
> d　各教科の目標及び内容の系統性を踏まえ，教育課程を編成する。

　なお，特別支援学級について，特別の教育課程を編成する場合であって，文部科学大臣の検定を経た教科用図書を使用することが適当でない場合には，当該特別支援学級を置く学校の設置者の定める

ところにより，他の適切な教科用図書を使用することができるようになっている（学校教育法施行規則第139条）。

③ 通級による指導における特別の教育課程（第1章第4の2の(1)のウ）

> ウ 障害のある生徒に対して，通級による指導を行い，特別の教育課程を編成する場合には，特別支援学校小学部・中学部学習指導要領第7章に示す自立活動の内容を参考とし，具体的な目標や内容を定め，指導を行うものとする。その際，効果的な指導が行われるよう，各教科等と通級による指導との関連を図るなど，教師間の連携に努めるものとする。

　通級による指導は，中学校の通常の学級に在籍している障害のある生徒に対して，各教科等の大部分の授業を通常の学級で行いながら，一部の授業について当該生徒の障害に応じた特別の指導を特別の指導の場（通級指導教室）で行う教育形態である。

　通級による指導の対象となる者は，学校教育法施行規則第140条各号の一に該当する生徒（特別支援学級の生徒を除く。）で，具体的には，言語障害者，自閉症者，情緒障害者，弱視者，難聴者，学習障害者，注意欠陥多動性障害者，肢体不自由者，病弱者及び身体虚弱者である。

　通級による指導を行う場合には，学校教育法施行規則第50条第1項（第79条の6第1項において準用する場合を含む。），第51条，第52条（第79条の6第1項において準用する場合を含む。），第52条の3，第72条（第79条の6第2項及び第108条第1項において準用する場合を含む。），第73条，第74条（第79条の6第2項及び第108条第1項において準用する場合を含む。），第74条の3，第76条，第79条の5（第79条の12において準用する場合を含む。），第83条及び第84条（第108条第2項において準用する場合を含む。）並びに第107条（第117条において準用する場合を含む。）の規定にかかわらず，特別の教育課程によることができ，障害による特別の指導を，中学校の教育課程に加え，又は，その一部に替えることができる（学校教育法施行規則第140条，平成5年文部省告示第7号，平成18年文部科学省告示第54号，平成19年文部科学省告示第146号，平成28年文部科学省告示第176号）。

　今回の改訂では，通級による指導を行い，特別の教育課程を編成する場合について，「特別支援学校小学部・中学部学習指導要領第7章に示す自立活動の内容を参考とし，具体的な目標や内容を定め，指導を行うものとする。」という規定が新たに加わった。したがって，指導に当たっては，特別支援学校小学部・中学部学習指導要領第7章に示す自立活動の6区分27項目の内容を参考とし，本解説第3章第4節の2(1)②で述べたとおり，生徒一人一人に，障害の状態等の的確な把握に基づいた自立活動における個別の指導計画を作成し，具体的な指導目標や指導内容を定め，それに基づいて指導を展開する必要がある。

　なお，「学校教育法施行規則第140条の規定による特別の教育課程について定める件の一部を改正する告示」（平成28年文部科学省告示第176号）において，それまで「特に必要があるときは，障害の状態に応じて各教科の内容を補充するための特別の指導を含むものとする。」と規定されていた趣旨が，障害による学習上又は生活上の困難の克服とは直接関係のない単なる各教科の補充指導が行えるとの誤解を招いているという指摘がなされていたことから，当該規定を削除した。そして，「特に必要があるときは，障害の状態に応じて各教科の内容を取り扱いながら行うことができる」と改正された。つまり，通級による指導の内容について，各教科の内容を取り扱う場合であっても，障害による学習上又は生活上の困難の改善又は克服を目的とする指導であるとの位置付けが明確化されたところである。

　通級による指導に係る授業時数は，年間35単位時間から280単位時間までを標準としているほか，学習障害者及び注意欠陥多動性障害者については，年間10単位時間から280単位時間までを標準としている。

付録4

また,「その際,効果的な指導が行われるよう,各教科等と通級による指導との関連を図るなど,教師間の連携に努めるものとする。」とは,生徒が在籍する通常の学級の担任と通級による指導の担当教師とが随時,学習の進捗状況等について情報交換を行うとともに,通級による指導の効果が,通常の学級においても波及することを目指していくことが重要である。

生徒が在籍校以外の中学校又は特別支援学校の中学部において特別の指導を受ける場合には,当該生徒が在籍する中学校の校長は,これら他校で受けた指導を,特別の教育課程に係る授業とみなすことができる(学校教育法施行規則第141条)。このように生徒が他校において指導を受ける場合には,当該生徒が在籍する中学校の校長は,当該特別の指導を行う学校の校長と十分協議の上で,教育課程を編成するとともに,定期的に情報交換を行うなど,学校間及び担当教師間の連携を密に教育課程の編成,実施,評価,改善を行っていく必要がある。

なお,公立義務教育諸学校の学級編制及び教職員定数の標準に関する法律の一部改正(平成29年3月)により,通級による指導のための基礎定数が新設され,指導体制の充実が図られている。

④ 個別の教育支援計画や個別の指導計画の作成と活用(第1章第4の2の(1)のエ)

> エ 障害のある生徒などについては,家庭,地域及び医療や福祉,保健,労働等の業務を行う関係機関との連携を図り,長期的な視点で生徒への教育的支援を行うために,個別の教育支援計画を作成し活用することに努めるとともに,各教科等の指導に当たって,個々の生徒の実態を的確に把握し,個別の指導計画を作成し活用することに努めるものとする。特に,特別支援学級に在籍する生徒や通級による指導を受ける生徒については,個々の生徒の実態を的確に把握し,個別の教育支援計画や個別の指導計画を作成し,効果的に活用するものとする。

個別の教育支援計画及び個別の指導計画は,障害のある生徒など一人一人に対するきめ細やかな指導や支援を組織的・継続的かつ計画的に行うために重要な役割を担っている。

今回の改訂では,特別支援学級に在籍する生徒や通級による指導を受ける生徒に対する二つの計画の作成と活用について,これまでの実績を踏まえ,全員作成することとした。

また,通常の学級においては障害のある生徒などが在籍している。このため,通級による指導を受けていない障害のある生徒などの指導に当たっては,個別の教育支援計画及び個別の指導計画を作成し,活用に努めることとした。

そこで,個別の教育支援計画及び個別の指導計画について,それぞれの意義,位置付け及び作成や活用上の留意点などについて示す。

① 個別の教育支援計画

平成15年度から実施された障害者基本計画においては,教育,医療,福祉,労働等の関係機関が連携・協力を図り,障害のある生徒の生涯にわたる継続的な支援体制を整え,それぞれの年代における生徒の望ましい成長を促すため,個別の支援計画を作成することが示された。この個別の支援計画のうち,幼児児童生徒に対して,教育機関が中心となって作成するものを,個別の教育支援計画という。

障害のある生徒などは,学校生活だけでなく家庭生活や地域での生活を含め,長期的な視点で幼児期から学校卒業後までの一貫した支援を行うことが重要である。このため,教育関係者のみならず,家庭や医療,福祉などの関係機関と連携するため,それぞれの側面からの取組を示した個別の教育支援計画を作成し活用していくことが考えられる。具体的には,障害のある生徒などが生活の中で遭遇する制約や困難を改善・克服するために,本人及び保護者の願いや将来の希望などを踏まえ,在籍校のみならず,例えば,家庭,医療機関における療育事業及び福祉機関における生徒発達支援事業において,実際にどのような支援が必要で可能であるか,支援の目標を立て,それぞれが提供する支援の

内容を具体的に記述し，支援の内容を整理したり，関連付けたりするなど関係機関の役割を明確にすることとなる。

このように，個別の教育支援計画の作成を通して，生徒に対する支援の目標を長期的な視点から設定することは，学校が教育課程の編成の基本的な方針を明らかにする際，全教職員が共通理解をすべき大切な情報となる。また，在籍校において提供される教育的支援の内容については，教科等横断的な視点から個々の生徒の障害の状態等に応じた指導内容や指導方法の工夫を検討する際の情報として個別の指導計画に生かしていくことが重要である。

個別の教育支援計画の活用に当たっては，例えば，就学前に作成される個別の支援計画を引き継ぎ，適切な支援の目的や教育的支援の内容を設定したり，進路先に在学中の支援の目的や教育的支援の内容を伝えたりするなど，就学前から就学時，そして進学先まで，切れ目ない支援に生かすことが大切である。その際，個別の教育支援計画には，多くの関係者が関与することから，保護者の同意を事前に得るなど個人情報の適切な取扱いと保護に十分留意することが必要である。

② 個別の指導計画

個別の指導計画は，個々の生徒の実態に応じて適切な指導を行うために学校で作成されるものである。個別の指導計画は，教育課程を具体化し，障害のある生徒など一人一人の指導目標，指導内容及び指導方法を明確にして，きめ細やかに指導するために作成するものである。

今回の改訂では，総則のほか，各教科等の指導において，「第3 指導計画の作成と内容の取扱い」として，当該教科等の指導における障害のある生徒などに対する学習活動を行う場合に生じる困難さに応じた指導内容や指導方法の工夫を計画的，組織的に行うことが規定された。このことを踏まえ，通常の学級に在籍する障害のある生徒等の各教科等の指導に当たっては，適切かつ具体的な個別の指導計画の作成に努める必要がある。

特別支援学級における各教科等の指導に当たっては，適切かつ具体的な個別の指導計画を作成するものとする。また，各教科の一部又は全部を，知的障害者である生徒に対する教育を行う特別支援学校の各教科に替えた場合，知的障害者である生徒に対する教育を行う特別支援学校の各教科の各段階の目標及び内容を基にして，個別の指導計画に基づき，一人一人の実態等に応じた具体的な指導目標及び指導内容を設定することが必要である。

なお，通級による指導において，特に，他校において通級による指導を受ける場合には，学校間及び担当教師間の連携の在り方を工夫し，個別の指導計画に基づく評価や情報交換等が円滑に行われるよう配慮する必要がある。

各学校においては，個別の教育支援計画と個別の指導計画を作成する目的や活用の仕方に違いがあることに留意し，二つの計画の位置付けや作成の手続きなどを整理し，共通理解を図ることが必要である。また，個別の教育支援計画及び個別の指導計画については，実施状況を適宜評価し改善を図っていくことも不可欠である。

こうした個別の教育支援計画と個別の指導計画の作成・活用システムを校内で構築していくためには，障害のある生徒などを担任する教師や特別支援教育コーディネーターだけに任せるのではなく，全ての教師の理解と協力が必要である。学校運営上特別支援教育の位置付けを明確にし，学校組織の中で担任する教師が孤立することのないよう留意する必要がある。このためには，校長のリーダーシップのもと，学校全体の協力体制づくりを進めたり，全ての教師が二つの計画についての正しい理解と認識を深めたりして，教師間の連携に努めていく必要がある。

付録4

学習指導要領等の改善に係る検討に必要な専門的作業等協力者
(敬称略・五十音順)

※職名は平成30年1月現在

(総括)
宍戸 和成　独立行政法人国立特別支援教育総合研究所理事長
古川 勝也　西九州大学教授

(幼稚部教育要領)
安部 博志　筑波大学附属大塚特別支援学校主幹教諭
藤岡 久美　兵庫県立神戸聴覚特別支援学校主幹教諭

(小学部・中学部学習指導要領の総則等)
飯野 明　山形県教育庁企画専門員
一木 薫　福岡教育大学教授
松見 和樹　千葉県教育庁指導主事

(知的障害者である児童生徒に対する教育を行う特別支援学校の各教科)
(生活)
北井 美智代　奈良県立教育研究所指導主事
田中 秀明　鳥取県立白兎養護学校教諭
福永 顕　東京都立青山特別支援学校主幹教諭
村上 直也　岡山県教育庁指導主事

(国語)
上仮屋 祐介　鹿児島大学教育学部附属特別支援学校教諭
田丸 秋穂　筑波大学附属桐が丘特別支援学校教諭
林 麻佐美　神奈川県立足柄高等学校教頭
樋口 普美子　埼玉県和光市教育委員会学校教育課課長補佐

(算数・数学)
相坂 潤　青森県総合学校教育センター指導主事
有澤 直人　東京都江戸川区立本一色小学校指導教諭
髙橋 玲　群馬県教育委員会特別支援教育課補佐
堀内 厚子　千葉県総合教育センター研究指導主事

(社会)
尾高 邦生　東京学芸大学附属特別支援学校教諭
黒川 利香　仙台市教育センター指導主事
増田 謙太郎　東京都北区教育委員会指導主事

(理科)
齋藤 豊　筑波大学附属桐が丘特別支援学校中学部主事
原島 広樹　東京都教育庁統括指導主事
茂原 伸也　千葉県立桜が丘特別支援学校教諭

(音楽)
尾﨑 美惠子　千葉県総合教育センター研究指導主事
工藤 傑史　筑波大学附属大塚特別支援学校教諭
永島 崇子　東京都立光明学園副校長

（図画工作・美術）
大磯 美保　　神奈川県立津久井養護学校教頭
小倉 京子　　千葉県教育庁指導主事
三上 宗佑　　東京都立城東特別支援学校主任教諭
（体育・保健体育）
鈴木 英資　　神奈川県立高津養護学校副校長
増田 知洋　　東京都立江東特別支援学校指導教諭
松浦 孝明　　筑波大学附属桐が丘特別支援学校主幹教諭
（職業・家庭）
伊丹 由紀　　京都市立呉竹総合支援学校教頭
大澤 和俊　　静岡県立浜名特別支援学校教諭
佐藤 圭吾　　秋田県教育庁指導主事
畠山 和也　　埼玉県立所沢おおぞら特別支援学校教諭
（外国語活動・外国語）
日下 奈緒美　千葉県立松戸特別支援学校教頭
中野 嘉樹　　横浜市立若葉台特別支援学校主幹教諭
渡邉 万里　　福島県立郡山支援学校教諭
（発達段階等）
徳永 豊　　　福岡大学教授
米田 宏樹　　筑波大学准教授
（自立活動）
飯田 幸雄　　三重県立かがやき特別支援学校校長
井上 昌士　　千葉県立船橋夏見特別支援学校教頭
内田 俊行　　広島県教育委員会指導主事
小林 秀之　　筑波大学准教授
櫻澤 浩人　　東京都稲城市立向陽台小学校主任教諭
谷本 忠明　　広島大学准教授
樋口 一宗　　東北福祉大学教授
宮尾 尚樹　　長崎県立諫早特別支援学校主幹教諭
（視覚障害）
小林 秀之　　筑波大学准教授
山田 秀代　　岐阜県立岐阜盲学校小学部主事
吉田 道広　　熊本県教育庁審議員
（聴覚障害）
武居 渡　　　金沢大学教授
谷本 忠明　　広島大学准教授
山崎 友吏子　静岡県立静岡聴覚特別支援学校教諭
（知的障害）
井上 昌士　　千葉県立船橋夏見特別支援学校教頭
菊地 一文　　植草学園大学准教授
（肢体不自由）
菅野 和彦　　福島県教育庁いわき教育事務所指導主事
西垣 昌欣　　筑波大学附属桐が丘特別支援学校副校長
宮尾 尚樹　　長崎県立諫早特別支援学校主幹教諭

（病弱・身体虚弱）
　飯　田　幸　雄　　三重県立かがやき特別支援学校校長
　丹　羽　　　登　　関西学院大学教授
　古　野　芳　毅　　新潟県立柏崎特別支援学校教諭
（言語障害）
　今　井　昭　子　　神奈川県葉山町立葉山小学校総括教諭
　櫻　澤　浩　人　　東京都稲城市立向陽台小学校主任教諭
（情緒障害・自閉症等）
　内　田　俊　行　　広島県教育委員会指導主事
　中　村　大　介　　東京都立志村学園副校長
　宮　本　　　剛　　やまぐち総合教育支援センター研究指導主事
（LD・ADHD等）
　板　倉　伸　夫　　埼玉県熊谷市教育委員会指導主事
　樋　口　一　宗　　東北福祉大学教授
　吉　成　千　夏　　東京都豊島区立池袋本町小学校主幹教諭

なお、文部科学省においては、次の者が本書の編集に当たった。
　中　村　信　一　　初等中等教育局特別支援教育課長
　丸　山　洋　司　　高等教育局私学部私学助成課長
　　　　　　　　　　（前初等中等教育局特別支援教育課長）
　森　下　　　平　　初等中等教育局特別支援教育課特別支援教育企画官
　丹　野　哲　也　　初等中等教育局視学官（併）特別支援教育課特別支援教育調査官
　青　木　隆　一　　初等中等教育局特別支援教育課特別支援教育調査官
　庄　司　美千代　　初等中等教育局特別支援教育課特別支援教育調査官
　分　藤　賢　之　　初等中等教育局特別支援教育課特別支援教育調査官（命）
　　　　　　　　　　インクルーシブ教育システム連絡調整担当
　萩　庭　圭　子　　初等中等教育局特別支援教育課特別支援教育調査官
　田　中　裕　一　　初等中等教育局特別支援教育課特別支援教育調査官
　山　下　直　也　　初等中等教育局特別支援教育課課長補佐
　太　田　知　啓　　愛知教育大学学務部長
　　　　　　　　　　（前初等中等教育局特別支援教育課課長補佐）